BIBLIOTHÈQUE
DE PHILOSOPHIE CONTEMPORAINE

LE MÉCANISME CÉRÉBRAL DE LA PENSÉE

PAR

N. KOSTYLEFF

Maître de conférences à l'École des Hautes-Études.

ÉTUDE OBJECTIVE DE LA PENSÉE.
LES IMAGES MENTALES. — LES IDÉES. — LES ÉTATS MENTAUX SANS REPRÉSENTATION ET SANS EXPRESSION VERBALE.
L'INCONSCIENT. — LES RÊVES.
L'IMAGINATION CRÉATRICE. — LE DÉLIRE.
L'INSPIRATION POÉTIQUE. — L'INSPIRATION ROMANESQUE.
CONCLUSION.

PARIS
LIBRAIRIE FÉLIX ALCAN
108, BOULEVARD SAINT-GERMAIN, 108

LE MÉCANISME CÉRÉBRAL DE LA PENSÉE

DU MÊME AUTEUR

LIBRAIRIE FÉLIX ALCAN

La crise de la psychologie expérimentale. *Le présent et l'avenir.* 1 vol. in-16 de la *Bibliothèque de philosophie contemporaine* . . . . 2 fr. 50

Esquisse d'une évolution dans l'histoire de la philosophie. 1 vol. in-16 . . . . 2 fr. 50

Les substituts de l'âme dans la psychologie moderne. 1 vol. in-8. . . . . 4 fr. »

LE MÉCANISME CÉRÉBRAL DE LA PENSÉE

PAR

N. KOSTYLEFF

Maître de conférences à l'Ecole des Hautes-Etudes.

ÉTUDE OBJECTIVE DE LA PENSÉE.
LES IMAGES MENTALES. — LES IDÉES. — LES ÉTATS MENTAUX SANS REPRÉSENTATION ET SANS EXPRESSION VERBALE.
L'INCONSCIENT. — LES RÊVES.
L'IMAGINATION CRÉATRICE. — LE DÉLIRE.
L'INSPIRATION POÉTIQUE. — L'INSPIRATION ROMANESQUE.
CONCLUSION.

PARIS
LIBRAIRIE FÉLIX ALCAN
108, BOULEVARD SAINT-GERMAIN, 108

—

1914

LE MÉCANISME CÉRÉBRAL
DE LA PENSÉE

INTRODUCTION

On écrit beaucoup, on publie énormément aujourd'hui, jamais la curiosité scientifique de l'homme n'a été plus vive, mais l'abondance des matières et la dispersion de l'intérêt présentent de grands obstacles à la pénétration des idées nouvelles. Voilà ce qui explique qu'à une époque où la publicité et l'information ont atteint un développement incroyable, une révolution puisse se préparer dans les idées, dans la conception des phénomènes les plus importants de la vie, sans que le monde savant en soit frappé. C'est ce qui a lieu pourtant dans la psychologie.

Dans ces dernières années on a publié sur divers phénomènes de la vie psychique — sur la mémoire, sur l'imagination, sur les rêves et, d'autre part aussi, sur les maladies mentales — des recherches qui bouleversent tout à fait les notions reçues et se trouvent en contradiction flagrante avec la conception usuelle des phénomènes mentaux. Il en résulte une conception objective — sinon matérielle, à défaut d'une matière, comprise comme réalité dernière de l'être, du moins ramenant les phénomènes mentaux à des variations tout à fait précises dans le fonctionnement du mécanisme cérébral — et, malgré cela, on continue de considérer ces derniers comme des entités d'une toute autre nature, mystérieuses et insaisissables. On continue d'opérer avec les images mentales et les idées comme au plus beau temps de la croyance à la réalité d'une substance immatérielle. Cette obstination, cette résistance aux suggestions nouvelles ont pour excuse que celles-ci sont tout à fait sporadiques, se produisant indépendamment les unes des autres dans différents domaines de la psychologie. Le principal effort vient de l'école russe, du groupe Bechterew-Pawlow qui, par ses recherches sur les réflexes « conditionnels » et « associés » a fourni la base organique des phénomènes mentaux. Un appui inattendu est venu d'Allemagne, de l'école de Wurzbourg qui, étudiant, d'un point de vue tout à fait différent, les formes les plus élevées de la vie mentale — le jugement, la pensée sans images et la pensée sans expression verbale — a permis d'en saisir le mécanisme et de les rattacher au fonctionnement des réflexes cérébraux. Un autre appui vient aujourd'hui d'Autriche, de l'école de Freud, qui, partie d'études pathologiques, est arrivée aux mêmes conclusions, pour les rêves et le jeu de l'imagination. Nous avons essayé déjà plusieurs fois de montrer que ces recherches si diversement engagées concordent entre elles et tendent vers le même but, vers la découverte du mécanisme cérébral de la pensée. Il est temps de réunir tout cela en un tableau synoptique, d'autant plus que la principale thèse — l'identification des phénomènes mentaux avec le fonctionnement des réflexes cérébraux — vient de recevoir un développement remarquable dans l'œuvre capitale de Bechterew « La psychologie objective »[1]. Réunir ces efforts et résumer les résultats va être l'objet du présent volume.

Nous ne prétendons pas donner ici une étude complète du mécanisme cérébral de la pensée. Certains chapitres, notamment sur le mécanisme de l'inspiration poétique et

1. W. Bechterew. *La psychologie objective*, Paris, F. Alcan, 1912.

de l'inspiration romanesque ne présentent que la prise de possession du sujet, qu'un premier essai de le traiter d'un point de vue objectif. Il reste là encore beaucoup à creuser et à préciser. Néanmoins nous avons cru bon de ne pas en retarder la publication, car les résultats obtenus sont déjà très significatifs et, comme ils se trouvent en contradiction avec les tendances dominantes de la pensée spéculative, il peut être utile de les faire connaître avant de pousser les recherches plus loin dans les détails.

Le fait est que le moment actuel ne leur est guère favorable. Les tentatives prématurées des matérialistes ont discrédité tout effort de ce genre. Il est devenu un lieu commun de dire qu'entre le substratum anatomique du cerveau et la trame perpétuellement mobile des phénomènes mentaux il y a tout un abîme, qu'à vouloir matérialiser la pensée, on la dépouille de ce qu'elle a de plus spécifique, etc., etc. Aussi avons-nous hâte de montrer qu'il ne s'agit plus du substratum anatomique, mais des réactions qui se produisent dans ce dernier et que celles-ci sont aussi variées et aussi mobiles que les données qui nous sont fournies par l'expérience interne.

Il est vrai que cette dernière sera toujours beaucoup plus riche en nuances que ce qui peut nous être révélé par l'étude objective. Quelque imprécises que soient les évocations mentales, on les distingue bien mieux par leur côté subjectif qu'en tant qu'elles présentent des enchaînements de réflexes cérébraux, et l'introspection sera toujours la principale voie dans l'étude des phénomènes mentaux, mais pour qu'elle devienne tout à fait sûre, il faut que les données de l'expérience interne puissent être rattachées à des phénomènes objectifs.

La psychologie, plus que tout autre domaine du savoir humain, a souffert de l'incertitude de ses données. Cela tient à ce que celles-ci échappent à l'investigation directe de l'homme par la vue et le toucher. On ne peut ni voir ce qui se passe dans le cerveau pendant l'activité mentale, ni l'atteindre directement, comme un phénomène organique. Les images mentales, les idées, les états de conscience et de subconscience sont restés, même après l'introduction de la méthode expérimentale, en dehors de la science exacte. Par suite, quelque convaincu qu'on soit des avantages de l'introspection et de l'avenir réservé à la connaissance interne des phénomènes mentaux, on conviendra avec nous qu'il n'y a rien de plus pressant pour la psychologie que de s'emparer des recherches qui les rattachent enfin, d'une manière effective, à leur base organique qui est le cerveau.

CHAPITRE PREMIER

ÉTUDE OBJECTIVE DE LA VIE MENTALE

Réduction des phénomènes mentaux au fonctionnement des réflexes cérébraux. — J. Sétchénoff. Première esquisse du mécanisme cérébral de la pensée. — J. Pawlow. Les travaux de son laboratoire sur le réflexe salivaire. — W. Bechterew et ses disciples. La psychologie objective. — Contradiction des premiers essais avec les données contemporaines de la psychologie subjective et de la physiologie des sensations. — Contributions actuelles de la physiologie et de l'analyse des états mentaux. — Perceptions visuelles. — Perceptions auditives. — Images mentales. — Idées. — Identification complète de ces phénomènes avec les réflexes cérébraux.

Le principal effort dans la découverte du mécanisme cérébral de la pensée a été fourni comme nous l'avons déjà dit, par les psychologues russes, par les travaux sortis dernièrement des laboratoires de W. Bechterew et de J. Pawlow. Ceux-ci n'ont pas, il est vrai, le mérite d'une priorité absolue, la thèse qu'ils soutiennent ayant été formulée un demi-siècle auparavant par l'illustre prédécesseur de ces savants, J. Sétchénoff. « La pensée, c'est les premiers deux tiers d'un réflexe cérébral » avait dit celui-ci dans sa mémorable étude intitulée « Les réflexes du cerveau[1] ». Mais la valeur d'une formule dépend tout à fait de l'appui qu'elle trouve dans la science expérimentale et, sans contester un seul instant le caractère génial des idées de Sétchénoff, nous n'aurons aucune difficulté à prouver que l'hypothèse qu'il formulait en ces termes, était sans appui du côté de la physiologie, et même, comme on verra plus loin, en contradiction avec certaines données de cette dernière.

1. J. Sétchénoff. *Reflexy golovnogo mozga*, 1863.

Ce qui fait qu'elle manquait d'appui, c'est que la notion physiologique des réflexes était beaucoup trop étroite à cette époque pour qu'on pût les rapprocher des données de la vie mentale. N'oublions pas que jusqu'à 1870, jusqu'aux expériences de Fritsch et Kitzig l'écorce cérébrale était généralement considérée comme inexcitable et l'action réflexe n'était attribuée qu'aux centres de la moelle. Sous le nom de réflexe ou d'action réflexe (car ce terme n'était pas encore employé comme un subjectif) on comprenait une contraction musculaire répondant à l'excitation périphérique de l'organe. Ce fut un émerveillement de constater que l'excitation de l'écorce cérébrale, par le courant électrique entraîne — d'une manière aussi directe, aussi indépendante de la volonté — les mouvements des différents membres. Dans la suite, avec les expériences de Danilewsky (1875), de Ferrier, Luciani, Bochefontaine (1883) et d'autres on s'est rendu compte que l'excitation des centres corticaux peut déterminer aussi des réactions respiratoires, circulatoires, sécrétoires, vésicales, pupillaires, etc., mais on les désignait autrement — comme mouvements d'origine cérébrale — et ne se décidait pas à les assimiler aux simples réflexes.

Sétchénoff ne pouvait donc formuler qu'une vague hypothèse en affirmant que les actes spontanés de l'homme et, plus encore, les phénomènes de la vie mentale présentent objectivement des réflexes cérébraux.

Les choses en sont restées là fort longtemps. Il est vrai que les expériences avec l'ablation des hémisphères ont montré peu après que l'écorce cérébrale a aussi une valeur sensorielle, mais la nature de ses fonctions sensorielles restait incertaine. On arrivait bien à rattacher les perceptions visuelles au pli courbe (Ferrier) ou aux lobes occipitaux (Munk) et les perceptions auditives aux lobes temporaux (Munk et Luciani), mais le rôle de ces régions cérébrales restait incertain. On penchait même plutôt pour un rôle passif, sous forme d'une réception des empreintes périphériques. D'autre part on a bien reconnu des processus réactifs dans les états émotionnels de l'organisme, mais l'intervention des facteurs psychiques rendait la question très embrouillée. On se rappelle les discussions passionnées qui se sont élevées, entre les adeptes de Lange et W. James et les intellectualistes qui s'appuyaient sur Nahlowski. On reconnaissait bien que dans certains cas l'émotion ne se séparait pas des réactions vasculaires ou trophiques qui se produisent dans l'organisme, mais dans beaucoup d'autres — par exemple, d'une joie ou d'une douleur morale — elle se rattachait bien plus à l'état psychique qu'aux réactions organiques qui étaient presque nulles. Par suite, là encore, malgré les expériences de Bechterew et de Sherrington qui faisaient ressortir la nature réflexe de la mimique émotionnelle, le mécanisme tout entier restait imprécis.

La formule de Sétchénoff n'a acquis une valeur réelle qu'avec les travaux tout récents sortis du laboratoire de J. Pawlow et de W. Bechterew qui ont montré d'une part que les réactions précitées d'origine cérébrale se rapprochent tout à fait des réflexes médullaires et, d'autre part, qu'elles répondent aussi bien à des impulsions psychiques. Ce dernier point était particulièrement important. Prenons le fait initial dans les recherches de Pawlow, la salivation qui se produit en réponse à un bruit de vaisselle ou à l'approche de l'homme chargé d'apporter la nourriture. Cela faisait entrer dans l'arc réflexe des facteurs nettement psychiques, désignés sous le nom de souvenirs. Comme Bechterew a montré qu'il en était de même pour toutes les réactions motrices qui constituent le fond de l'activité humaine, la notion physiologique des réflexes a reçu par là une extension énorme et justifie maintenant tous les rapprochements avec la vie mentale.

Si l'étude des phénomènes mentaux n'en a pas encore reçu une impulsion décisive et ne se trouve pas encore orientée dans un sens nettement objectif, cela tient à certaines lacunes dans la méthode de ces recherches qui empêchent d'en apprécier pleinement les résultats. Parmi ces lacunes la plus grande est la négligence parfois involontaire, mais parfois aussi consciente et voulue, des rapports qui existent entre la science objective et les données de l'introspection. Négligence bien néfaste à la science, parce qu'elle crée entre les physiologistes et leurs confrères de la psychologie une séparation toute artificielle et cependant très profonde. Le fait est que ce qui apparaît aux premiers comme un épiphénomène sans portée réelle, comme un aspect accessoire des choses, est pour les seconds l'élément qui jusqu'à présent a concentré tous leurs efforts. Pour eux il ne suffit pas de prouver qu'objectivement tout acte neuro-psychique s'écoule « comme un réflexe », ni même que dans un acte conscient l'excitation, « atteignant l'écorce cérébrale, éveille les traces des réactions antérieures[1] », il faut encore expliquer comment ce processus moteur se rapporte aux données qui nous sont fournies par l'introspection et que nous appelons images mentales ou pensées.

Du reste, à moins d'avoir l'esprit particulièrement étroit ou absorbé par une seule catégorie de recherches, aucun homme ne peut se défaire de la curiosité de connaître le rapport de l'étude objective à l'expérience interne là où cette dernière joue un rôle également important. Peut-on se contenter d'une conclusion purement externe que « les données subjectives sont inséparables du processus cérébral », lorsque les premières se présentent non pas comme un schéma de mouvements, mais comme des images prises dans la vie ? Puis-je, par exemple, accepter, sans plus ample information, l'hypothèse d'un schéma de réflexes, lorsque ma mémoire évoque l'image d'un ami ou toute une scène de mon passé ? Quelque décisives que soient les preuves tirées de l'origine et de l'aboutissement de ce phé-

1. W. Bechterew. *La psychologie objective*, p. 12.

nomène, la formule du physiologiste sera tout de même insuffisante pour embrasser toute la réalité du problème.

Malheureusement, le côté subjectif qui n'avait pas été éclairé par Sétchénoff, reste chez ses successeurs actuels également à l'ombre. Les travaux sortis du laboratoire de Pawlow se rattachent tous à une seule fonction, à la sécrétion de la salive, et, dans le cadre ainsi volontairement rétréci, ne peuvent contenir des phénomènes psychiques que le minimum, leur qualité d'agents, la valeur représentative restant tout à fait en dehors. Ils ont permis de constater que la sécrétion de la salive se produit aussi bien en réponse à des excitants naturels tels que la viande ou, par exemple, un acide, qu'à d'autres, artificiellement associés : sonores, lumineux, olfactifs, tactiles ou thermiques [1]. Les réflexes ainsi obtenus et désignés sous le nom de conditionnels, avaient bien un côté psychique, mais ce dernier ne pouvait pas être très étendu, surtout chez les chiens qui servaient uniquement de sujets à ces expériences. Les recherches ultérieures ont mis en lumière diverses particularités du mécanisme de ces réflexes : leurs propriétés de spécialisation [2] et d'extension [3], les phénomènes de retard et d'extinction [4], enfin la faculté d'inhibition aussi bien externe qu'interne [5]. L'importance de ces données dont l'étude se poursuit encore, est hors de doute. *La différenciation et surtout l'inhibition interne, c'est ce qui distingue les réflexes cérébraux des réflexes médullaires et ouvre la voie au développement psychique des métazoaires*

1. Boldyreff. Formation des réflexes conditionnels. Deux communications. *Travaux de la société des médecins russes*, Saint-Pétersbourg, 1905.

2. Zeliony. *Contribution à l'étude des réactions du chien sur des excitations sonores*. Thèse (en russe), Saint-Pétersbourg, 1907.

3. Kacherininova. *Contribution à l'étude du réflexe salivaire produit par le grattement*. Thèse (en russe), Saint-Pétersbourg, 1908.

4. Zavadsky. *Contribution au problème de l'inhibition des réflexes*. Thèse, Saint-Pétersbourg, 1908.

5. Mischtovt. *Sur les inhibitions artificielles du réflexe salivaire*. Thèse, Saint-Pétersbourg, 1907.

supérieurs. Si l'homme peut apprendre mille fois plus que l'animal le plus intelligent et se distingue nettement par l'apparente spontanéité de son action, cela tient au merveilleux développement de ces deux facultés de son système nerveux. La lecture de n'importe quel manuel se réduit à ces deux processus : à l'emmagasinement des impulsions nouvelles et à la rétention de leur effet. Lorsqu'ensuite nous le voyons parler une langue étrangère, réciter une poésie ou jouer au bridge, dépassant en variété d'action tout ce que peut faire un millier d'individus des espèces inférieures, c'est le résultat des innombrables inhibitions qui se manifeste devant nous. On a donc raison d'étudier, avec toute la précision possible, le mécanisme de ce processus, mais il faut bien reconnaître qu'il ne comprend pas la totalité des phénomènes dont il est le pivot actif. Il ne s'étend pas à tout ce que nous percevons intérieurement comme irradiations conscientes ou volontaires, et ce qui peut être déterminé par des processus cérébraux concomitants. Pour ne citer que l'extension la plus commune chez l'homme, rappelons que la plupart des réactions que nous appelons conscientes, s'accompagnent de processus verbo-moteurs. Je reconnais une fleur en l'appelant mentalement par son nom, je me rappelle une chose à faire en la désignant par un verbe, et ainsi de suite. Et que dire des natures sensibles qui ont constamment des irradiations émotionnelles ou des intellectuels chez qui toute réaction mentale s'accompagne de suggestions, d'aperçus rapides comme un éclair ou d'associations d'idées? Pour ceux-là l'arc réflexe n'est que la partie centrale du processus et J. Pawlow a beau distinguer, à côté des « réflexes de relation », le schéma plus complet des réflexes d'analyse[1] », il n'arrive tout de même pas à embrasser la totalité des phénomènes. Il a beau concevoir les organes

1. J. Pawlow. *La science naturelle et le cerveau.* Discours (en russe) au Congrès des naturalistes et des médecins russes, à Moscou, 28 décembre 1909.

sensoriels comme de véritables « instruments d'analyse », ce schéma est tout de même trop étroit pour « faire entrer toute la psychologie dans le domaine de la science naturelle ».

Avec cela, Pawlow a le tort de se désintéresser trop ouvertement de l'effort des psychologues. Dans le discours auquel nous venons d'emprunter les derniers termes, il en fait pour ainsi dire table rase en déclarant que « la psychologie, comme connaissance du monde interne, en est encore à chercher sa méthode ». Par suite il recommande aux savants de « revenir à celle qui leur a servi pour étudier les fonctions inférieures du système nerveux », c'est-à-dire « à étudier les changements qui se produisent dans l'organisme en rapport avec les variations du monde extérieur, en déduisant les lois générales de ces rapports[1] ». Mais cette méthode ne peut, à elle seule, éclairer que les rudiments de l'acte psychique, et le conseil d'y ramener tout l'effort de la psychologie, entraîne le renoncement à tout ce qu'il y a de spécifique dans l'expérience interne. Non seulement les phénomènes si particuliers de la pensée abstraite et de la pensée sans paroles, mais la distinction la plus élémentaire des phénomènes conscients et inconscients se trouverait par là éliminée de l'étude !

Bref, malgré toute la valeur des recherches de Pawlow comme procédé d'investigation, elles sont faites dans un esprit trop étroit pour exercer une action réelle sur l'évolution de la psychologie.

Les travaux de Bechterew et des élèves de son laboratoire ont une base bien plus large. Si Pawlow peut revendiquer l'honneur d'avoir le premier saisi un phénomène psychique comme un réflexe conditionnel, il ne l'a fait que par un heureux hasard, grâce à l'extension de ses recherches sur la digestion, et son œuvre en a gardé un caractère très

1. J. Pawlow, *ibid.*, p. 3.

étroit. Bechterew, par contre, avant d'avoir abordé le terrain expérimental, avait déjà une conception objective des phénomènes psychiques et lorsqu'il eut à passer aux expériences, il leur donna une portée bien plus étendue. Dès la première esquisse d'une psychologie objective[1], posant en thèse, encore assez vaguement, que « les processus neuro-psychiques sont analogues par leur développement aux réf[illegible], comme ces derniers, ne se séparent en aucun p[illegible]e leur base matérielle », il comprenait dans ce schéma non seulement le côté actif, mais aussi le côté représentatif, ou, si l'on aime mieux, conscient du phénomène. La conscience était pour lui « un produit de l'énergie des centres cérébraux », dans le sens qu'un phénomène inconscient devait être « un processus nerveux n'ayant pas atteint un degré de tension nécessaire pour l'illumination interne subjective des phénomènes ». Cherchant ensuite à saisir tout cela d'un peu plus près, il décomposait le réflexe en cinq moments successifs et concluait que le passage à l'état conscient, doit consister « dans le retentissement de la réaction centrale sur plusieurs centres neuro-psychiques » ou elle était « retenue transformée, multipliée par les sensations musculaires et fixée sous forme subjective de représentations, laissant une trace capable de se ranimer ».

Quelque incertaine que fût ici la notion du retentissement, elle donnait au processus nerveux une extension bien plus considérable que dans le schéma de Pawlow. Elle offrait au moins quelque chose qui pouvait répondre aux préoccupations des psychologues. Depuis, la conception de Bechterew s'est notablement transformée et précisée. Dans son manuel de psychologie objective qui vient de paraître en français[2] il se désintéresse, il est vrai, de l'appréciation des phénomènes psychiques en tant que

1. W. Bechterew. La psychologie objective. *Westnik Psych.*, 1904, et *Revue scientif.*, 1906.

2. W. Bechterew. *La psychologie objective*, Paris, F. Alcan, 1913.

conscients ou non, mais reconnaît que la conscience n'est ni une quantité inutile, ni une qualité stérile du travail neuro-psychique. Pour lui, c'est un symbole subjectif de certaines variations dans l'état de l'organisme simplement trop fugitives pour être établies dans chaque cas particulier. Mais s'il renonce à les saisir, il n'en nie pas du tout l'existence et indique même comme corrolaire objectif, pouvant servir de criterium au psychisme, la *modification du réflexe par l'expérience antérieure du sujet*. Ce qui distingue pour lui un acte neuro-psychique d'un simple réflexe, c'est que celui-ci présente une réponse mécanique, stéréotype de l'organisme, tandis que dans l'autre la réaction dépend de l'état momentané de l'individu et peut être modifiée par des facteurs internes. S'il est difficile de dire jusqu'où va cette modification, jusqu'à rendre l'acte conscient ou non, le fait même peut être constaté objectivement, sans le témoignage de l'individu. « Prenons, comme exemple, l'action du son, dit-il, dans une étude spéciale sur le même sujet. On sait qu'un son assez haut et subit fait tressaillir l'individu d'une manière purement réflexe. Point n'est besoin pour cela d'expérience personnelle, car cet effet est basé sur une capacité innée de l'organisme. Dans ces conditions un nouveau-né tressaillira comme un adulte. Il en sera tout autrement sous l'effet d'un excitant analogue, mais ressemblant au grognement d'une bête fauve. Chez l'adulte qui connaît le danger, il provoquera non seulement le tressaillement, mais encore la fuite, et l'on ne saura nier que ce dernier acte ne constitue une réaction neuro-psychique, car il sera provoqué non seulement par le son, mais encore par l'expérience antérieure de l'individu. En effet, l'enfant qui n'aura jamais entendu de bruit pareil et l'adulte qui manquera d'expérience, ne manifesteront jamais de réaction aussi violente. Ainsi, sans entrer dans l'analyse des phénomènes subjectifs, sans soulever le problème du conscient et de l'inconscient, on peut reconnaître un mouvement pour une réaction neuro-psychique[1]. »

Telle est la modification vue du dehors dans l'attitude du sujet. Mais ce n'est pas encore tout. La variation extérieure doit correspondre à quelque chose dans le mécanisme même de la réaction et ce quelque chose, Bechterew le définit comme « reviviscence des traces laissées par les réactions antérieures » ayant pour effet le renforcement ou l'inhibition de la décharge.

Disons enfin pour dissiper tout équivoque que ces traces il les comprend comme *des changements moléculaires* dans les voies du système nerveux *facilitant la reproduction des vibrations du même rythme*[2].

On voit combien le schéma des phénomènes psychiques est plus complet ici que chez Pawlow. Il en résulte aussi une organisation bien plus large des expériences.

Tout d'abord, appliquant ce schéma à des phénomènes très variés, Bechterew ne crut pas juste de limiter l'étude à un seul type de réaction, à la sécrétion salivaire. Il choisit, lui, un phénomène plus général, la réaction motrice. Si cette dernière est généralement plus complexe, elle présente différents degrés de complexité et en prenant pour objet le réflexe plantaire ou la contraction d'une patte on ne rencontre pas plus de difficulté qu'avec la sécrétion de la salive. Par contre, Bechterew s'est trouvé bien vite récompensé de son choix, car, passant d'un mouvement simple à d'autres plus complexes, il a reconnu par l'expérience qu'on peut obtenir le même résultat avec les réactions dites symboliques et, enfin, avec les mouvements personnels ou volontaires.

Ainsi, dans les expériences des Dr Nerpen et Mme Dobrotworskaïa il a substitué au réflexe plantaire un mouvement convenu, consistant dans la pression d'un doigt sur une

1. W. Bechterew. Les problèmes de la psychologie objective, *Journ. de psych. norm. et path.*, novembre, décembre 1909, p. 487.

2. W. Bechterew. *La psychologie objective*, p. 29.

poire en caoutchouc, pression qui se transmettait à la plume d'un appareil enregistreur. Dans celles du Dr Schumkoff[1] il a fait prendre un mouvement encore plus personnel et plus nettement volontaire, la reproduction sur un signe convenu d'une flexion du bras dans le coude. Enfin, le Dr Astvatzatouroff[2] a fait la même chose avec des réactions verbo-motrices, consistant dans la répétition d'un mot convenu ou dans le choix d'un mot approprié.

C'était une confirmation éclatante de l'hypothèse précitée, car on a vu par là que les actes généralement considérés comme spontanés et libres, peuvent être associés à des excitants étrangers et se produire dans les mêmes conditions que les réflexes. Et ce n'était pas encore tout. La partie centrale de ces réactions s'est montrée susceptible d'être détaillée et précisée tout à fait dans le sens de Bechterew. Dans les expériences qui consistaient à exiger la répétition du mot inducteur, on a comparé l'effet d'un mot inconnu avec celui d'un mot annoncé d'avance au sujet, et a obtenu des résultats très significatifs. Dans le second cas la réaction était d'une et demi à deux fois plus rapide que dans le premier. La préparation du sujet rendait la réaction plus rapide, confirmant l'hypothèse des traces « qui facilitent la reproduction des vibrations du même rythme ». D'autre part, l'introduction des facteurs agissant d'une manière défavorable sur la concentration nerveuse du sujet, par exemple l'obligation de faire en même temps un calcul mental ou de barrer certaines lettres, avait pour effet immédiat de ralentir la réaction. Enfin, une action plus violente ou l'exécution d'un travail plus compliqué entraînait l'inhibition temporaire ou complète de la réponse.

Bref, on a vu que les actes neuro-psychiques relèvent, comme les réflexes, de l'excitation des centres cérébraux

1. Dr Schumkoff. Thèse (en russe), Saint-Pétersbourg, 1909.
2. Dr Astvatzatouroff. Thèse (en russe), Saint-Pétersbourg, 1908.

et ne se distinguent que par les complications de la phase centrale du processus.

Bechterew conclut de là que ceux-là même qui ont une apparence d'absolue spontanéité, présentent des réactions du même genre, avec cette seule différence qu'ils relèvent moins de l'impulsion externe que de la reviviscence des traces cérébrales qui constituent l'expérience antérieure de l'individu. Pour lui, les actes les plus complexes, comme le dessin, la composition musicale ou la création d'une œuvre poétique ne diffèrent des mouvements réflexes que par l'intervention d'un enchaînement de traces cérébrales qu'on appelle la « personnalité » du sujet. Ce qui crée ici l'apparence de la spontanéité, c'est que la détermination de ces actes est purement interne. La décharge est due soit à un état émotionnel, soit à une évocation mnésique, soit à une association mentale, mais l'acte même n'est pas autre chose qu'un enchaînement de réflexes établis par l'expérience antérieure et, comme tel, présente un mécanisme dont on peut étudier et préciser le fonctionnement.

Dans son étude sur l'évolution du dessin chez l'enfant, Bechterew a trouvé que l'adaptation des mouvements au modèle ne s'obtient qu'assez tard ; ils commencent par être simplement expressifs et cette distinction se retrouve d'après lui dans toutes les formes de l'art, y compris l'art musical. On peut donc étudier ici les diverses combinaisons des mouvements expressifs et des mouvements imitatifs qui proviennent de l'expérience antérieure de l'individu.

Cela fait en fin de compte que le développement intellectuel de l'individu se réduit à l'enrichissement de l'organisme en réflexes cérébraux et la vie psychique, à la décharge de ces réflexes sur des impulsions externes ou internes.

Mais si le champ des recherches se trouve ainsi élargi jusqu'à embrasser tous les phénomènes de la vie psychique, il reste toujours séparé de celui de l'introspection. Bechterew refuse tout concours de cette dernière, prétendant que la nouvelle science doit étudier les processus réactifs sans tenir aucunement compte des sensations qui les accompagnent. Nous avons déjà protesté plusieurs fois contre cette restriction qui a pour effet de séparer la science de la vie pratique, où on ne peut pas se désintéresser de l'apparence subjective des phénomènes[1]. A cette raison s'ajoute maintenant une autre, notamment que l'étude introspective, loin d'aboutir à des résultats contradictoires, ne peut que renforcer aujourd'hui les déductions de la psychologie objective. Si à l'époque de Sétchénoff il n'en était pas ainsi, les choses ont bien changé depuis et nous n'aurons pas de difficulté à prouver que les travaux de l'école russe gagnent énormément à être complétés par les données subjectives de la physiologie des sensations et de l'analyse des états mentaux.

Commençons par le plus simple, par la corrélation du processus réactif avec les données subjectives de la perception et de la mémoire. Évidemment, ce n'est pas là tout le problème de la vie psychique, car nous ne pensons pas rien que par images. L'analyse psychologique a montré qu'une bonne partie de notre vie mentale se compose d'éléments qui n'ont rien de représentatif, de données purement logiques. Malgré cela la question des images mentales, là où elles se rencontrent, soit à l'état de perceptions actuelles, soit à l'état de souvenirs, joue un rôle capital. Le nombre des images qui se conservent dans la conscience d'un homme est tout de même tellement grand et leurs connexions tellement multiples que la psycho-physiologie a jusqu'à présent échoué devant le problème de leur localisation. Quel que soit le mécanisme supérieur de la vie psychique, de la pensée abstraite, de la pensée sans images et même sans expression verbale, ce qu'il faut élucider avant tout, c'est la nature des éléments les plus simples et pourtant si difficiles à saisir : des images mentales.

1. V. Kostyleff. Les travaux de l'école de psychologie russe, *Rev. philos.*, novembre 1910.

A l'époque de Sétchénoff il y avait là pour le psycho-physiologiste un obstacle insurmontable. Sétchénoff partait du même fait que ses successeurs actuels, de la connexion étroite des phénomènes psychiques avec les processus moteurs. « Toute l'infinie variété des phénomènes mentaux, disait-il, se ramène en fin de compte à un mouvement musculaire. Qu'on voie un enfant sourire à son hochet ou Garibaldi aux persécuteurs qui l'exilent pour son patriotisme, qu'on voie une jeune fille tressaillir au premier contact de l'amour ou Newton transcrire sur le papier des lois qui gouvernent l'univers, — partout la pensée se résout en mouvement musculaire ». Mais son désir de remonter au début de ce mouvement, de rattacher l'acte conscient au schéma d'un réflexe inhibé ou compliqué dans sa partie centrale, se heurtait à des obstacles très sérieux, à une théorie contradictoire des perceptions visuelles et auditives. En ce qui concerne les premières, la théorie de Helmholtz qui était alors généralement admise, les rattachait presque entièrement à l'image rétinienne et les secondes étaient expliquées comme un phénomène de résonnance dans l'organe de Corti.

Le fondateur de la théorie empirique de la vision, tout en s'élevant contre l'hypothèse d'une capacité innée, attribuait la plus grande part de l'expérience visuelle à la fusion des images fournies par les deux yeux; l'innervation musculaire n'intervenait chez lui que pour le sens de la direction et pour le contrôle de la distance. Sétchénoff allait un peu plus loin : il rattachait les données des trois dimensions aux mouvements de l'appareil oculaire. Mais la sensibilité rétinienne comprenait, pour lui aussi, la couleur, la forme et le relief de l'objet et la distinction des détails était sensée se faire à l'aide de points rétiniens inégalement distribués sur la surface.

Le mécanisme de l'ouïe se présentait chez lui moins nettement, à cause de la continuité dans le temps et de la fusion spatiale des impressions. Une couleur quelque temps qu'on reste à la fixer, n'est jamais perçue avec l'attribut de la durée; d'autre part, elle ne se fond pas avec les couleurs voisines, comme cela arrive pour les sons. Pour expliquer ce dernier fait il fallait admettre un processus de synthèse; pour le premier il fallait par contre doter l'appareil auditif d'une faculté spéciale d'analyse. Mais pour le reste le mécanisme était analogue à celui de la vision, se réduisant à une répercussion des ondes sonores dans les appareils nerveux du limaçon.

Par suite de cela, quel que fût le rôle des réflexes dans le fonctionnement de ces mécanismes, la conservation des éléments les plus essentiels de la vie psychique devenait difficile à expliquer. Les sensations localisées dans la rétine et dans l'organe de Corti devaient être continuellement remplacées par d'autres et cela créait un obstacle insurmontable au développement de la mémoire, de l'imagination et de la pensée abstraite.

Sétchénoff avait beau comparer les empreintes rétiniennes aux images consécutives et assurer que « l'impression sensorielle, tout en s'affaiblissant peu à peu, doit durer très longtemps », le nombre et la variété des impressions qui se succèdent dans la vie, rendaient cette hypothèse vraiment peu soutenable. Il avait beau ajouter que la répétion des mêmes formes pouvait compenser leur instabilité et ranimer les traces qui étaient en voie d'extinction, ceci n'aidait qu'à moitié. A supposer même que les fibres nerveuses qui se terminent dans la rétine pussent garder l'excitation correspondante à tous les triangles, à tous les cercles, etc., le nombre des images de ce genre d'une portée plus ou moins générale, était tout à fait insignifiant à côté des traits particuliers qui forment le champ de notre conscience.

En ce qui concerne les perceptions auditives, la difficulté était encore plus grande. L'hypothèse des résonateurs nerveux expliquait encore, tant soit peu, la perception et la mémoire des sons harmoniques, mais elle ne pouvait s'étendre ni aux sons différentiels, ni aux phénomènes d'interférence qui jouent un si grand rôle dans l'harmonie instrumentale, ni moins encore aux sons qui ne sont pas musicaux et qui cependant se rencontrent le plus souvent dans la parole. En ce qui concerne ces derniers Sétchénoff ne pouvait s'en rapporter qu'à la fonction encore peu définie d'une autre partie du nerf auditif qui se trouve dans les élargissements des canaux semi-circulaires. Bref, malgré l'affirmation que tous les phénomènes psychiques rentrent dans le schéma du réflexe et que « du côté du processus dans les appareils nerveux » entre la perception actuelle et l'évocation mnésique, il n'y a pas la moindre différence, les éléments les plus essentiels de la vie psychique — la forme visuelle et la désignation verbale — restaient peu susceptibles de conservation et de transmission aux degrés supérieurs de l'activité mentale.

On connaît les difficultés que soulève la correction de ce schéma par l'hypothèse d'une transmission des empreintes périphériques à l'écorce cérébrale. La conservation de ces empreintes dans les centres mêmes qui déterminent le processus de leur perception ou dans les centres spéciaux de la mémoire, est incompatible avec la mobilité des images mentales et avec la multiplicité des connexions qui existent entre elles. Admettant même que le nombre des cellules cérébrales soit assez grand pour emmagasiner toutes les impressions que nous recevons au cours de la vie, il reste toujours difficile de concilier la fixité des traces cellulaires avec l'apparition éphémère des images dans le champ de notre conscience. D'autre part, fût-on parvenu à désigner, à chaque image, un siège cellulaire, on aura autant de difficulté à les relier par des fibres associatives. C'est que la même image peut se rattacher à l'art, à l'industrie, à la vie pratique, etc., et à vouloir dresser toutes les associations à la fois, on arriverait à faire des entrecroisements inimaginables.

Les données des autres sens, du toucher, du goût, de

l'odorat, étaient loin d'offrir la même difficulté. Étant beaucoup moins précises, elles se laissaient réduire à un processus réactif, de nature entièrement motrice. Mais le problème n'en devenait pas plus facile, car ce sont les sensations visuelles et auditives qui ont le plus d'importance et l'hypothèse de Sétchénoff échouait contre l'impossibilité de les enfermer dans le schéma d'un réflexe.

Il n'en est plus de même aujourd'hui. En ce qui concerne les perceptions visuelles, les données sont tout autres. De la théorie de Helmholtz il ne reste que le principe d'un développement empirique de la vision ; la base en est devenue tout autre. Parmi les successeurs les plus directs de Helmholtz, Wundt s'était déjà nettement prononcé contre la possibilité d'un développement des perceptions visuelles, de la sensibilité rétinienne toute seule. Il disait très justement que les points rétiniens n'avaient aucune connexion interne et ne pouvaient servir de base à l'expérience visuelle. Cette dernière avait pour lui sa base non pas dans la sensibilité des points rétiniens, mais dans le fait que chaque excitation de la rétine produit un réflexe nerveux qui peut s'associer à d'autres passant par les mêmes centres cérébraux. Ainsi, d'après la théorie de Wundt, dans les perceptions visuelles le rôle dominant appartenait aux sensations motrices (« Bewegungsbild ») qui étaient sensées déterminer non seulement les dimensions, mais encore la distance de l'objet et sa localisation dans l'espace[1].

Malgré la grande complexité de l'acte visuel et la différence des théories qui cherchent à le saisir tantôt d'un côté, tantôt d'un autre, la tendance qui s'est fait jour chez Wundt, s'affirme de plus en plus dans les travaux d'optique physiologique. L'œuvre capitale de Bourdon qui en résume un grand nombre, fait ressortir très nettement tout ce que les sensations rétiniennes ont perdu de leur ancienne importance. Théoriquement on leur reconnait encore un certain

1. W. Wundt, *Physiologische Psychologie*, t. II, p. 668 et suiv.

rôle, mais les facteurs qui s'y surajoutent, de nature généralement motrice, le réduisent presque à néant. Nous ne parlons déjà pas de la perception de la distance, ni de la localisation des objets. *D'après Bourdon, les données les plus élémentaires de la grandeur et de la forme sont également déterminées par des processus moteurs.* Pour la grandeur il reconnait que la projection de l'objet sur la rétine n'est rien sans les mouvements que nous effectuons pour le parcourir des yeux, sans la mesure de la distance qui le sépare de nous et sans l'idée que nous nous sommes faite de sa grandeur absolue. L'image rétinienne n'est donc que le point de départ des processus qui tous sont plus ou moins moteurs. En ce qui concerne la forme, il est moins catégorique. Tout en reconnaissant l'intervention des sensations tactiles et musculaires, il les juge trop peu différenciées pour exercer une action décisive; par suite, c'est à l'image rétinienne que reviendrait le premier rôle. Mais les faits qu'il cite d'après Mach sur les changements de la perception en rapport avec la position de l'objet, semblent avoir une portée tout à fait contraire. En effet, s'il suffit de tourner un simple carré pour produire une impression toute différente, il est évident que la projection rétinienne n'est pas seule en jeu. Que dire alors de la photographie qu'on regarde la tête en bas ou de la lecture des caractères renversés? Les figures sont les mêmes et cependant on a bien de la peine à les reconnaître. Le processus conscient ne repose donc pas sur les sensations rétiniennes et on se trouve de nouveau ramené aux phénomènes moteurs.

Les expériences qui ont été faites sur les aveugles-nés après l'opération de la cataracte parlent tout à fait dans le même sens. Les opérés distinguent bien un rond d'un carré, mais ils sont incapables de définir la différence ni en paroles, ni avec les mains. Hirschberg avait essayé de présenter à un opéré un couteau de table, une fourchette et une cuiller. Celui-ci « considéra tous les objets, les observa très attentivement et indiqua bien exactement les couleurs, mais il ne sut pas décrire la forme et ne put pas non plus reconnaître la signification de ces objets qu'il avait pourtant tenu tant de fois à la main [1] ».

De même, pour la grandeur. Dans les expériences d'Uhtoff il est « absolument impossible à l'opéré lorsqu'on lui présente deux objets ou plus, de juger d'après la vue lequel est le plus grand et lequel est le plus petit ; il lui est en outre complètement impossible de montrer, par exemple avec les deux mains, quelle est la grandeur d'un objet qu'il voit [2] ». Ce n'est que le huitième jour après le commencement des épreuves qu'il réussit à dire laquelle des deux pommes qu'on lui présentait était la plus grande et laquelle la plus petite. Enfin, quant à la perception des profondeurs, elle ne se forme aussi qu'avec le temps. Au début, après l'opération, les malades localisent tous les objets à la portée de leur main ; quelques-uns disent même qu'ils paraissent leur toucher les yeux.

L'étude de Bourdon ne laisse plus rien subsister de la vision empirique telle que la comprenait Helmholtz. L'expérience rétinienne y est battue en brèche sur tous les points et remplacée, tant bien que mal, par l'expérience motrice de l'organe visuel.

Un pas encore plus décisif dans la même voie a été fait par le Dr Nuel [3]. S'étant proposé de décrire le mécanisme de la vision d'une manière purement objective, sans le concours de l'introspection, il s'est trouvé forcé de remplacer les termes psychologiques par d'autres, beaucoup moins familiers tels que photo-réceptions, photo-réactions, etc. Il en résulte aussi qu'il néglige les phases psychologiques du processus, la perception des formes, des positions, etc., et leur substitue, comme phénomènes objectifs, la vision de la direction et la vision de la distance.

1. Bourdon. *La perception visuelle de l'espace*, 1902, p. 382.
2. Bourdon, *loc. cit.*, p. 376
3. Dr Nuel, *La vision*, 1904.

Mais une fois qu'on a admis son point de vue et qu'on s'est familiarisé avec sa terminologie, on reconnaît facilement que son essai confirme la conception motrice de la vision et la pousse même encore plus loin.

Fidèle à son principe d'écarter toutes les données introspectives et d'étudier uniquement la manière dont les photo-réactions observées chez les animaux se développent et se compliquent chez l'homme, il commence par décrire l'héliotropisme des animaux inférieurs, le passage de dermatotropisme aux réactions d'un organe spécial de la vue et les progrès successifs de cet organe, des somato-réactions générales constituées par un simple mouvement du corps, aux icono-réactions accompagnées d'une distinction plus fine des détails de l'objet. Abordant ensuite la vision de la direction chez l'homme, il reconnaît que « les photo-réactions de la rétine ne sont parfaites qu'au niveau des cônes de la fovea » et constate que l'adaptation progressive de l'organe produit une modification du mécanisme primitif « de façon que maintenant, comme premier effet d'une photo-réaction non maculaire il survienne un mouvement somatique qui tourne la rétine iconoptique vers l'objet ». Ce mécanisme complémentaire se compose, d'après lui, de mouvements fixateurs du corps, de la tête et de l'œil, mais le réflexe oculaire se développe graduellement et finit par remplacer les autres. C'est le jeu de ce réflexe qui renseigne sur la direction de l'objet.

Un besoin physiologique analogue est de voir non pas avec des parties quelconques, mais avec les parties congruentes des deux rétines; il produit un autre réflexe, de convergence, dont le résultat le plus important est de renseigner sur la distance de l'objet.

Mais l'étude de ces deux réflexes ne se limite pas, chez Nuel, à leur but physiologique. Sans vouloir entrer dans l'examen des données psychologiques, il tient tout de même compte de celles-ci et, se demandant quel est leur rapport au mécanisme objectif de la vision, arrive à une conclusion de la plus haute importance. La physiologie des sensations nous enseigne, dit-il, que « les phénomènes de conscience objectivante n'accompagnent que les réflexes sur les muscles de la vie de relation », les réflexes sur les organes viscéraux étant tout à fait inconscients, il faut en conclure que les phénomènes de la conscience ne se rattachent ni au réflexe de direction, ni au réflexe de convergence, qui sont des processus purement oculaires, mais au réflexe somatique ou cérébral qui est modifié par ceux-ci. « L'erreur à peu près générale, dit-il plus loin, consiste à rattacher la localisation psychique directement aux mouvements oculaires, alors qu'elle est l'épiphénomène psychique de la photo-réaction somatique. En général, nous n'avons conscience de nos réactions qu'en tant qu'elles ont un rapport direct avec le monde extérieur; nous n'avons pas conscience des réactions de nos organes viscéraux, et l'œil en est un. Les photo-réflexes somatiques deviennent conscients dans une phase qui suit celle qui a ressenti l'influence de réflexe fixateur [1] » c'est-à-dire dans la phase cérébrale.

L'étude objective va ici plus loin que n'avait osé s'aventurer la physiologie des sensations qui se doublait d'analyse psychologique. Lorsque Bourdon affirmait que les sensations tactiles et musculaires de l'œil sont trop peu différenciées pour déterminer la perception de la forme, et qu'il reconnaissait, d'autre part, l'insuffisance des sensations rétiniennes, c'est, peut-être, la nature des données psychologiques qui l'empêchait de les rattacher à d'autres processus moteurs, à ceux qui atteignent les centres supérieurs du cerveau. Et la question restait en suspens. Nuel bénéficie en cela de ce qu'il est libre de tout bagage psychologique. Résolu à ne s'appuyer que sur des données objectives, il passe hardiment des processus oculaires au processus cérébral et résout le problème dans un sens encore plus favorable à la conception motrice des phénomènes mentaux.

1. Dr Nuel, *loc. cit.*, p. 165.

Pour lui, l'acte visuel se compose de réactions en partie simplement oculaires, en partie somatiques ou cérébrales; les premières modifient la seconde et en cela peuvent être considérées comme agissant sur la perception de la distance, de la grandeur, du relief, etc., *mais les données propres de la conscience ne peuvent être rattachées qu'à la réaction cérébrale, n'acquièrent leur valeur subjective que dans la phase cérébrale de réflexe.*

Cette conclusion était évidemment trop hardie pour s'imposer du coup aux psychologues, quoique l'auteur ne se fit pas faute d'y revenir plusieurs fois en termes tout à fait explicites. « Dans notre manière de voir, dit-il plus loin, le processus nerveux cérébral provoqué par une photo-réception, mérite le titre de représentation visuelle au même titre que ce même processus lorsqu'il est reproduit, suscité à nouveau par voie d'association cérébrale, sans le secours d'une photo-réception actuelle. *C'est à cette cérébration qu'on donne le nom d'image ou de représentation visuelle.* »

L'œuvre de Nuel achève l'évolution commencée par Wundt, la substitution à la sensibilité rétinienne d'un processus cérébral. Le problème psychologique de la vision reste encore assez obscur. Les travaux plus récents de l'optique physiologique portent beaucoup plus sur la partie oculaire du processus et se trouvent détournés de la valeur psychologique de ce dernier. On ne sait donc rien ni sur la phylogénèse des images visuelles, ni sur leur formation actuelle chez l'individu, mais une chose semble déjà acquise, c'est que la sensation rétinienne est très rudimentaire et indépendante de la conscience des formes comme aussi des distances et des grandeurs qui relève uniquement du processus cérébral. C'est-à-dire, l'image rétinienne peut contenir certaines de ces données, par exemple la forme, mais la perception consciente de celles-

1. Nuel, *ibid.*, p. 256.

ci exige un réflexe cérébral et — ajoutons-nous de notre côté — la modification de celui-ci par l'expérience antérieure de l'individu. Sur ce point les travaux de Bourdon et de Nuel gardent toute leur valeur et modifient la théorie des perceptions visuelles dans un sens tout à fait favorable à la conception objective des phénomènes mentaux.

Le problème de l'audition est peut-être encore plus complexe que celui de la vision et, par suite, encore plus éloigné de la solution définitive, mais là aussi l'hypothèse d'une empreinte périphérique sous forme de résonnance se trouve remplacée par un processus réactif. La théorie de la résonnance avait attiré dès son apparition de nombreuses critiques et les corrections qu'on y introduisit, ne tardèrent pas à la dénaturer. Ainsi, dès l'essai de L. Hermann[1] qui remplaçait les résonateurs mécaniques par des organes nerveux capables de s'adapter aux vibrations d'un certain rythme, l'hypothèse d'une empreinte passive se trouvait déjà abandonnée. L'ébranlement mécanique se changeait en un processus nerveux. Dans la suite la difficulté d'expliquer tous les phénomènes de consonnance et de dissonnance faisait abandonner également la spécification des fibres nerveuses et dressait en face du processus moléculaire une conception toute différente, celle d'un processus molaire. On supposait notamment que les fibres de Corti, loin d'être spécifiques, laissent passer tous les sons qui se distinguent alors selon l'altération de tout l'organe. D'après Ewald, la différence dépendait de l'extension transversale de l'onde dans l'organe de Corti[2], d'après Meyer, du nombre des terminaisons nerveuses qui se trouvaient atteintes par celle-ci[3]. P. Bonnier comprend ce processus encore plus largement, comme un va-et-vient de milieux

1. L. Hermann, Zur Lehre von der Klangwahrnehmung, *Pflügers Archiv.*, Bd 56.

2. Ewald. Zur Physiologie der Labyrinth's : eine neue Hoehrtheorie, *Pflügers Archiv.*, 1899, Bd 76.

3. M. Meyer, Ueber die Tonverschmelzung und die Theorie der Consonnanz, *Zeitsch. f. Psych. u. Phys. der Sinnesorg.*, Bd. XIII.

successifs, solidaires, petits et suspendus[1], depuis le tympan jusqu'à la fenêtre ronde, formant dans son ensemble « un appareil enregistreur ». Le dernier mot est tout à fait caractéristique. Il indique bien que l'audition ne se rattache plus à ce qui se passe dans l'organe récepteur; ce dernier n'a que la valeur d'un transformateur, comme l'appareil télégraphique qui transforme la parole en signes conventionnels; la perception se ferait alors selon la différence des courants nerveux produits par ces signes. Ces derniers peuvent être figurés de plusieurs manières. Tominga les comprend comme des secousses[1], Zwaardemaker[2] et Gaetschenberger[3] comme des pressions sur le nerf auditif, mais dans un cas comme dans l'autre, il en résulte un réflexe nerveux analogue à celui qu'on a trouvé dans les perceptions visuelles.

Telle est l'évolution qui s'accomplit dans la physiologie du sens auditif. Elle est évidemment loin d'avoir abouti à une formule complète et précise, mais la direction qu'elle prend n'en est pas moins significative. Elle se fait dans la même direction que l'évolution de l'optique physiologique et doit avoir pour résultat de faire rentrer les données de ces deux sens dans le schéma d'un réflexe cérébral. Si tel est en effet le mécanisme des perceptions visuelles et auditives, nous n'avons plus aucune difficulté pour rattacher le développement de la vie mentale au schéma des réflexes cérébraux. Nous savons par l'expérience — et les recherches de Bechterew et Pawlow le confirment abondamment — que les réflexes nerveux se consolident par l'exercice et s'étendent par voie d'association. Un réflexe qui s'opère produit dans les voies nerveuses des changements molécu-

1. P. Bonnier, *L'audition*, 1901, p. 125.

2. Tominga. Eine neue Theorie des Hörens. *Centralbl. f. Phys.*, Bd 18, s. 361-366.

3. Zwaardemaker. Ueber den Schalldruck im Cortischen Organ., *Arch. f. Ant. u. Phys.* Abt. Supp., 1905.

4. Gaetchenberger. Ueber die Möglichkeit einer Quantität der Tonempfindung. *Arch. f. ges. Psych.*, Bd. II.

laires qui, selon le mot de Bechterew « facilitent la reproduction des vibrations du même rythme[1] ». C'est là, comme l'a très bien reconnu M. Le Dantec, le phénomène élémentaire de la mémoire. Mais ce qui manquait jusqu'à présent, c'est de pouvoir y rattacher toutes les données de la perception.

L'évolution que nous venons d'indiquer, comble cette lacune. Du moment que la physiologie des sensations ne rattache plus rien d'essentiel ni à la sensibilité de la rétine, ni à l'irritabilité de la membrane basilaire, le développement fonctionnel des réflexes suffit pour expliquer la conservation de tout ce qui nous vient du dehors. Plus n'est besoin de supposer ni la persistance des milliers d'impressions sur la petite surface de l'organe récepteur, ni leur transmission aux dépôts cellulaires. Un nombre limité de voies nerveuses suffit pour l'établissement d'une quantité innombrable de réflexes qui n'ont, la plupart du temps, comme les données de notre conscience, qu'une existence potentielle. Ils n'existent réellement qu'au moment où ils s'opèrent, et ne laissent après eux que la possibilité de leur reproduction.

Ce n'est pas assez de dire que la conception objective des phénomènes mentaux ne rencontre plus du côté de la physiologie des sensations les obstacles qui existaient à l'époque de Sétchénoff. L'appui qu'elle trouve maintenant est tellement puissant, que si la psychologie générale n'était pas dominée par l'introspection, elle en aurait déjà reçu une impulsion directrice.

Voilà ce qu'on trouve aujourd'hui pour les données immédiates de la perception. Mais ce n'est pas encore tout. Le rôle des réflexes cérébraux peut être éclairé non seulement par l'étude des perceptions, mais aussi par l'analyse des états mentaux.

Le fait est que les réflexes en question se rapportent

1. W. Bechterew, *La psychologie objective*, p. 46.

non seulement aux perceptions directes de l'individu, mais aussi aux phénomènes associés de la vie psychique — images mentales, souvenirs, abstractions. Du moment que les perceptions externes se confondent tout à fait avec les réflexes cérébraux, les résidus de celles-ci qui jouent un si grand rôle dans la vie psychique, ne peuvent se rattacher qu'à la reproduction plus ou moins complète de ces réflexes. Il s'agit de savoir par suite, si l'expérience interne confirme cette hypothèse, se laissant ramener au schéma d'une telle reproduction.

Commençons par les phénomènes mentaux qui proviennent tout droit des perceptions externes, nous voulons dire, par les images mentales d'origine mnésique ou associative. Les phénomènes moins précis, d'apparence autonome, qui interrompent souvent le cours de l'idéation viendront à leur tour en rapport avec les travaux de l'école psychologique de Wurzbourg à qui nous devons leur analyse au point de vue introspectif. Jugements rapides comme un éclair ou presque détachés de leur objet, pensées sans expression verbale, aperçus logiques, tout cela fait partie de notre vie mentale, et nous sommes loin de la réduire au schéma simpliste d'une « pensée par images », mais avant d'aborder les formes supérieures de l'idéation qui peuvent, en fin de compte, avoir un mécanisme différent, il convient d'achever la base, le mécanisme de l'idéation élémentaire qui provient du contact avec le monde extérieur.

Une fois reçues, les impressions se conservent à l'état de souvenirs, reviennent par association, dégagent d'elles-mêmes ou font naître par une connexion mystérieuse, des idées ou notions générales. Ces résidus flottants de la perception ont pour nous, pour notre sens interne, une réalité tout autre : affaiblie au point de vue sensoriel et dépourvue de toute matérialité. Comment se rattachent-elles au mécanisme des perceptions?

De ce côté-là aussi on trouve des suggestions très importantes pour l'étude objective de la pensée.

La nature des images mentales a depuis longtemps attiré l'attention des psychologues, mais les difficultés de l'étude ont naturellement paralysé leur effort. Rares ont été ceux qui, ne se contentant pas de la comparaison courante avec un cliché photographique, se sont efforcés d'analyser et de préciser leur contenu. Un des premiers qui se fussent engagés dans cette voie, était R. Wahle[1], actuellement professeur de philosophie à l'Université de Czernovitz. Dans sa remarquable étude « Le cerveau et la conscience », s'élevant contre Dubois-Reymond qui venait de conclure à l'existence de problèmes totalement insolubles, entre autres de celui du physique et du psychique, Wahle affirmait que ce dernier problème ne paraissait insoluble que parce qu'il avait été mal posé. Reprenant pour son propre compte la comparaison des données physiques avec celles de la conscience, du schéma objectif du cerveau avec le tableau des images mentales, il démontrait clairement qu'on avait tort de chercher entre les deux un lien direct, parce que chacun relevait d'un point de vue différent. Les données du monde physique étaient, il est vrai, aussi subjectives et aussi composites que les images mentales, mais *elles présentaient un groupement plus durable et, ce qui est le plus important, toujours accessible au contrôle de la vue et du toucher qui manquaient dans le second cas.* La différence était très finement notée. Les objets du monde physique, y compris notre propre corps, nous sont surtout connus par la vue et le toucher, tandis que les images mentales, outre qu'elles sont bien plus fugitives, échappent tout à fait au contrôle de ces deux sens. Quel droit avons-nous par suite de rattacher ces dernières à un schéma de cellules cérébrales? Malheureusement, après avoir démontré le mal fondé de cet effort et la nécessité préalable de leur appliquer un critérium objectif, Wahle ne réussit pas à réaliser ce postulat. Il déploya une patience et une préci-

1. Richard Wahle. *Gehirn und Bewusstsein*, Wien, 1884.

sion remarquables à décrire les combinaisons qui se font et se défont dans le champ de notre conscience, à saisir la trame vivante des sensations, mais il ne parvint pas à entrevoir le lien qui les unit, ni le mécanisme qui doit s'y cacher. Pourquoi certains éléments se reproduisent-ils dans le même ordre à chaque évocation monésique, pourquoi se forme-t-il entre eux des associations de plus en plus étendues? Cette question restait sans réponse et on peut dire que la conscience a gardé, chez lui, le caractère d'un kaléidoscope de sensations depuis sa première étude jusqu'au dernier « Essai sur la vie mentale » qui a paru il y a quelques années[1].

Une conception analogue des phénomènes mentaux se retrouve dans les écrits de Richard Avenarius, le fondateur de la philosophie empiro-critique[2], mais ce n'est pas d'une œuvre spéculative qu'il fallait attendre la solution du problème dans le sens d'une coordination des données psychologiques avec l'expérience externe de l'individu. Cette coordination ne pouvait se faire que sur le terrain expérimental, avec l'appui de la psychologie des sensations, et c'est un physicien, E. Mach, qui en a tracé les premières lignes. Le procédé qu'il employa était analogue à celui dont on se sert couramment dans les sciences physiques. L'étude des phénomènes objectifs comprend souvent la traduction des données d'un sens dans le langage d'un autre, d'une portée plus générale. Ainsi, lorsqu'on étudie la perception d'un son musical ou d'un parfum, on se contente de réduire les données de l'ouïe et de l'odorat à un processus chimique ou mécanique, c'est-à-dire aux données de la vue et du toucher. Généralement, l'explication consiste dans la réduction des autres sens aux données de la vue, car celle-ci nous sert de principal moyen d'orientation dans l'existence. En ce qui concerne les images mentales,

1. R. Wahle. *Ueber den Mechanismus des geistigen Lebens*, 1906.

2. R. Avenarius. *Philosophie als Denken der Welt gemäss dem Princip des kleinsten Kraftmasses*, 1876.

ce procédé n'est pas directement applicable, car les processus qui se passent dans l'écorce cérébrale, échappent totalement au contrôle de la vue, mais on peut les juger indirectement, comme font les médecins pour les maladies internes, en comparant les symptômes morbides avec la structure et le fonctionnement normal de l'organe. C'est à cela que devait arriver Mach après une série de tâtonnements qui rend le plus grand honneur à la probité de son effort. Ayant reconnu comme Wahle, mais tout à fait indépendamment de lui, que nos images mentales présentent des groupements de sensations[1], il s'attacha à en étudier le contenu et découvrit que ce dernier est, en plus, tout à fait fragmentaire et instable. Qu'on parle d'un objet ou d'un individu, dit-il, de l'ami qui vient souvent chez moi, du bureau qui se trouve dans ma chambre ou du vêtement que je porte, on se trouve instinctivement porté à leur attribuer une constance qu'ils ne possèdent ni en réalité, ni dans la mémoire de ceux qui en parlent. Mon bureau peut être tantôt plus, tantôt moins éclairé, peut être vu de face ou de côté. Mon ami peut avoir un air très différent : joyeux ou triste, correctement mis ou négligé, immobile ou agité. Pensant à l'un ou à l'autre, je peux évoquer des détails différents. Tantôt je me rappelle les yeux et le visage de mon ami, tantôt sa carrure et ses gestes... A les voir de près on se rend compte que nos images mentales sont loin de la fixité d'un cliché photographique et ne présentent la plupart du temps qu'un faisceau bien incomplet de sensations[2].

Ce fait était déjà très important. *Il en résultait que les images mentales ne devaient pas être prises comme des unités organiques, ni localisées comme telles dans le cerveau*. L'idée d'une empreinte cérébrale se trouvait remplacée par celle d'un ensemble de traces. Mais l'effort de Mach ne s'est pas arrêté à cela. Cherchant à préciser la

1. E. Mach. *Die œkonomische Natur der physikalischen Forschung*, 1882.
2. E. Mach. *Analyse der Empfindungen*, Wien, 1885.

nature des éléments sensoriels qui forment une image mentale, il essaya d'analyser celles qui sont le plus près de la perception, les images visuelles et auditives, et arriva finalement à conclure *qu'elles se composent de sensations motrices qui accompagnent les réflexes du cerveau*[1].

Il serait oiseux d'entrer dans les détails de cette démonstration qui ne présente plus qu'un intérêt historique, l'auteur s'étant trouvé aux prises avec des difficultés qui maintenant sont complètement aplanies. C'étaient les données contradictoires de la physiologie des sensations que nous avons déjà vues se dresser devant Sétchénoff. Tant que les perceptions restaient attachées — ne fût-ce qu'en partie — à des empreintes cérébrales, l'analyse de Mach ne faisait que multiplier les difficultés du problème. S'il était difficile d'admettre la conservation de ces empreintes, il était encore plus difficile d'expliquer les connexions qui se révélaient au sein de chaque image entre ses fragments réunis par des liens si fragiles, et le mystère de ces formations hybrides — mi-empreintes, mi-réflexes, — semblait d'autant plus impénétrable.

La solution de ce problème n'est devenue possible qu'avec la reconnaissance du fait que toutes les données de la perception consciente se rattachent à des réflexes cérébraux. Nous l'avons constaté dans un travail paru en 1906[1], et sommes allés même un peu plus loin depuis. Pour faire comprendre que les données de la perception consciente se rattachent *uniquement* aux réflexes cérébraux, il ne suffit pas de constater le caractère fragmentaire des reproductions mnésiques, il faut encore les distinguer d'une reproduction plus complète, nous voulons dire, de l'hallucination.

Lorsque j'évoque le souvenir de quelqu'un, disions-

1. E. Mach., *Die Analyse du Empfindungen und das Verhältniss des Physischen zum Psychischen*, 1885, IVe ed. Iena, Fischer, 1903.

2. N. Kostyleff, *Les Substituts de l'âme dans la psychologie moderne*, Paris, F. Alcan, 1906.

nous, je suis loin de me rappeler tous ses traits, et ceux même que je me rappelle, sont loin de posséder la réalité de la perception. *Je ne les vois pas devant moi, pas plus que je n'entends chanter l'air de musique qui me revient à la mémoire.* Sinon, c'eût été non pas un souvenir, mais une véritable hallucination. L'évocation mnésique ou associative ne comprend qu'un trait ou deux, mais toujours des traits essentiels. La psychologie objective dit que ce sont des sensations motrices qui avaient rendu la perception initiale consciente. On se le figure très aisément. Du reste, pour éviter tout malendu, on peut faire une contre-épreuve. *On peut prouver que la sensation du contact réel qui manque à l'image mentale n'a rien d'essentiel pour la conscience.* Chacun sait par expérience, qu'on peut entendre des paroles résonner distinctement à l'oreille, sans en saisir le sens. Cela arrive fréquemment lorsqu'on a l'attention détournée. D'autre part, lorsqu'on ouvre les yeux et les referme aussitôt devant la clarté trop vive du jour, les objets qui se trouvent devant, ressortent vivement sur le fond de la rétine, mais on ne s'en aperçoit généralement point et n'arrive même pas, une minute après, à dire quelle en était la forme. Ce n'est donc pas la sensation du contact immédiat qui nous donne la connaissance des choses, mais bien les réflexes cérébraux dont elle est le point de départ. Autrement dit, *ce n'est pas le processus de contact, mais le processus de mesure et d'identification qui fait la connaissance des choses et revit ensuite dans la pensée.*

Nous avons essayé, nous-même, de faire un pas de plus dans cette voie en passant des perceptions concrètes aux idées générales ou abstraites. Ayant reconnu qu'une image mentale présente un faisceau de réflexes qui se consolident par la répétition, mais ne tardent pas à s'effacer lorsqu'ils ne sont plus reproduits, nous avons crû voir en cela le rudiment de l'abstraction qui, selon la juste observation de M. Ribot, comprend « un renforcement de ce qu'on abstrait » et « l'affaiblissement de ce dont on abstrait[1] ». « La notion abstraite d'un homme, d'un cheval, d'un livre, disions-nous, n'est-ce pas ce qu'il y a de commun à tous les réflexes nerveux produits par les impressions concrètes des hommes, des chevaux et des livres que nous avons connus dans l'existence[2]? » Plus on voit d'objets de la même catégorie, plus les réflexes qui leur sont communs, doivent se consolider et ceux qui ne se répètent pas d'une impression à l'autre, doivent s'effacer. La formation des idées générales se rattacherait donc au même mécanisme que l'évocation mnésique ou associative.

On voit maintenant ce que les travaux des psychologues russes gagnent à être complétés par la physiologie des sensations et l'analyse des états mentaux. *Les réflexes étudiés par Pawlow et Bechterew ne sont pas la base d'un processus dont l'ensemble échappe à la science, mais les éléments les plus essentiels de celui-ci, le corps même de ce que nous appelons images mentales ou idées.* Aussi, tout en reconnaissant la portée capitale du travail de Bechterew qui résume tous ces efforts et constitue un admirable manuel de psychologie objective, croyons-nous que l'œuvre entreprise par nous est un complément indispensable de cette dernière et que les contributions expérimentales venues de différents côtés, comme aussi nos propres recherches qu'on trouvera exposées plus loin, peuvent seules lui donner une valeur réelle et pratique.

1. Th. Ribot, *Évolution des idées générales*, F. Alcan, 1898, p. 146.
2. N. Kostyleff, *Les substituts de l'âme*, p. 194.

CHAPITRE II

RECHERCHES SUR LE MÉCANISME DE L'IDÉATION

Contribution fournie par l'école de Wurzbourg. — H. J. Watt. — L'association mentale et le jugement. — A. Messer. La pensée sans expression verbale. — K. Bühler. Les états de conscience sans représentation. — Identification de ces phénomènes avec l'activité associative des centres cérébraux.

Un appui tout à fait inattendu à l'essor de la psychologie objective est venu d'Allemagne, du laboratoire de Wurzbourg où des travaux entrepris d'un point de vue tout à fait différent et avec des tendances nettement spiritualistes ont donné des résultats non seulement favorables à la conception objective des phénomènes mentaux, mais permettant même de la compléter en ce qui lui manquait jusqu'à présent.

Les travaux dont nous parlons ne sont pas inconnus en France; ils ont été résumés et commentés dans l'Année Psychologique au fur et à mesure de leur apparition. Ils se sont trouvés d'accord avec une idée chère à M. Binet, celle d'une étude expérimentale complétée par l'auto-observation, et ont reçu dans le groupe de ses collaborateurs un accueil très favorable. Mais tous ces jugements ont été portés sur des travaux isolés et personne jusqu'à présent n'a songé à les envisager dans leur ensemble ou plutôt dans leur succession afin d'apprécier la portée générale de la méthode.

C'est cependant le point de vue qui nous paraît le plus intéressant et nous essayerons de nous y placer pour tirer des conclusions aussi bien sur le côté subjectif que sur le côté objectif des expériences. Le fait est que les travaux exécutés à l'Institut psychologique de Wurzbourg présentent une complication progressive et extensive du même problème. La méthode qu'on y a appliquée et qui a reçu le nom de « méthode de questionnement », consiste, comme on sait, dans la notation de tout ce que le sujet ressent pendant l'expérience. Le sujet est généralement placé dans une chambre obscure en face d'un appareil de présentation ou d'un écran sur lequel on projette les mots inducteurs. Devant lui se trouve une table sur laquelle il note sa réponse ou bien celle-ci est consignée par l'observateur, avec tout ce que le premier rapporte sur son état mental. L'écran et la table restent seuls éclairés par des réflecteurs. Le dispositif est donc des plus simples, mais les résultats varient beaucoup selon la nature de l'inducteur. Dans les cas les plus simples, la réaction se réduit à l'énonciation du mot associé, mais lorsque l'inducteur présente un tableau ou une phrase de portée philosophique, elle comprend la perception de leur sens, l'opération mentale qu'on appelle jugement et, comme on verra plus loin, différents processus intercalés. Pour juger la portée de cette méthode, il faudrait tenir compte non pas des traits qui sont notés isolément, mais de l'enchaînement qu'elle révèle entre diverses formes du processus réactif. Arrive-t-on par la complication progressive des phénomènes inducteurs à saisir le passage de la simple association au jugement, du jugement à l'idéation libre, etc., etc.? L'introspection qui s'élance ici plus hardiment que jamais arrive-t-elle à saisir quelque chose du mécanisme de la pensée? Tel est le nœud du problème. Pour le trancher, il faut passer en revue les résultats des différentes recherches dans l'ordre de leur complication.

Commençons par la plus simple, celle de Henry-J. Watt sur le mécanisme de l'association[1]. Le dispositif était ici le

1. Henry J. Watt. Experimentelle Beiträge zu einer Theorie des Denkens. *Arch. f. ges. Psych.*, IV, 1904.

même que dans les expériences de Scripture, Münsterberg et autres de la même catégorie, sauf en ce que la réaction n'était pas libre, mais limitée par une donnée logique et, ce qui est le plus important, en ce qu'elle s'accompagnait d'une notation exacte de tout ce que le sujet avait ressenti pendant l'expérience. Les mots inducteurs étaient principalement des substantifs d'une longueur limitée à trois syllabes. Les données logiques consistaient à trouver soit une notion subordonnée, soit une notion surordonnée, soit le tout dont l'inducteur était une partie, soit une partie dont l'inducteur était le tout, soit une notion coordonnée, soit enfin une autre partie appartenant à un tout commun. La notation des phénomènes concomitants devait être d'autant plus intéressante que les sujets étaient tous des adultes d'une mentalité très élevée, notamment les Drs Dürr, Orth, D. Schmidt, K. Schmidt, les professeurs Angell et Külpe.

Les résultats de ces recherches numériquement considérables et encore amplifiés par l'exposé, sont loin d'offrir un intérêt également soutenu. Comme on pouvait bien s'y attendre, le procédé n'étant pas nouveau, les données concernant le nombre, la fréquence et la vitesse des diverses associations n'ont offert que peu d'intérêt. Les réactions ont formé deux groupes principaux : des réponses *directes* et des réponses *bifurquantes*. Le premier comprenait en sous-groupes : 1° les réponses qui se font à l'aide d'une *image visuelle ;* 2° les réponses qui se font à l'aide d'un *symbole verbal* et 3° les réponses qui se font d'une *manière purement mécanique*, sans aucun phénomène intermédiaire. Les réactions du second groupe comprenaient *les réponses à direction consciente* où le sujet cherchait dans une direction tout à fait déterminée et la réponse venait d'un autre côté, et les *réponses à direction inconsciente* où le sujet cherchait quelque chose, sans pouvoir préciser quoi, et la réponse venait d'une manière indépendante. Comme résultats numériques on trouve que les réponses simplement mécaniques sont les plus rapides, que celles qui se font à l'aide d'une image visuelle sont plus rapides que celles qui comprennent un symbole verbal et que les plus lentes sont les réponses à direction inconsciente. En ce qui concerne la différence des données il s'est confirmé que le passage à une notion subordonnée demande plus de temps qu'à une notion surordonnée. Enfin, tout changement de donnée produisait un ralentissement de la réponse.

On comprend bien que ni une division de ce genre, ni les données numériques qui s'y rattachent, ne pouvaient révéler quelque chose de nouveau. Tout l'intérêt se concentre ici sur la notation des phénomènes internes qui présentent des documents abondants et suggestifs.

Tout d'abord ils permettent de distinguer dans le processus psychique les étapes suivantes : 1° l'attente; 2° la perception de l'inducteur; 3° la recherche de la réponse; 4° l'apparition du mot-réponse. Chacune de ces étapes est marquée de signes caractéristiques. La première est caractérisée par des sensations de tension physique et morale, la seconde, par les modalités de la perception qui est tantôt simplement optique, tantôt accompagnée de l'articulation mentale du mot; la troisième, par différentes nuances de l'attitude active ou passive du sujet. Dans la quatrième on trouve des épiphénomènes visuels, acoustiques ou moteurs avec une empreinte émotionnelle. Pour faire comprendre la portée de cette analyse citons quelques notations sur la troisième étape du processus. *A* : « Les mots me semblent venir, la plupart des fois, d'eux-mêmes, sans que je les cherche. Ils se présentent comme quelque chose d'autonome, même d'étranger à moi. Rarement, lorsqu'il n'y a ni mot, ni image visuelle, surgit une sombre masse de notions imprécises. » Enfin, de temps en temps, il note une interruption dans la conscience où se répète la donnée logique. Le sujet *B* fait un petit effort et la réponse se produit sous forme d'une image visuelle. Lorsque cette dernière se fait un peu attendre, il s'aide lui-même avec les questions :

« Qu'est-ce que cela veut dire ? Pourquoi ? » etc. Le sujet *C* constate que la conscience de ce qu'il faut répondre lui vient avant même le mot. Parfois il sent d'avance que la réponse sera juste, qu'elle est déjà là, mais encore cachée dans une masse incertaine. Le sujet *G* décrit la recherche comme un état physique accompagné d'inquiétude et de sensations organiques ; avec cela il a un pressentiment très net, lorsque la réponse doit être juste et précise.

Ces quelques exemples permettent déjà de comprendre combien le processus mental est serré de près et curieusement éclairé par ces témoignages. Malheureusement la synthèse échappe tout à fait à l'auteur. On sent que le mécanisme même du processus lui est tout à fait inconnu et les observations qui s'y rapportent, restent toujours isolées.

Tout ce que nous venons de citer, a trait aux réactions de la première catégorie, c'est-à-dire aux réponses directes. L'analyse des réponses bifurquantes révèle des facteurs encore plus importants. Et, d'abord, des *tendances individuelles à la production de certaines réponses* (« Reproduktionstendenzen »). Nous avons déjà dit qu'outre les réponses directes il peut y en avoir d'autres, cherchées dans une direction et venant d'un côté différent. La direction peut être ici consciente, déterminée, ou bien tout à fait inconsciente. Voici l'exemple d'une direction consciente. Le mot inducteur est : langue. La donnée logique : trouver le tout dont le mot inducteur est une partie. La réponse : « Tout d'abord il me vient le mot muscle, mais j'y renonce et réponds, sans savoir pourquoi : chair ». Autre exemple. Le mot inducteur est : Rembrandt. La donnée logique : trouver une notion coordonnée. La réponse : « Sitôt après la perception du mot, vague image des Pays-Bas sur une carte géographique. Recherche d'un autre peintre hollandais. Sentiment d'inquiétude avec sensations organiques et tension de la peau sur le front. Après une longue pause je dis : Uhde (Uhde, peintre allemand contemporain). Comment suis-je arrivé à ce nom, je l'ignore. » Uhde, soit dit en passant, a peint un certain temps dans le style des vieux Hollandais. Voici maintenant l'exemple d'une réponse bifurquante à direction inconsciente. Le mot inducteur est : univers. La donnée logique : trouver une notion subordonnée. La réponse : « Sitôt après la perception du mot inducteur, je vois surgir une masse de notions confuses. Je sens que toute recherche est inutile et réponds au hasard : étoile. »

Ainsi, à côté des réactions simples et directes, l'expérience révèle des processus qui ont un caractère spontané, quelque chose comme des *impulsions propres* du cerveau. Ces dernières peuvent être, évidemment, très variées et l'auteur ne prétend pas les réduire toutes à deux ou trois types, mais deux catégories qu'il y distingue comme étant les plus générales nous semblent très suggestives. C'est le *retour de l'image précédente* (« Perseverationstendenz der Vorstellungen ») et le *retour à la donnée précédente* (« Perseverationstendenz der Aufgabe »). Le premier cas peut être illustré par l'exemple suivant. On donne, la première fois, comme inducteur, « poire », en demandant de trouver une notion surordonnée. La réponse, un peu distraite, est : fruit. La recherche était presque nulle, le mot « fruit » étant venu de lui-même et sans tarder. La seconde fois on donne « tabac ». La réponse est, de nouveau, « fruit » avec la sensation confuse que ce n'est pas tout à fait cela, mais qu'on peut le dire dans le sens d'une « denrée ». On dit ensuite : moutarde, et la réponse est encore une fois : « fruit » avec une représentation confuse des grains de moutarde. Le mot « fruit » revient comme une obsession.

Le retour à la donnée précédente n'est pas moins fréquent. On donne, par exemple, le mot « sultan », en demandant une notion coordonnée. La réponse est : « de Turquie » ou « de Maroc » (rapport de la partie au tout) au lieu d'être : « prince » ou « souverain ».

Dans un cas comme dans l'autre l'*impulsion propre du cerveau* révèle *une action du passé*, de l'expérience antérieure de l'individu. Cela fait penser que d'autres réponses, également indirectes, peuvent être inspirées par des impressions plus éloignées et cela constitue pour la pensée un lien avec l'organisme du sujet. C'est là une indication assez vague, mais qui nous paraît suggestive et nous aurons l'occasion d'y revenir plus tard. Notons, pour le moment, que l'auteur distingue d'après la nature de ce lien trois types intellectuels : 1. Le sujet A. n'a que peu d'impulsions propres et de force moyenne, mais l'action de la donnée est chez lui puissante et prolongée. Grâce à cela il fait peu d'erreurs et reste rarement en plan. 2. Le sujet C. a, par contre, des impulsions propres qui dominent sur l'action de la donnée. Les associations erronées sont, chez lui, très fréquentes. 3. Le sujet B. ne se montre ni dominé par les impulsions personnelles, ni docile aux données qu'il reçoit. Ses réponses sont les moins sûres. Les autres cas se ramènent tous à un de ces trois.

Telle est la conclusion, la plus importante de l'auteur par rapport au mécanisme de l'association mentale. Quelque fragmentaire qu'elle soit, nous la trouvons très suggestive, car le processus mental ne s'y réduit pas à une réaction purement passive, à un mécanisme d'horlogerie comme on se le représente généralement ; le cerveau s'y montre doué d'une faculté nouvelle, d'une activité propre dont l'importance ne peut échapper à personne.

Mais l'auteur ne s'en tient pas seulement au phénomène de l'association. Ayant remarqué que la plupart des réponses, sauf naturellement celles qui se font d'une manière toute mécanique, sont en même temps des jugements, il essaye de passer à l'étude de ces derniers. De ce ce côté-là il arrive tout d'abord à confirmer la thèse de Marbe [1], notamment que, du point de vue introspectif, le jugement ne se distingue en rien d'une simple association. En effet, on a beau scruter les notations les plus abon-

1. Marbe. *Ueber das Urtheil*, Leipzig, 1901.

dantes sur le cours de l'expérience, on n'y trouve rien qui puisse correspondre à ce qu'on appelle un lien logique. Dans le jugement la réponse vient tout aussi brusquement que dans l'association. Mais si l'analyse interne ne révèle dans le champ de la conscience aucun élément nouveau, il n'en est pas de même pour l'étude objective du phénomène. Du côté objectif le jugement se distingue d'une manière très nette de la simple association, notamment par la présence d'une « donnée ». *Il n'y a de jugement que là où l'association n'est pas fortuite, mais pour ainsi dire « dirigée »*.

Ce trait est saisi avec beaucoup de justesse, mais reste de nouveau tout à fait isolé. La « donnée » est un terme emprunté à la vie pratique, d'une valeur purement descriptive. Elle représente pour nous une impulsion qu'on reçoit du dehors ou qu'on s'adresse à soi-même, mais la nature de celle-ci reste tout à fait incertaine. Watt reconnaît du reste, expressément, qu'elle « n'a aucune valeur psychologique » et ajoute même qu'elle « n'est pas susceptible d'une définition plus précise ».

En fin de compte, comme effort de synthèse, on ne trouve chez lui qu'un essai de déterminer le rapport de ces résultats aux théories courantes de la psychologie. De ce côté-là il les reconnaît d'abord incompatibles avec la théorie physiologique de l'association, basée sur un schéma de cellules et de fibres associatives. La complexité du processus mental est évidemment loin d'une connexion purement mécanique. Comme résultat positif, il trouve une certaine confirmation de la théorie de Wundt, notamment en ce qui concerne sa doctrine de l'aperception. Finalement, dit-il, nous avons devant nous trois *régions* plus ou moins définies : *la région des tendances propres du cerveau* qui sert de base aux autres, la *région de la donnée* et la *région où les premières entrent en interaction avec la seconde*. La région des tendances propres comprend ce qu'on appelle « l'activité aperceptive » du cerveau, la seconde comprend ce qui reste de l'aperception dans le sens de Herbart et la troisième, ce qui fait le noyau de la théorie de Wundt[1] ».

Nous citons les propres termes de l'auteur pour montrer combien sa conclusion est vague et toute sa conception, empreinte d'un esprit métaphysique. Quelles sont ces « régions? » Comment se rapportent-elles l'une à l'autre? Formule imagée, sans aucun appui du côté de l'expérience! Après cela, on ne s'étonne pas de trouver le processus même de la pensée défini comme une collision et interaction de divers éléments dans la conscience qui les réunit. Il est vrai que cette dernière phrase ne prétend pas à l'exactitude d'une définition scientifique. C'est une formule provisoire, descriptive, mais telle quelle, on ne peut plus caractéristique pour les travaux de l'école de Wurzbourg. Elle caractérise bien la portée de leur méthode, en les rapprochant beaucoup de ce pragmatisme ou néo-réalisme qui, dans la psychologie générale est si ardemment prêché par Lipps[2]. On sait que celui-ci est l'opposé même de la théorie empiro-critique et de toute décomposition des données psychologiques. Les pragmatistes ont essayé de prendre les données de l'expérience interne — le « moi », les images mentales, les états de conscience, etc., — comme elles se présentent dans la vie pratique avec leur apparence d'unité et de réalité, mais cela les a entraînés à en accepter d'autres qui sont tout à fait conventionnelles, par exemple, l'entité même de la conscience et les a fait rentrer dans les voies de la métaphysique. Voilà donc le sort qui menace les travaux du laboratoire de Wurzbourg.

Mais il n'y a pas qu'un seul moyen d'interpréter leurs résultats. Si on se place au point de vue de la psychologie objective, si on essaie de rattacher les données du sens interne à des processus cérébraux, on s'aperçoit que ces expériences ont un tout autre sens.

Le fait est que de ce point de vue-là tout ce qu'on perçoit

1. H. J. Watt, *ibid.*, p. 423.

2. Th. Lipps. Die Wege der Psychologie. Vortrag am V. Kongress in Rom., *Arch. f. ges. Psych.*, 1905, VI.

pendant l'expérience, se rattache nettement à des réflexes. Les paroles même de la réponse ne sont autre chose que des réactions verbo-motrices et ce qu'on perçoit comme efforts, comme sensations de certitude ou d'incertitude, comme facilité ou comme malaise, ne sont que les concomitants affectifs de leur production. D'autre part, les impulsions propres du cerveau sont également de nature motrice, consistant à prononcer un mot de préférence à d'autres.

Sitôt qu'on se place à ce point de vue, on voit un fait, jusqu'à présent négligé, prendre une importance considérable. C'est l'automatisme qui se manifeste aussi bien dans « l'action de la donnée » que dans « les tendances propres du cerveau ». « Finalement, dit l'auteur dans la conclusion de son étude, il peut être admis comme thèse fondamentale qu'à conditions égales parmi plusieurs tendances, *l'avantage revient toujours à celle qui s'étant le plus souvent produite, a acquis la plus grande rapidité*. Nos expériences ont montré que dans la plupart des cas où il y avait une possibilité de choix, ce dernier relevait de la tendance même et non pas de quelque facteur personnel, de quelque faculté aperceptive [1] ».

Qu'on remplace la notion bien vague et conventionnelle des « tendances » par le schéma des réflexes verbo-moteurs ou affectifs et on verra que la formule de Watt répond tout à fait aux conditions de leur fonctionnement. Plus un réflexe est fréquent, plus il devient rapide et plus facilement il s'évoque. Parmi d'autres moins fréquents il aura certainement plus de chances de se reproduire. Mais ce n'est pas encore tout. Le fonctionnement des réflexes cérébraux répond aussi à deux autres phénomènes qui ont été relevés plus haut : à la reproduction des images précédentes et au retour à la donnée précédente. Le consolidement des réflexes doit avoir pour résultat non seulement le retour de

1. H. J. Watt., p. 119.

quelques-uns, les mieux constitués, mais encore celui des plus récents et la répétition du processus associatif qui les avait déterminés. Autrement dit, ce que nous avons désigné comme *action du passé*, trouve aussi, dans le fonctionnement des réflexes, une base objective et scientifique.

Ainsi, la première et la plus simple parmi les études de l'école de Wurzbourg donne déjà des matériaux à la synthèse objective du psychisme, des matériaux qui complètent le mécanisme de l'association mentale et du jugement.

La seconde étude, de A. Messer[1], se montre de prime abord bien plus compliquée. L'organisation des expériences était à peu près la même, avec le même choix de sujets comprenant les professeurs Külpe et Dürr, les docteurs Scherer, Schultze, Watt et Kassowitz, mais les recherches ont été poussées bien plus loin, passant de la simple association à des réactions plus libres et plus variées. Les premiers six groupes d'expériences comprenaient comme chez Watt la présentation d'un mot isolé, mais du septième au onzième les mots étaient présentés couplés et dans les trois derniers, se trouvaient remplacés par toute une phrase, par un objet ou un tableau. Ce changement entraînait avec lui une modification de la donnée logique qui, à partir du septième groupe ne se réduisait plus à une association, mais comprenait l'établissement d'un rapport entre deux réactions, et, à partir du onzième, un processus encore plus complexe de perception et de réaction. Ainsi, par exemple, dans le neuvième groupe elle comprenait la comparaison de deux personnalités désignées par les mots inducteurs. Exemple : Platon — Aristote. Réponse : « Plus grand, plus génial », etc. Dans le onzième groupe elle consistait à saisir le rapport sous forme d'affirmation ou de question et à prendre soi-même position à cet égard. Exemple : Nietsche — systématique. Réponse : « Au contraire ». — Wurzbourg — beau. Réponse : « Pas du tout. » Dans le

1. A. Messer. Experimentell-psychologische Untersuchungen über das Denken. *Arch. f. ges. Psych.*, 1906, Bd. VII.

troizième groupe l'inducteur était représenté par un objet ou un tableau et la donnée logique consistait à réagir par la première pensée qui viendrait à l'esprit. Exemple : figures archaïques d'Adam et Eve, de la cathédrale d'Hildesheim. Réponse : « Sculpture assyrienne ».

Les résultats de ces expériences ont été analysés d'une manière encore plus méticuleuse que chez Watt. L'auteur s'est efforcé de détailler tour à tour : 1° la préparation des sujets ; 2° la plénitude et sûreté des réactions ; 3° la durée des réactions ; 4° l'attitude de chaque sujet vis-à-vis du problème qu'on lui posait ; 5° le rôle des images visuelles et 6° le rôle des processus moteurs. Ensuite, il a essayé d'en tirer des conclusions sur les problèmes suivants : 1° sur le mécanisme de l'association mentale ; 2° sur la compréhension des mots ; 3° sur la psychologie du jugement ; 4° sur l'opposition de la pensée « par objets » à la pensée « par notions » ; 5° sur les « Bewusstseinslagen » ou pensées non formulées ; 6° sur le cours général des pensées et la causalité psychique.

Cet aperçu en dit assez sur la profondeur de l'étude. Hâtons-nous d'ajouter que la partie analytique étant encombrée de données qui n'ont qu'une valeur individuelle et celles qui ont une portée générale, revenant encore une fois dans le travail de synthèse, nous passerons directement à cette seconde partie.

La première rubrique — sur le mécanisme de l'association mentale — ne nous retiendra pas cette fois, car après l'étude toute récente et si détaillée de Watt, on ne pouvait y trouver grand'chose de nouveau. Mais dès qu'on passe à la seconde, au problème de la compréhension des mots, les matériaux amassés deviennent très intéressants. On voit passer devant soi toutes les nuances de la compréhension depuis les formes bien connues de la perception purement visuelle et purement auditive jusqu'à celles, beaucoup plus intéressantes, qui se rattachent à la pensée non formulée, aux « Bewusstseinslagen » de Marbe.

Ainsi on rencontre souvent des réponses telles que : « Le sens exact m'échappe pour le moment, mais je sais ce dont il s'agit » ou bien : « Je ne peux pas dire tout de suite, mais je sais que je le connais. » Ces réponses-là sont surtout fréquentes dans les expériences des trois derniers groupes où l'induction comprend toute une phrase ou un tableau. Une place à part revient à la connaissance « générique » ou conscience que l'objet appartient à une certaine sphère, par exemple à l'agriculture ou aux sciences naturelles (« Sphaerenbewusstsein »). Enfin dans quelques réponses on ne trouve que la conscience assez vague qu' « il existe quelque chose de ce genre ».

Ces données sont très suggestives, si on les rapporte à la dynamique de la pensée. Elles correspondent bien au fait matériel que le réflexe peut être inhibé, dans sa partie centrale et à l'observation que la réponse peut être précédée par la sensation de sa possibilité ou facilité. Mais ce rapport n'est pour le moment qu'à peine indiqué. Avant qu'il se précise davantage, nous devons passer avec l'auteur à l'étude du jugement.

En ce point-là l'étude de Messer présente un progrès considérable sur celle de Watt. L'auteur ne se contente pas de constater le rôle de la « donnée » dans le mécanisme du jugement, il arrive à en préciser le sens physiologique. D'après lui « l'action de la donnée », loin d'échapper à une définition plus rapprochée, a un sens organique tout à fait précis. Elle symbolise un certain « montage » de l'organisme qui se laisse concevoir très facilement. On n'a qu'à se rappeler les devoirs scolaires ou se demander ce qui arrive lorsqu'on reçoit une question. On se trouve sous le coup d'une certaine impulsion, de l'appel à une certaine activité. Ce qui dans les expériences psychologiques résulte de l'instruction qu'on reçoit — de trouver une notion coordonnée, d'énoncer un jugement, etc. — se trouve au fond dans chaque question : c'est un appel à l'attention, à une réaction systématisée. On fait alors un certain *effort de concentration nerveuse* pour agir dans un sens déterminé. Mais cet effort peut se faire aussi bien sur une impulsion externe que sur d'autres qui nous viennent de nous-même. Nous le faisons souvent par un procédé tout à fait automatique grâce à l'habitude de penser d'une manière prolongée et suivie. Nous nous « montons » en vue d'une réaction coordonnée et ce « montage » fait justement ce qui distingue le jugement d'une simple association.

Nous voilà enfin devant un fait nettement physiologique qui nous est révélé par la méthode du questionnement. Il est d'accord avec les conditions générales du fonctionnement des réflexes et d'autre part se confirme aussi par l'expérience journalière de la vie. Notre cerveau est aussi loin de la rigidité d'un mécanisme artificiel, que par exemple l'organe de la vue. Ce dernier exige des efforts constants de convergence et d'accommodation pour que l'appareil binoculaire donne une seule impression. Il suffit d'un moment de relâchement pour que les objets qui sont devant nous, se dédoublent et prennent une forme incertaine. La conscience a un appareil encore plus fragile que la vue, et il suffit de s'observer un peu avec attention, pour se rendre compte qu'elle se divise constamment. Tantôt, absorbés par une activité physique, nous avons des réactions verbales tout à fait inattendues : nous nous mettons à fredonner un air, à répéter intérieurement une phrase ou un mot qui reviennent d'une manière obsédante. Tantôt, nous sentant devant quelqu'un qui nous adresse la parole nous le laissons tout à fait sans réponse. Nous pouvons regarder sans voir, écouter sans entendre ; nous pouvons répondre et agir, sans nous rendre compte de ce que nous faisons. Pour que notre activité devienne tout à fait consciente il faut un certain effort qui, en psychologie subjective, s'appelle attention ou concentration mentale, et, du point de vue objectif n'est autre chose que ce « montage » ou adaptation exacte des réactions aux impulsions reçues.

La notion du « montage » est une donnée dont la psychologie objective ne saurait méconnaître le prix. Elle révèle dans le mécanisme de la pensée un processus que n'auraient jamais pu découvrir des procédés purement objectifs et qui cependant, pour l'expérience interne a une importance capitale, car il présente la transition d'une réaction quelconque à une réaction systématisée, de l'association fortuite à l'acte qu'on appelle jugement.

Les travaux de l'école de Wurzbourg nous réservent d'autres révélations du même genre sur le mécanisme de la pensée, mais nous ferons bien de reprendre ici l'ordre des recherches de Messer pour montrer l'amas de conclusions subjectives où elles sont enfouies et la portée que peut avoir la méthode du questionnement telle qu'on la pratique aujourd'hui.

Après avoir découvert, par un détour tout à fait accidentel, la base physiologique des jugements, Messer revient de nouveau à l'analyse psychologique et aborde la classification de ces derniers. Il les divise *d'après le contenu* en positifs et négatifs, en analytiques et synthétiques, en abstraits et concrets; *d'après leur rapport à d'autres phénomènes de la vie consciente* en neufs et répétés, en entiers et abrégés, en transitoires et définitifs; *d'après l'attitude du sujet*, en théoriques et pratiques, en propres et empruntés, en catégoriques et problématiques; *d'après leur rapport au monde extérieur*, en jugements de perception et jugements d'imagination.

Cette énumération nous fait perdre du coup le terrain positif, car la plupart des traits qu'elle comprend, n'ont qu'une valeur purement individuelle. La distinction des jugements en théoriques et pratiques, en propres et empruntés, en catégoriques et problématiques ne dépend pas de leur mécanisme propre, mais des circonstances qui s'y ajoutent dans chaque cas particulier. Un jugement est plus ou moins catégorique selon le tempérament du sujet, etc., etc. D'autres traits n'ont qu'une valeur accidentelle, comme, par exemple, la nouveauté du jugement ou sa détermination, plus ou moins éloignée, par la mémoire. De portée générale on ne peut reconnaître qu'aux trois premières catégories, mais l'opposition des jugements analytiques et synthétiques ne donne lieu à aucune nouvelle conclusion et l'analyse des jugements concrets et abstraits est reportée au chapitre suivant. Reste donc, en fin de compte, la division des jugements en positifs et négatifs où l'on se heurte de nouveau à des observations intéressantes de portée nettement objective. Dans l'affirmation comme dans la négation l'auteur distingue deux types : le jugement « naïf » et le jugement « réfléchi ». Le premier est caractérisé par une sensation très nette de satisfaction ou de malaise. Le sujet sent du coup si c'est réussi ou non ; quelques-uns ajoutent, dans le cas négatif, qu'ils ont la sensation de quelque chose d'étrange ou de ridicule. Le second type est caractérisé par une certaine lutte des impressions dont l'issue détermine la réponse. Ces observations sont de nouveau susceptibles d'une interprétation objective. Elles semblent se rapporter aux processus moteurs qui s'accompagnent souvent de sensations de bien-être ou de malaise. La distinction des processus qui s'écoulent facilement et d'autres qui se trouvent compliqués par un balancement interne s'accordent de nouveau avec le mécanisme des réflexes cérébraux et projette une lumière très curieuse sur un acte des plus simples et, par suite, des plus fugitifs de notre vie mentale.

Dans le chapitre suivant l'opposition des jugements concrets et abstraits donne lieu à une étude plus générale, de l'idéation concrète et abstraite, mais celle-ci perd toute précision, car l'auteur la comprend, comme devant se rapporter à une « pensée par objets » et à une « pensée par notions » (« gegenständliches » und « begriffliches » Denken). Cette distinction l'entraîne encore plus loin dans la voie du subjectivisme. Le premier groupe ne prenant parmi les images concrètes que celles qui sont doublées d'une certaine matérialité, le second se trouve comprendre non seulement les notions abstraites, mais toutes les images qui manquent de relief ou de précision, et l'analyse se perd dans les détails complémentaires de la « croyance à quelque chose d'externe, de réel » ou de la « conscience de quelque chose de léger, de superficiel ».

Mais voici un tournant où l'étude de Messer change de nouveau d'aspect et devient singulièrement suggestive. C'est l'endroit où l'auteur passe au problème des « Bewusstseinslagen » ou états de conscience sans expression verbale. Ces états désignés par Erdmann comme « pensée non formulée[1] », comprennent généralement quelque chose de tout à fait précis, mais de trop fugitif pour être exprimé en paroles. Leur existence même ne laisse aucun doute. Chacun de nous se rappelle avoir eu de ces éclairs de pensée qui disparaissent avant qu'on ait eu le temps de les formuler. Messer les divise en deux catégories : a) en pensées qui se rattachent à quelque mot et servent à l'illustrer dans la conscience et b) en pensées qui se présentent sans aucun symbole verbal. Comme phénomène de transition il note les pensées qui s'accompagnent de fragments de mots. Les unes et les autres peuvent être exprimées après coup sous forme de phrase, de question ou même de mots isolés. En voici quelques exemples :

Pensées exprimées après coup par un simple mot : *a*) au milieu de l'association « grêle — pluie » : « phénomène atmosphérique. » *b*) au milieu de l'association « maître — élève » : « ancien, peintre ».

Pensées exprimées par une phrase : a) « Il existe un synonyme. *b*) « Il existe une notion plus générale ». *c*) « Je connais bien cela. »

Pensées sous forme de question : a) « Quel sens cela a-t-il ? » *b*) N'y a-t-il pas là quelque chose d'absurde ? » *c*) « Ne trouverai-je rien à répondre. »

1. Benno Erdmann. *Umriss einer Psychologie des Denkens*, Tubingen. 1900.

Tout cela peut traverser la conscience sous forme de mots isolés, de fragments de mots ou même sans expression verbale. Ainsi, par exemple, le sujet A dit que la pensée « Il existe un synonyme » s'est présentée à lui sans le moindre mot et le sujet C affirme que la question : « Quel sens cela a-t-il ? » était conçue en fragments.

Les matériaux recueillis dans ce chapitre présentent un intérêt incontestable, mais tout dépend de la manière de les interpréter. L'auteur essaie de les classer d'après le contenu et n'obtient qu'un résultat bien médiocre. Voici les groupes qu'il parvient à établir, tout en reconnaissant que le contenu peut varier à l'infini : 1) pensées qui comprennent la notion de la réalité ; 2) pensées qui comprennent un rapport dans le temps ; 3) pensées qui comprennent un rapport logique : d'identité, de ressemblance, de coordination, etc. ; 4) pensées qui expriment un rapport entre le sujet et l'objet : je connais, je ne connais pas, je comprends, etc. ; 5) pensées qui expriment une appréciation de la donnée : conscience du juste, du faux, etc. ; 6) pensées qui expriment un état subjectif : doute, hésitation, effort, etc.

Cette classification est loin d'être complète. A côté, il en esquisse une autre, en états affectifs et états intellectuels, mais ni l'une ni l'autre ne donnent de résultats intéressants et, en fin de compte, il convient que l'étude de ces phénomènes est pour le moment trop incertaine. Il n'arrive donc à en tirer qu'une conclusion hypothétique, notamment que « les processus réels qui forment la base de la pensée peuvent se trouver abrégés aussi bien dans leur expression psychologique que dans la dépense de l'énergie psycho-physique ».

Cette formule nous paraît, à nous, singulièrement suggestive. Elle concorde de nouveau parfaitement avec la conception objective de phénomènes mentaux. Quels sont ces processus ? Pour Messer c'est quelque chose de tout à fait mystérieux, même métaphysique, car le schéma des cellules et des voies nerveuses est trop éloigné de la mobilité des phénomènes observés. Mais pour nous qui avons en vue le jeu variable à l'infini des réflexes cérébraux, la question prend un tout autre aspect. Nous concevons très facilement que l'établissement de l'arc réflexe puisse s'accompagner de processus fragmentaires, abrégés, reliquats de réactions associées. Par exemple, une perception visuelle peut déclancher en passant des réactions verbo-motrices. Nous dirions même plus : toute inhibition du réflexe dans sa partie centrale *doit* avoir un retentissement sur les centres nerveux voisins. Le schéma des réflexes cérébraux n'est pas seulement en harmonie avec les phénomènes de ce genre ; il les rend même inévitables. Chez un adulte cultivé le mécanisme cérébral doit être tellement mobile, qu'il doit être presque impossible de provoquer chez lui une réaction tout à fait homogène et isolée. Ainsi, du point de vue de la psychologie objective, les expériences de Meisser se rapportent à un processus tout à fait précis et la découverte en est d'autant plus précieuse qu'elle ne pouvait être faite que par la voie interne.

Il nous reste à résumer la synthèse de l'auteur et l'essai qu'il fait de définir le « mouvement de la pensée ». Ce dernier se fait, d'après lui, de deux manières : par la voie de l'association et par la voie du « développement » (« Entfaltung »). L'association étant la base du jugement, nous conduit aux processus logiques plus compliqués. Le processus du développement se rapporte aux phénomènes que nous venons d'examiner, de la pensée non-formulée. Mais peut-on parler ici de développement ? L'auteur se demande lui-même à quel point ce terme est juste. « Une plante peut croître et se développer, dit-il, parce qu'elle possède une certaine continuité. La pensée n'en a pas, car ce n'est pas une substance ». Et pourtant il résout cette question dans un sens affirmatif. « On peut tout de même parler de développement, affirme-t-il, car certains éléments de la conscience contiennent des germes évidents de ce qui va venir. Par exemple, dans l'association « cygne-chant » la perception du mot « cygne » contient déjà en germe la pensée à Lohengrin et la légende du chant du cygne. Quelque éphémère que soit l'existence de ces pensées, elle présente tout de même une certaine continuité. Naturellement, on peut voir ici un phénomène de développement, mais, dans le sens de Messer, par rapport aux phénomènes mentaux tels qu'il les comprend, cela n'a que la valeur d'une locution imagée. De même que les pensées abrégées ou sans expression verbale, les pensées étendues par voie du développement n'acquièrent de sens précis que lorsqu'on les rapproche des réflexes cérébraux. Si l'on n'a pas en vue les réactions cérébrales capables de s'entendre ou de s'interrompre dans leur parcours, cette formule ne présente qu'une vague analogie. Du reste, l'auteur le reconnaît lui-même en disant que « ni l'un, ni l'autre de ces rapports n'exprime la causalité réelle des choses ». Cette dernière se trouve, pour lui, « en dehors de notre conscience, dans le domaine des faits réels, inaccessibles à la connaissance humaine ». Malheureusement ce renoncement ne prive pas seulement son étude de toute synthèse positive, il l'entraîne encore vers des conclusions erronées. Parlant plus loin du rôle des pensées non formulées dans la vie mentale, Messer répète après Erdmann qu'elles peuvent se rencontrer chez les enfants *même avant la formation de la pensée normale*. On voit ici où peut mener la méthode du questionnement, lorsqu'elle ne s'appuie pas sur une base physiologique ! Les enfants et les adultes qui sont restés sans éducation, peuvent avoir des états de conscience qu'ils ne parviennent pas à exprimer en paroles, mais cette conscience nébuleuse diffère totalement des pensées qui ont été observées par Messer ! La première est due à une réaction incomplète, à une sensibilité rudimentaire, tandis que les autres présentent des processus abrégés ou fragments de réactions parfaitement différenciées. Dans un cas il y a inertie, dans l'autre, trop grande mobilité du mécanisme cérébral.

Telles sont les erreurs où l'on peut être entraîné par cette méthode, lorsqu'on manque d'une base objective pour son application. Suggestive au suprême degré lorsqu'elle se rapporte aux données de la mécanique cérébrale, elle perd toute sûreté lorsqu'on l'applique aux données seules de l'introspection.

Passons maintenant au travail de Bühler qui semble marquer, pour la méthode du questionnement, le sommet de ses visées et aussi de son application [1]. En effet on ne peut pas concevoir d'expériences psychologiques visant des processus mentaux plus élevés et poursuivant plus loin le vol de la pensée. Pour le prouver, il suffira de dire que les professeurs Kulpe et Durr qui avaient assumé presque tout le temps le rôle des sujets, avaient à répondre à des questions ainsi conçues : « Savez-vous ce que Eucken entend sous le nom « d'aperception mondiale ? » — Pouvons-nous saisir avec notre pensée, l'essence de la pensée elle-même ? » — « Trouvez-vous qu'un exposé de la philosophie de Fichte serait un travail productif? » — Et parmi les plus simples : « Pouvez-vous calculer la vitesse d'un corps qui tombe ? » — « Peut-on atteindre Berlin d'ici en sept heures ? »

Considérant que notre vie mentale devient facilement automatique, l'auteur avait décidé de renoncer aux inducteurs ordinaires qui avaient servi à ses prédécesseurs, et de s'en tenir à une catégorie qui par sa complexité même garantit une participation de la conscience. Mais la variété des réponses l'ayant entraîné à ne pas limiter son étude aux jugements, il se trouva bientôt amené à choisir, comme offrant encore plus d'intérêt, des questions déguisées sous forme de paradoxes. Ces dernières lui fournirent une

1. K. Bühler. Thatsachen u. Probleme zu einer Psychologie der Denkvorgaenge. I. Ueber Gedanken. II. Ueber Gedankenzusammenhaenge. III. Ueber Gedankerinnerungen. *Arch. f. ges. Psych.*. 1907, IX, 1908, XII.

seconde catégorie d'expériences. En voici quelques exemples.

Inducteur : « Penser est si difficile que d'aucuns préfèrent juger ».

Réponse : « Je savais tout de suite, après avoir entendu la phrase, ce dont il s'agissait, mais les termes m'échappaient encore. Pour les saisir, je répétai lentement ce qui venait d'être dit et, une fois arrivé au bout, je répondis résolument : oui. La réponse comprenait maintenant la conscience d'un rapport qui peut être formulé en termes suivants : juger, veut dire ici prononcer n'importe quel jugement pour se débarrasser de la question, tandis que la pensée comprend une recherche, un effort intellectuel. Sauf les mots entendus et les mots répétés, aucune représentation dans la conscience ».

Inducteur : « Rendre à chacun ce qui lui appartient serait souhaiter la justice et créer les chaos ».

Réponse : « Oui. Tout d'abord, un moment de réflexion avec fixation d'une surface devant moi; écho des paroles entendues avec accentuation particulière du commencement et de la fin de la phrase ; tendance à donner raison à ce qui vient d'être dit. Puis, tout d'un coup, rappel d'un passage de Spencer : la critique de l'altruisme démontrant que celui-ci n'atteint jamais son but. Là-dessus, je répondis : oui. Comme représentation, rien sauf le mot : Spencer. »

Si l'on tient compte de la mentalité des sujets, on conviendra que la méthode du questionnement ne pouvait pas être appliquée en de meilleures conditions, ni poussée plus loin dans son application.

Les résultats se sont montrés très instructifs, mais cette fois nous n'allons pas les dépouiller un à un, car il s'en détache un capital, qui prime tous les autres. C'est la reconnaissance d'un processus autre que l'association, d'un *processus nouveau qui forme le pivot de la pensée.* En voici deux exemples :

Aphorisme présenté au sujet : « L'avenir est aussi bien une condition du présent que l'est le passé ».

Réponse : « Non. Tout d'abord j'ai eu l'impression que c'est juste, puis j'ai essayé de me représenter ce rapport. Là-dessus, une idée : en pensant à l'avenir, on exerce une action sur le présent. Mais, tout de suite après, *l'idée opposée :* le fait *de penser à l'avenir ne doit pas être confondu avec l'avenir lui-même ; ce sont des trucs qu'on emploie parfois dans les problèmes philosophiques, mais qui ne sont nullement légitimes*. De paroles, ni de représentations il n'y avait aucune trace ».

Autre aphorisme : « Ce n'est pas parmi les criminels que se trouvent les vraies canailles, mais parmi ceux qui ne commettent aucun crime. »

Réponse : « Oui. Pour débuter, un effort de recherche : comment peut-on affirmer cela ? Des souvenirs se rapportant à Lombroso... Puis, soudainement, la *pensée suivante totalement dénuée d'éléments représentatifs : ne commettent aucun crime ceux qui sont assez adroits pour échapper au Code. Ce sont donc les vraies canailles* »

Les passages en italique représentent ces éléments nouveaux que l'auteur définit en termes suivants : « Quelque chose qui n'a aucune qualité, ni aucune intensité sensorielle, qu'on peut juger au point de vue de la clarté, de la sûreté et de la vivacité, sans toutefois le réduire aux impressions ; quelque chose que les sujets désignent, avec Ach, comme « état de conscience » ou simplement comme connaissance ; ou encore mieux et dans le sens propre du mot, comme « pensées ».

Avant d'aller plus loin, il compare le rôle de ces éléments vis-à-vis des éléments représentatifs et conclut que ces derniers ne peuvent pas être considérés comme étant le pivot de l'idéation. « Quelque chose qui apparaît d'une manière aussi fragmentaire, aussi sporadique, aussi accidentelle, dit-il, ne peut être porteur de la conscience. Ce rôle ne peut appartenir qu'aux autres. »

Mais quelle est la nature de « cet acte propre » de la pensée ? Ne peut-on pas arriver à le saisir de plus près ? Repassant en revue les matériaux fournis par les expériences, Buhler commence par le définir d'une manière négative : 1° Ce n'est pas *une espèce éphémère* ou à *demi-consciente de représentations*, car il y a là des rapports tout à fait précis et durables. 2° Ce n'est pas une *condensation* des représentations comme l'ont prétendu quelques-uns (Steinthal et Latzarus). Cette hypothèse ne s'accorde nullement avec l'étendue des réponses. 3° Ce n'est pas une *prévision* des représentations (Volkelt), car il s'agit de quelque chose de tout à fait actuel. Pour arriver à une définition positive, il essaie de détailler les réponses, d'y faire ressortir d'abord ce qui frappe le plus, de poursuivre ensuite la formation de la pensée et enfin, comme contre-épreuve, de préciser ce qui disparaît le plus vite. A l'aide de ces trois méthodes, il arrive à classer les données purement idéatives en groupes suivants :

1° *Conscience d'une règle* (« Regelbewussein »). C'est la conscience de la « manière dont on résout le problème ». Dans les cas les plus typiques, dit-il, cette dernière se rapporte non seulement au problème donné, mais encore à tous les autres de la même catégorie. C'est une véritable clef logique. Exemple. On demande au sujet : « Pouvons-nous saisir avec notre pensée l'essence de la pensée elle-même ? » Il répond oui et ajoute : « J'ai senti tout de suite que la difficulté n'est qu'apparente. Là-dessus, est venu le souvenir d'une règle générale, notamment que les phrases qui contiennent la même notion répétée deux fois, ne présentent qu'un pseudo-problème ».

2° *Conscience d'un rapport* (« Beziehungsbewusstsein ») Il s'agit ici d'un classement ou de la reconnaissance d'un lien indirect. Exemple. On dit au sujet : « Plus le pied de la femme est petit, plus la note du cordonnier est grande ». Il répond « Oui. J'étais d'abord frappé de l'antithèse, mais sitôt après saisis le lien qui existe entre l'un et l'autre ».

3° *Conscience d'un développement logique* (« Intentionen »). Ce sont des pensées qui ne comprennent aucune notion concrète, mais seules les connexions logiques (« Rein signitive Acte »). « On dirait, ajoute l'auteur, que l'objet est sous-entendu, la pensée se bornant à suivre les développements ». Par exemple, à la question : « Que veut dire le mot « idéal » ? un homme instruit peut réagir par un aperçu instantané de la philosophie de Kant ou de Platon. Bühler s'est beaucoup attaché à cet ordre de phénomènes. Il demandait : « Qu'y a-t-il de commun entre Herbart et Hume ? » — « Que veut dire le mot « Renaissance ? » etc., etc., et certaines réponses témoignent que les sujets avaient des aperçus de la valeur de tout un chapitre, mais toujours sans éléments représentatifs..

Ces trois types ne sont pas les seuls qui existent et l'auteur réserve à l'avenir la possibilité d'en découvrir d'autres, mais ils suffisent déjà pour lui suggérer la conclusion fondamentale de son étude, notamment que *la pensée se développe suivant des lois tout autres qae celles de l'association.* « Lorsqu'on aura saisi toutes ces liaisons, dit-il, on connaîtra le mécanisme de la pensée ».

Voilà un fait dont l'importance n'échappera à personne et qui concorde parfaitement avec l'expérience pratique de la vie. Il suffit de s'observer un peu longuement pour se rendre compte qu'à côté des données qui relèvent de la perception — des images mentales, des souvenirs, des notions abstraites ou forgées — il y a des éléments dépourvus de tout caractère représentatif. Ce sont ceux-là même qui donnent à notre pensée cette apparence mystérieuse et immatérielle qui en est devenu le trait distinctif. Bühler a très bien reconnu que ces éléments ne sont pas des produits de la réflexion, qu'ils ne sont pas introduits après coup, mais présentent des données aussi immédiates que les éléments représentatifs de la conscience (« Wasbestimmtheitein »). Il reste seulement à préciser comment les premiers se lient aux autres. L'auteur fait ici tout ce qu'il est possible de faire en se basant sur les seules données de l'introspection, mais n'arrive naturellement à aucune synthèse positive. Il décrit, il constate, mais ne parvient à saisir aucun lien réel. Il constate notamment que les « actes propres » de la pensée peuvent s'appuyer sur les éléments représentatifs aussi bien qu'en être tout à fait privés. Le premier cas peut être illustré par les questions suivantes : « Combien de couleurs fondamentales y a-t-il dans la Madone Sixtine? » — « Combien de personnages y a-t-il dans le tableau de Boeklin : Le jeu des vagues? » « Pour répondre à ces questions-là on évoque effectivement les couleurs et les personnages. Mais si l'on demande combien de statues il y a sur le vieux pont de Mayence, il est probable que le calcul approximatif se fera sans évocation mnésique.

La différence est saisie sur le vif et très finement notée. Lorsque les points de repère sont incertains, la pensée semble opérer sans le concours de la mémoire. D'autres exemples montrent que le rôle des images mentales peut être encore plus varié : elles se rencontrent tantôt comme point de départ, tantôt comme confirmation de la pensée, tantôt avec relief, tantôt d'une manière si effacée que leur présence se réduit à la conscience d'une place dans l'ordination psychique (« Platzbestimmtheiten innerhalb einer bewussten Ordnung »).

En fin de compte, l'auteur fait encore un effort pour déterminer la *fonction psychique* dont ces éléments nouveaux sont le produit. Il la définit comme un « *savoir immédiat, actuel* (« unmittelbares, actuelles Wissen ») en opposition au savoir secondaire ou potentiel qui s'appuie sur les données de la perception. Cette formule est tout à fait exacte, mais elle ne peut avoir qu'un sens verbal ou, si on veut y voir quelque chose de plus, une valeur métaphysique. Si le mot savoir est pris dans le sens journalier, ce n'est qu'une périphrase de plus, s'il suppose une activité, celle-ci ne peut se rapporter qu'à l'entité métaphysique de l'esprit. Dans un cas comme dans l'autre, l'effort de Bühler s'arrête également loin de toute synthèse positive.

La seconde et la troisième partie de son travail ne font qu'aggraver cette impression d'incertitude. Dans l'une il reprend l'étude des matériaux du point de vue de l'*enchaînement des données internes*, dans l'autre, du point de vue des *évocations mnésiques*[1]. Le problème mnésique ne mérite pas de nous retenir ici, car il est évident que pour des éléments aussi peu précis l'action du passé ne pouvait s'indiquer que d'une manière très vague. Quant à l'enchaînement des données « dans la coupe transversale de la conscience », l'étude de Bühler révèle des phénomènes fort curieux, mais encore plus fugitifs. Reprenant encore une fois les résultats du questionnement, il constate que le champ de notre conscience ne se limite pas aux éléments propres de la pensée qui l'occupe. Il distingue entre ces derniers des états de conscience qui ont une origine étrangère et qui représentent tantôt une critique, tantôt un « savoir » simplement parallèle. « Nous savons, par exemple, dit-il, si nous nous trouvons sur la bonne voie, si nous sommes près du but; nous savons, d'une pensée, qu'elle nous a été suggérée par quelqu'un, qu'elle se rattache à la pensée précédente et ainsi de suite. Ces données ne résultent pas d'un acte particulier de la conscience et n'attirent pas non plus toute notre attention; elles se trouvent simplement entre les éléments propres de la pensée. »

L'observation est de nouveau très précieuse, mais ne permet de rien induire sur le mécanisme de ces phénomènes. Il est impossible de préciser s'ils se détachent de la pensée principale par quelque processus d'association ou s'ils proviennent de quelque facteur émotionnel. L'auteur

1. K. Bühler. II. Ueber Gedankenzusammenhänge, *Arch. f. ges. Psych.*, 1908, XII.

2. K. Bühler. III. Ueber Gedankenerinnerungen. *Arch. f. ges. Psych.*, 1908, XII.

se borne à y distinguer deux groupes principaux : 1° phénomènes relatifs aux impressions du sujet (« Zwischenerlebnissbeziehungen ») et 2° phénomènes relatifs aux objets compris dans la pensée (« Zwischengegenstandsbeziehungen »), mais cette distinction ne fait qu'aggraver le vague où se perd son étude. A voir maintenant ces éléments étrangers qui se montrent entre les schémas logiques et les lambeaux d'images, on prendrait la pensée, en effet, pour une substance spécifique régie par une causalité à elle et des lois tout autres que celles qui gouvernent la substance matérielle du cerveau !

En résumé, l'effort de Bühler aboutit au même résultat que les recherches de Messer et de Watt : à fixer et à décrire des éléments nouveaux de l'expérience interne. Quant au rapport de ces derniers aux éléments représentatifs de la conscience et au schéma matériel du cerveau, cela reste tout à fait indéterminé. On peut dire même plus : la différence qui existe entre les données de l'introspection et les données de l'expérience externe s'accentue à un tel point que toute synthèse moniste paraît impossible et la conception de Bühler se rapproche encore plus de la théorie de Lipps qui postule, pour le monde psychique, « une causalité tout à fait différente ».

Une conclusion de ce genre est tout à fait naturelle. Si nous comparons les résultats obtenus par la méthode du questionnement avec le substratum matériel de la pensée tel qu'il est jusqu'à présent compris en Allemagne, les tendances spiritualistes de Lipps, de Külpe, de Stumpf et de l'école de Wurzbourg nous deviendront tout à fait compréhensibles. En effet, à côté d'un schéma de cellules et de fibres nerveuses, la trame des phénomènes psychiques paraît d'une tout autre nature. Mais si on compare ces derniers à un schéma de réflexes cérébraux, la conclusion change totalement. Nous avons déjà reconnu dans les travaux de Messer et de Watt que loin de s'écarter de celui-ci, l'analyse introspective y trouve des points d'appui précieux. Dans le travail de Bühler le rapprochement devient tout à fait décisif. *Les phénomènes mystérieux qui se montrent, chez celui-ci, les vrais « porteurs de l'idéation » prennent corps dans le fonctionnement des réflexes cérébraux.* En effet, la loi du développement fonctionnel se rapporte non seulement à la formation de l'arc réflexe, mais encore aux processus centraux qui peuvent le compliquer. Les processus d'inhibition et de transmission se développent aussi par le fonctionnement et ils doivent être très nombreux. Chaque branche de notre savoir doit comprendre des processus « sui generis » : de transmission à un sens associé, de passage d'une partie au tout, d'une partie à une autre, etc., etc. Un enfant quelque peu développé doit être déjà doué de plusieurs systèmes de transmissions. Supposons, par exemple, que son regard tombe sur une pomme. Il pourra réagir, soit par un jugement : « elle est belle, cette pomme ! », soit par le passage à une notion surordonnée : « fruit », soit par le passage de la partie au tout : « jardin ». Ce dernier peut s'accompagner d'une pensée non formulée : « chez nous les pommes sont moins belles », ou d'un désir : « je voudrais bien l'avoir, cette pomme ! »

Tout cela sera le produit de l'expérience antérieure, reliquat des réactions passées. Qu'arrivera-t-il alors si son regard n'est pas frappé par un objet quelconque, mais par un signe ou un symbole verbal : par le problème 2×2 ou par un nom connu de l'histoire (Caïn, Abel) ? Les transmissions centrales s'opèreront d'une manière d'autant plus vive. Les signes mathématiques détermineront un montage spécial du système nerveux, les noms propres un autre, les termes grammaticaux un troisième et ainsi de suite. Il doit même y en avoir beaucoup. Le mécanisme de la conscience ne se limite pas aux réactions verbo-motrices ; il comprend encore bien d'autres mouvements. Pour vivre comme nous vivons il faut apprendre à faire sa toilette, à passer et à boutonner ses vêtements, à remplir le rite complexe de la nutrition, à classer les documents, à communiquer avec d'autres hommes à l'aide de symboles parlés ou écrits, etc., etc. Chacun de ces actes *est déterminé par un système de transmissions dans les centres nerveux du cerveau.* Nous disons « transmissions » et non pas « réactions », parce que, dans la plupart des cas, la réaction se trouve inhibée et n'aboutit que d'une manière détournée, à une décharge externe ou interne. Ainsi, par exemple, lorsqu'au réveil mon regard tombe sur les chaussures, cette vue pourrait produire une réaction verbo-motrice, mais je ne les nommerai pas ; elle pourrait produire un jugement, mais je ne dirai pas si elles sont plus ou moins bien faites ; elle pourrait déterminer un mouvement de préhension, mais je ne bougerai pas ; d'une manière tout instinctive je chercherai d'abord du regard où se trouve le tire-boutons. Voilà une série de transmissions d'un centre nerveux à un autre. Si le même objet frappait mon regard à la devanture d'un magasin, le cours de la réaction serait tout autre. J'aurais, peut-être, un coup d'œil rapide sur mes pieds, un mouvement vers le porte-monnaie et, finalement, je m'adresserais au vendeur pour en demander le prix. La même perception peut donc être associée à deux systèmes de transmissions différents.

Admettons, maintenant, que je vois, dans la rue, une réclame représentant une paire de chaussures. Si ces dernières me frappent par leur forme, si je les trouve élégantes ou commodes à porter, j'aurai tout de suite un ensemble de sensations du premier type ; si elles me frappent par le prix, mon idéation sera dirigée dans le second sens.

Nos réactions ne sont presque jamais directes. Notre vie est dominée par des systématisations de ce genre. Qu'on pense à un voyageur qui dort dans une chambre d'hôtel ! On frappe deux coups à la porte et, avant de se rappeler où il est, il sait que l'heure arrive, qu'il doit se lever, s'habiller et prendre le train. Des écoliers jouent dans un préau. La cloche sonne et l'animation baisse comme par enchantement. Certains ne se rappellent même pas quelle est la leçon qui les attend, mais ils ont déjà conscience qu'il faut rentrer, reprendre les livres et répondre à des questions désagréables.

Que des processus de ce genre existent, qu'ils jouent un rôle considérable dans l'activité du système nerveux, nous le savions depuis longtemps. L'analyse de Bühler nous montre qu'ils forment le pivot même de la vie mentale. La conscience d'une règle, la conscience d'un rapport et la conscience d'un développement logique ne peuvent se rapporter qu'à des processus de ce genre. Voilà un fait dont l'importance dépasse tout ce qu'on pouvait attendre des expériences de questionnement.

D'une part tout ce qui s'indiquait dans les recherches antérieures, dans les travaux de Messer et de Watt, trouve ici sa raison d'être et sa véritable explication. Les tendances propres du cerveau, les processus accessoires sans expression verbale, le « montage » dans les jugements ne sont plus des faits isolés; ils se rattachent à un ensemble de dispositions motrices qui se montre inhérent à tout cerveau développé. Les travaux de l'école de Wurzbourg ne semblent donc plus d'une valeur accidentelle; ils prennent une place très importante dans l'étude des processus mentaux.

Mais l'importance de ce fait n'est pas moindre en ce qui concerne la psychologie objective. Quelque intéressantes qu'aient paru les recherches sur le fonctionnement des réflexes cérébraux, elles n'assuraient pas encore l'avenir de la nouvelle science. Les partisans d'une psychologie spéculative avaient toujours le droit de répliquer : « C'est bien, mais ce n'est pas assez. La vie psychique ne se réduit pas aux seules perceptions et associations. Que faites-vous des phénomènes plus élevés de la vie mentale où le « moi » se manifeste activement ? « Je sais », « je comprends », « je dois », et les rapports logiques du « moi » presque dépourvus de contenu ? Comment passez-vous du réflexe à ces données encore inconnues et peut-être insaisissables, de la vie mentale ?

L'étude de Bühler donne à ces questions une réponse d'autant plus précieuse qu'elle est tout à fait inattendue. Le fond de dispositions motrices qu'on découvre ici comme étant le propre de chaque cerveau normalement développé, présente le substratum objectif de cette activité et constitue une partie du mécanisme cérébral dont l'importance dépasse même celle des réflexes. L'instabilité qui en résulte pour le mécanisme cérébral en dehors des états soporeux ou cataleptiques, donne corps à ce qu'il y a de plus mystérieux, de plus immatériel dans la vie psychique aux manifestations du « moi » détachées de toute perception. Si l'étude objective reste encore attachée au fonctionnement des réflexes, il ne faut y voir qu'un moyen pour arriver à ce système d'impulsions qui est la propre base de la personnalité et de la conscience.

CHAPITRE III

RECHERCHES SUR LES DONNÉES DE L'INCONSCIENT

Contribution fournie par l'école de Freud. — La méthode cathartique et la psycho-analyse. — Développement de cette dernière. — Le cas de Miss Lucy. — Le cas de Dora. — L'interprétation des résultats d'un point de vue objectif. — Schéma objectif de l'inconscient.

Un autre appui à la psychologie objective vient aujourd'hui de l'école de Freud, le praticien bien connu de Vienne, inventeur d'une méthode de psychothérapie qui a trouvé de nombreux adeptes en Allemagne et en Suisse. Partie de recherches purement pathologiques, elle est arrivée à des conclusions qui intéressent l'étude objective des phénomènes mentaux par des indications infiniment suggestives sur les données de l'inconscient.

Ce courant remonte en fin de compte aux leçons de Charcot et de Bernheim dont Freud a suivi, un certain temps, les cours à Nancy. En France une méthode analogue a été préconisée par M. P. Janet comme « analyse psychologique » des névroses, mais elle n'a jamais été pratiquée d'une manière systématique, ni poussée aussi loin dans son application. C'est ce qui explique que les freudistes ont obtenu des résultats d'une portée beaucoup plus générale.

La méthode désignée par Freud du nom de psycho-analyse est sortie des expériences faites avant lui et, plus tard, avec son concours, par le Dr Joseph Breuer. En 1880-82, lorsque Freud préparait son doctorat, Breuer eut à traiter une jeune fille qui avait des symptômes très nets d'hystérie :

contracture des deux extrémités du côté droit compliquée d'anesthésie, mêmes phénomènes, par intermittences, du côté gauche, troubles des mouvements oculaires avec rétrécissement du champ visuel, toux nerveuse, sensation de dégoût devant la nourriture et la boisson malgré une soif ardente, absences de paroles et de mémoire, enfin phénomènes de confusion mentale et de délire. Ayant remarqué que dans ses moments d'absence la malade murmurait des mots isolés, Breuer eut l'idée que ces derniers pouvaient être en rapport avec son mal et essaya de les lui répéter après l'avoir plongée dans une profonde hypnose. L'expérience donna des résultats très curieux. Dans l'état de sommeil hypnotique, les mots entraînaient des pensées qui, apparemment, avaient été réprimées, en rapport direct avec l'origine du mal, et la malade se trouvait ensuite manifestement soulagée. L'amélioration durait quelques heures, après quoi survenait une nouvelle absence dont on venait à bout par le même procédé.

Les pensées ainsi mises à jour se rapportaient toutes au même sujet : aux préoccupations de la malade pendant une maladie de son père, qu'elle savait inguérissable et qui avait été pour elle un traumatisme psychique, origine probable de sa propre affection.

Cependant, l'amélioration ne se bornait pas aux seules absences; elle fut bientôt suivie par la disparition complète de certains symptômes. Par exemple, nous avons déjà dit que malgré la chaleur caniculaire et la soif qu'elle provoquait, la malade refusait obstinément toute boisson. Une fois, en état d'hypnose, se rattachant à un mot répété devant elle, elle se mit à parler de son institutrice anglaise et d'un petit chien dégoûtant que celle-ci avait fait boire dans son verre. Elle dit que la crainte de froisser l'Anglaise lui avait fait réprimer un mouvement de dégoût. Après ce récit, elle demanda de l'eau, se réveilla le verre à la main et but sans aucune difficulté. Le symptôme hystérique avait disparu.

D'autres symptômes se rattachaient à des révélations du même genre. Les troubles visuels, au souvenir des efforts qu'elle avait faits pour réprimer ses larmes, la contracture du bras droit, à une hallucination survenue au chevet de son père où elle voyait celui-ci menacé par un serpent et se sentait incapable de le défendre à cause d'un engourdissement du bras.

Il y a là une certaine analogie avec les observations de J. Pawlow sur le réflexe salivaire. Dans un cas comme dans l'autre, on se trouve en présence d'un phénomène matériel déterminé par des facteurs psychiques, mais cette fois-ci ce sont des facteurs inconscients. Ceci constitue l'intérêt tout à fait exceptionnel de ces études, car, somme toute, quelque incertaine que fût encore la méthode, elle présentait une mainmise sur l'inconscient et faisait rentrer celui-ci dans le schéma des réactions neuro-psychiques.

Voyons donc, d'un peu plus près, les résultats obtenus et les progrès ultérieurs de la méthode.

Le procédé de Breuer qu'il appelait « cathartique » (méthode de nettoyage psychique) fut appliqué avec assez de succès, mais était d'une réalisation difficile. Tout d'abord, les malades ne se laissaient pas tous endormir ; ensuite, le traitement ne devenait réellement efficace que lorsqu'on avait mis à jour toute la série des chocs psychiques, remontant du dernier en date jusqu'au premier, et l'attitude passive du sujet n'était pas pour faciliter une recherche aussi complexe.

Ayant reconnu toutes ces difficultés sur ses propres malades, Freud essaya de renoncer au secours de l'hypnose. Il s'était rappelé que chez Bernheim, à Nancy, des malades qui avaient été plongés dans un état de somnambulisme hypnotique se refusaient bien au réveil de dire ce qu'ils avaient fait, mais qu'ensuite, pressés de questions, ils finissaient par retrouver leurs souvenirs. Il semblait donc que la mémoire de ces faits se conservât quelque part dans l'inconscient. Se fondant sur ce fait, il essaya de questionner les malades sous l'effet d'une simple concentration de l'attention, c'est-à-dire couchés sur le dos, les yeux fermés, les aidant par une simple pression de la main sur le front.

Ce fut l'origine d'une nouvelle méthode, appelée psychoanalyse, qui, dans la suite, subit encore plusieurs transformations. Le fait est qu'elle ne pouvait s'appliquer qu'à des cas relativement simples où les traumatismes psychiques n'étaient ni trop nombreux, ni trop enfouis dans le passé. Sinon, on se heurtait à une résistance de l'organisme qui ne pouvait être vaincue sans procédés auxiliaires.

Dans un des premiers cas où Freud réussit à appliquer cette méthode, il s'agissait d'une institutrice anglaise qui, souffrant depuis quelque temps d'une rhinite purulente, avait vu celle-ci se compliquer de symptômes nettement hystériques : d'odeurs obsédantes, de pesanteur dans la tête et d'affaiblissement général. Les odeurs ne pouvaient avoir de rapport direct avec les sécrétions nasales, car c'était d'abord une odeur d'entremets brûlé, ensuite une odeur de tabac. Miss Lucy — tel était le nom de l'institutrice — était totalement réfractaire à l'hypnose. Dans ces conditions, Freud lui demanda simplement de se coucher sur le dos, de fermer les yeux et de répondre à ses questions. Celles-ci portèrent tout d'abord sur l'origine des obsessions. La jeune fille les rattacha tout de suite à un fait objectif, à une scène qui s'était passée deux jours avant sa fête. Elle était avec les enfants confiés à sa surveillance, lorsque le facteur lui remit une lettre de sa mère. Les enfants se jetèrent sur elle pour l'empêcher de la lire avant le moment des souhaits et l'émurent par leur tendresse au point qu'elle oublia l'entremets et qu'elle le sentit tout à coup brûler. Depuis lors, cette odeur revenait à tout propos. La cause directe était trouvée, le terrain avait été préparé par l'affection nasale, mais tout cela n'expliquait pas encore l'apparition subite de l'hystérie. Chez une hystérique invétérée, la conversion des impressions en symptômes morbides est une chose habituelle, chez Miss Lucy cela demandait une explication.

Décidé à chercher plus loin, Freud la questionna au sujet des détails de cette scène, des émotions qui l'avaient envahie et découvrit, outre un conflit entre sa tendresse pour les enfants et le désir de les quitter, l'existence d'un sentiment très vif pour le maître de la maison. Ce dernier était veuf et avait une excellente situation à la tête d'une fabrique. Ayant un jour parlé à la jeune fille avec une cordialité insolite, il avait fait naître l'espoir d'une affection, espoir qui fut déçu par sa conduite ultérieure et que Miss Lucy s'efforçait d'expulser de sa tête. C'était là un fait d'une importance capitale pour le traitement de l'hystérie. On sait que cette dernière comprend toujours une dissociation du « moi », attribuée par les uns à une disposition organique, par d'autres à l'affaiblissement des facultés purement psychiques. L'expulsion d'une idée ou d'un désir dans l'inconscient est bien une forme de la dissociation du « moi ». Il y avait là un traumatisme aussi profond que dans la répression de la douleur chez la malade de Breuer. Cherchant à alléger le caractère affectif de ce souvenir, Freud fit parler la jeune fille et découvrit des traumatismes partiels qui se rattachaient au même fait : des intrigues menées contre elle par la domesticité, des calomnies qui étaient parvenues jusqu'au grand-père des enfants, et ainsi de suite. La confession eut ici le même effet que les réponses provoquées à l'aide de l'hypnose dans les cas de Breuer. L'odeur d'entremets brûlé devenait de moins en moins vive et semblait devoir disparaître tout à fait.

Cependant, ce n'était pas encore fini. Un jour, Miss Lucy revint, se plaignant d'une nouvelle obsession : d'une odeur de tabac qui existait déjà de longue date, mais aurait été masquée par celle de l'entremets brûlé. Celle-ci disparue, la première était revenue et la poursuivait sans cesse. Cette fois-ci, la malade ne pouvait la rattacher à aucun fait précis.

Malgré une dénégation aussi catégorique, Freud demanda à la jeune fille de reprendre la position couchée pour chercher dans ses souvenirs, et voici que sous la pression de sa main sur le front de la malade, celle-ci convint qu'il lui venait dans la tête une scène ayant un certain rapport avec l'odeur du tabac. Elle se rappelait subitement la salle à manger, le père, le grand-père, les enfants et un invité, le chef-comptable de la maison. Le repas était terminé, les hommes s'étaient mis à fumer, les enfants allaient prendre congé. Le vieux comptable veut les embrasser, mais le père s'écrie subitement, avec une dureté injustifiable : « Je défends qu'on embrasse les enfants ! » Cette exclamation aurait produit chez elle quelque chose comme un coup au cœur et, comme les hommes avaient déjà fumé, se serait associée dans sa mémoire à une forte odeur de tabac.

Cette seconde scène était de deux mois antérieure à la première. Étant donné le sentiment que la jeune fille avait pour le patron, c'était un traumatisme déjà plus direct que celui qui avait été produit par les enfants. Mais pour venir directement du personnage intéressé, il ne semblait pas encore suffisant. Le reproche ne s'adressait pas à elle. Qu'avait-elle donc à le prendre tellement à cœur ? Ce point restait obscur et Freud sentait que l'interrogatoire n'était pas encore achevé.

Enfin, sous une nouvelle pression de sa main, la jeune fille vit apparaître une troisième scène, encore plus ancienne en date. Elle se rappela tout à coup que plusieurs mois auparavant une dame qui était en visite avait embrassé les enfants sur la bouche. Sur le moment, le père s'était contenu, mais, la dame une fois partie, il avait déchargé toute sa colère sur la pauvre institutrice. Il lui dit qu'en laissant faire la dame elle avait manqué à son devoir le plus sacré et que si cela se répétait il serait forcé de la congédier.

Cette scène avait été sa première désillusion après le

fameux entretien, si cordial, avec le patron. C'était donc là le traumatisme originaire que les autres devaient renforcer dans la suite. Deux jours après cette confession, Miss Lucy revint chez Freud tout à fait régénérée : non seulement débarrassée des odeurs et des maux de tête, mais ayant retrouvé sa bonne humeur et son caractère d'autrefois.

Malheureusement, la cure psychique était loin d'être toujours aussi facile. Dans bon nombre de cas, les premières lésions remontaient à l'enfance ou à l'époque de la puberté et se trouvaient si profondément enfouies dans l'inconscient que le malade n'arrivait pas à les faire remonter à la surface. Mais l'obstacle qui se présentait dans la résistance de l'organisme eut bientôt fait de mettre Freud sur une voie de recherches parallèle. Il remarqua notamment que, lorsque le malade n'arrivait pas à reconstituer le passé, il lui échappait des phrases qu'il rejetait comme n'ayant pas de sens ou ne se rapportant pas à la question et qui cependant pouvaient servir d'indications. Convaincu du déterminisme général de la vie psychique, il encouragea ses malades à parler librement, à dire tout ce qui leur venait à l'esprit, et y trouva des allusions à des faits que leur mémoire n'aurait jamais pu retrouver.

Peu à peu, l'interrogatoire direct fut tout à fait abandonné et l'*exégèse des inspirations du malade* (Einfälle) devint le principal moyen de la psycho-analyse. Un autre moyen a été fourni par l'*exégèse des rêves* et un troisième par l'*interprétation des automatismes*. Pour bien comprendre la valeur de ces procédés, il faut rapprocher les inspirations, les rêves et les automatismes de ce qu'on appelle en psychologie « associations libres ». Par le fait, ce sont des associations libres répondant seulement à des impulsions moins précises qu'une excitation visuelle ou auditive. Freud n'émet aucune hypothèse sur le mécanisme de ces phénomènes, ni sur leur localisation dans le cerveau, mais il convient parfaitement avec Bleuler, Yung et leurs confrères de l'école de Zurich que les phénomènes mentaux ne doivent pas être pris comme des faits isolés, car ils se rattachent tous à quelque groupement (« Komplexe »). Il suppose donc l'existence de liens associatifs qui, à défaut du fait principal, permettent d'évoquer les phénomènes associés. Lorsque le malade concentre sa pensée sur un sujet qui lui échappe, les mots qui lui montent aux lèvres, les gestes qu'il fait en même temps ne sont pas purement accidentels. C'est à l'aliéniste à les interpréter et ce dernier peut y trouver des indications sur les éléments restés dans l'inconscient.

La psycho-analyse, ainsi transformée, est devenue, au dire de Freud, « plus adéquate à la structure complexe des névroses » ; mais nous verrons plus loin qu'elle est devenue, en même temps, beaucoup moins sûre. Les inspirations et les rêves du malade étant susceptibles d'interprétations très variées, le travail de l'aliéniste est devenu beaucoup plus subjectif et semble parfois l'entraîner trop loin. En outre, Freud attribue maintenant à la plupart des traumatismes une signification sexuelle qui semble très exagérée. Cela fait que la psycho-analyse comme moyen thérapeutique peut soulever de nombreuses objections, mais l'action qui se révèle par là sur les phénomènes mentaux est hors de doute et présente pour nous le plus vif intérêt.

Tâchons donc de l'étudier d'un peu plus près. Les deux cas que nous venons d'exposer avaient, dès l'abord, permis de reconnaître une division du « moi » ou plutôt la formation, en dehors du « moi » conscient, d'un groupe d'impressions de nature pathogène. Quelque incertaine que paraît leur localisation cérébrale, les auteurs, Breuer et Freud, ont pu constater, chez les hystériques, la conservation inconsciente de certaines impressions agissant comme un traumatisme psychique et entraînant des manifestations morbides. Pour expliquer ce phénomène, ils rappelaient tout d'abord que toute impression affective exige normalement une réaction équivalente. La réaction peut être soit directe, si elle donne libre cours à l'émotion de l'individu ou à une action correspondante de sa part, soit indirecte, si l'impression nouvelle, se trouvant associée à d'autres, perd une partie de sa force dans le contact avec celles-ci. C'est ce qui arrive lorsqu'une impression est raisonnée ou contrebalancée par les impressions consécutives. L'existence de cette seconde voie jetait déjà une certaine lumière sur le mécanisme cérébral du phénomène. Pour que l'impression pathogène se conservât dans l'organisme, il fallait non seulement qu'elle restât inhibée, sans réaction directe, mais encore qu'elle fût *séparée de l'action associative du « moi »*. Ce trait-là semblait le rapprocher des phénomènes qui se produisent dans l'état d'hypnose et la première idée de Breuer fut de rattacher les phénomènes hystériques à des « états hypnoïdes »[1].

Mais l'état d'hypnose était, d'une part, trop spécifique et, d'autre part, pas assez éclairci pour que ce rapprochement pût être sérieusement maintenu. Outre cela, Freud ne tarda pas à reconnaître que bon nombre de cas résultaient d'une expulsion volontaire des impressions de la conscience des malades, comme nous l'avons vu sur l'exemple de Miss Lucy. C'est pourquoi l'hypothèse des « états hypnoïdes » se trouva en partie abandonnée dès la première édition d'ensemble des « Études sur l'Hystérie ». A la place des états hypnoïdes, Breuer suggérait l'hypothèse d'une altération de la tension nerveuse rendant possible la formation de « réflexes anormaux ». Le caractère anormal résultait, d'après lui, d'une hypertension du tonus neuro-psychique avec affaiblissement des « points de résistance » dû soit à une disposition organique du sujet, soit à un état passager de maladie ou d'épuisement[2].

Ici nous trouvons Breuer et Freud en contradiction appa-

1. Breuer et Freud. Ueber den psychischen Mechanismus hysterischer Phänomene. *Neurol. Centralblatt*, 1893, n° 1. u. 2.

2. Breuer et Freud. *Studien über Hysterie*. 1re ed.. Deuticke. Wien, 1895.

rente avec l'école française, notamment avec P. Janet pour qui les phénomènes hystériques résultent d'une faiblesse constitutionnelle du système nerveux cérébral. P. Janet croit que la dissociation du « moi » provient de « l'insuffisance des facultés de synthèse », signe d'un affaiblissement général du cerveau. Breuer et Freud affirment que cette opinion ne peut être justifiée que par l'observation des cas très graves qu'on soigne à l'hôpital, tandis que la plupart des hystériques qui restent dans leur milieu naturel, sont loin d'être des affaiblis. On trouve parmi eux, disent-ils, des êtres remarquablements doués et d'une intelligence très vive. La division de la vie mentale ne serait donc pas l'effet d'une faiblesse générale du système nerveux, mais d'un affaiblissement local.

En fin de compte les uns et les autres peuvent avoir également raison. Il se peut que, dans les cas plus graves, la dépression organique aille plus loin et entraîne l'affaiblissement général décrit par M. Janet, mais pour le traitement des névroses et aussi pour la conception générale des phénomènes mentaux, ce n'est pas cela qui est le plus important. Ce qui importe bien davantage, c'est la reconnaissance du fait que *dans la majorité des cas* et dans ceux-là surtout qui sont le plus susceptibles de guérison, *l'hystérie se réduit à l'établissement de réflexes anormaux.*

Cette conception-là, esquissée par Breuer, a reçu chez Freud et ses élèves, un développement qui mérite au plus haut point d'éveiller l'attention et l'intérêt des psychologues.

Tâchons de préciser un peu le caractère anormal de ces phénomènes. Ils sont anormaux d'une part en ce qu'ils constituent une réponse conventionnelle, morbide, d'autre part, en ce qu'ils ne répondent pas directement à l'excitation reçue, mais toujours par l'intermédiaire des souvenirs pathogènes. Ce sont ces derniers qui, échappant à l'observation propre du malade, confèrent aux symptômes hystériques l'apparente spontanéité qui distingue l'hystérie des névroses traumatiques.

Les deux aspects de ce processus sont également intéressants à détailler.

Du côté des impressions pathogènes, ce qui frappe d'abord, ce qui paraît inexplicable et doit tout de même être empiriquement constaté, c'est l'accumulation de ces dernières. Elles s'accumulent, se conservent et restent tout de même en dehors de la conscience du sujet. Les cas de miss Lucy et de la malade de Breuer sont là pour le prouver. Dans un cas, c'est une série d'impressions se rattachant à la maladie du père, dans l'autre, c'est une série de blessures d'amour-propre et de désillusions qui se conservent dans l'inconscient. Les médecins chargés du traitement, se voient forcés de reconnaître l'existence d'une région psychique tout à fait indépendante du « moi », autrement dit d'un psychisme inconscient.

Comment se représenter celui-ci ? Breuer et Freud avouent ici carrément leur ignorance. Ils préviennent le lecteur que les termes mêmes de « conscience », de « moi » et de « psychisme inconscient » n'ont qu'une valeur descriptive et ne doivent rien faire préjuger ni sur la nature de ces phénomènes, ni sur leur localisation cérébrale. La seule approximation qu'ils tentent, consiste à supposer que les impressions perdent leur caractère conscient par suite d'un manque de valeur affective. Ce n'est pas l'intensité qui leur manque, dit Beuer, puisqu'ils restent susceptibles de déterminer des phénomènes morbides très violents. Mais à côté de l'intensité, il y a encore la clarté qui relève dans une grande partie de la valeur émotionnelle du phénomène. Une impression indifférente est facilement confondue avec une autre. Eh bien, les impressions pathogènes déchargent toute leur énergie dans les symptômes hystériques, et ayant perdu leur caractère affectif, ne doivent plus dépasser le seuil de la conscience.

L'hypothèse était intéressante, mais formulée d'une manière encore bien ambiguë. Qu'est-ce que le seuil de la conscience ? Avec la conception usuelle des impressions comme images mentales, ce terme ne pouvait avoir qu'une signification spatiale, et une division spatiale du cerveau était en contradiction avec le nombre des impressions et la mobilité de la vie psychique. La conception usuelle des phénomènes mentaux rendait la formule proposée manifestement insuffisante.

Mais du point de vue de la psychologie objective cela prend un sens tout à fait précis. Nous avons montré plus haut que si l'on tient compte des indications de la physiologie des sensations et de la critique des données introspectives, on est forcé de reconnaître que les phénomènes mentaux si variés et si mystérieux pour notre sens interne ne se sont objectivement que des groupements de réflexes. Si on se place à ce point de vue, si on les considère comme des réflexes cérébraux, il n'est plus question d'une division spatiale du « moi ». Du moment que les impressions ne se rattachent à aucune empreinte fixe et ne reparaissent dans la mémoire qu'avec la répétition des réflexes, plus n'est besoin d'une région spéciale pour l'existence d'un psychisme inconscient. De spatiale qu'elle semblait être, la division devient purement fonctionnelle et s'explique très facilement par la discontinuité des réflexes cérébraux.

Du reste, n'avons-nous pas reconnu plus haut que le « moi » considéré au point de vue de la continuité fonctionnelle, se divise, pour ainsi dire, à tout moment ? « Le cerveau, disions-nous, est aussi loin de la rigidité d'un mécanisme artificiel que, par exemple, l'organe de la vue. Ce dernier exige des efforts constants de convergence et d'accommodation pour que l'appareil binoculaire donne une seule impression. Il suffit d'un moment de relâchement pour que les objets qui sont devant nous se dédoublent et prennent une forme incertaine. La conscience a un appareil encore plus fragile que la vue et il suffit de s'observer un peu avec attention, pour se rendre compte qu'elle se divise constamment. Tantôt absorbés par une activité physique, nous avons des réactions verbales tout à fait inattendues ; nous nous mettons à fredonner un air, à répéter intérieurement une phrase ou un mot qui reviennent d'une manière obsédante; tantôt, nous sentant devant quelqu'un qui nous adresse la parole, nous le laissons tout à fait sans réponse. Nous pouvons regarder, sans voir, écouter, sans entendre ; nous pouvons répondre et agir, sans nous rendre compte de ce que nous faisons » (p. 50).

Si les divisions fonctionnelles du « moi » sont aussi fréquentes dans la vie normale, on comprend qu'elles deviennent plus profondes dans les cas pathologiques. Naturellement cela n'explique pas encore la cause de ces phénomènes. Dans la suggestion et l'hypnose il se produit aussi une division fonctionnelle du « moi », le mécanisme de ces phénomènes doit être à peu près le même, mais la cause de l'un et de l'autre nous reste encore cachée et peut-être est-elle sensiblement différente. L'hypnose où la division est la plus profonde, peut avoir une base bio-chimique qu'il ne sera pas facile de découvrir. Dans les cas d'hystérie il y a peut-être une prédisposition organique... Ce sont là des problèmes qui appartiennent à l'avenir. Pour le moment nous ne faisons qu'entrevoir le mécanisme de ces processus et devons nous borner à constater que les réflexes associés au complexus central des réactions de l'individu fonctionnent d'une manière consciente, tandis que d'autres qui restent isolés, demeurent inconscients.

Cette manière de voir se trouve encore corroborée par une remarque ultérieure de Breuer, notamment que la division du « moi » dans l'hystérie doit être rapprochée non pas d'un affaiblissement de l'attention, mais d'un état de préoccupation du sujet. Lorsque nous sommes sous le coup d'une préoccupation, notre champ de conscience se rétrécit d'une manière très notable. Du reste, nos facultés intellectuelles subissent aussi une régression correspondante. Non seulement nous percevons moins, mais nous produisons aussi beaucoup moins. L'imagination baisse, l'inspiration faiblit, le « moi » s'appauvrit à vue d'œil et, à côté de cela, l'activité réflexe prend une extension considérable. Le « moi » instinctif fait ce que néglige le « moi » conscient. Quelque chose d'analogue, dit Breuer, se produit dans les cas d'hystérie avec cette différence cependant, que les deux courants de la vie psychique n'arrivent plus à se rejoindre comme ils se rejoignent chez l'homme bien portant.

Cette remarque qui, chez Breuer et Freud, n'avait que la valeur d'une métaphore, acquiert de notre point de vue un sens tout à fait précis.

Ce qui peut se rejoindre et ne se rejoint plus, ce sont les réflexes. Pas besoin de supposer une dissociation anatomique des centres nerveux ! Une dissociation fonctionnelle suffit amplement. Et comme les réflexes n'occupent aucun centre nerveux d'une manière permanente, le nombre de ceux qui s'établissent sans connexion avec le « moi », n'a, pour ainsi dire, pas de limites matérielles.

Ce qui reste encore mystérieux, c'est la base organique de ces interruptions. Comment se fait-il qu'un réflexe devenu pathogène, n'empêche pas les autres de passer par les mêmes centres nerveux et d'entrer en relation normale avec le « moi » ? Il y a là un problème de dynamique ou de chimie cérébrale qui n'est pas encore résolu, mais qui, somme toute, ne paraît pas insoluble. Chaque réflexe modifie l'état moléculaire ou chronique des centres nerveux et l'expérience montre que la succession ininterrompue de ces états n'empêche pas la conservation des traces de chacun en ce sens qu'un état qui s'est déjà produit, se reproduit ensuite avec plus de facilité. On peut donc admettre que les réflexes pathogènes se distinguent nettement des autres et que leur dynamique comprend un arrêt des phénomènes d'association.

De ce point de vue l'individu peut emmagasiner toute

une série d'impressions pathogènes, sans que celles-ci se conservent dans une région spéciale et sans que le fonctionnement normal du cerveau arrive à les effacer. Disons même plus : n'importe quelle pensée peut devenir pathogène, sans se trouver fixée d'une manière permanente. Il suffit qu'en se reproduisant, elle n'entre plus en connexion avec le complexus du « moi ».

Passons maintenant à l'autre côté du processus, à la conversion des réflexes en symptômes hystériques. Ici le point de vue de la psychologie objective apporte aussi un éclaircissement très important.

Ce qui, chez Breuer et Freud, paraissait inexplicable, c'était le lien entre le souvenir et le symptôme somatique. Qu'une excitation sensorielle pût déterminer, au lieu d'une réaction motrice, une réaction interne à forme douloureuse ou même un état de paralysie, cela n'avait rien d'impossible. Mais qu'un résultat de ce genre pût provenir du phénomène insaisissable évoqué par la mémoire, ceci restait provisoirement sans explication. Outre cela le souvenir n'agissait pas toujours directement. La réaction comprenait quelquefois des chaînons intermédiaires sous forme d'associations mentales. Ces dernières pouvaient comprendre des mots ou des images mentales agissant par leur contenu sur le symptôme hystérique, c'est-à-dire entraînant une « détermination symbolique ». Dans les recherches de Breuer celle-ci est à peine indiquée, mais chez Freud lui-même elle prend une importance énorme. Il cite le cas de Mme C. M.., chez qui les formules verbales associées aux souvenirs pathogènes, se convertissaient tout de suite en phénomènes sensoriels. Ainsi, par exemple, le souvenir d'une mortification reçue de sa grand-mère qui l'avait regardée « d'une manière perçante », déterminait la sensation d'une douleur lancinante entre les yeux ; le souvenir d'une offense qui l'avait touchée comme un soufflet, déterminait une douleur névralgique dans la joue. Chez une autre malade qui se destinait à être cantatrice, le souvenir des reproches qu'elle avait été forcée d' « avaler », déterminait, à certains moments, une constriction de la gorge. Du point de vue de la psychologie subjective, le passage d'un souvenir, matériellement insaisissable, à un mot qu'on saisissait presque extériorisé et de là à un phénomène externe, semblait défier toute explication.

Du point de vue d'une conception objective cette difficulté se résout instantanément. Objectivement, le souvenir est un groupement de réflexes reproduit sur une impulsion interne, la formule verbale se rattache à une réaction verbo-motrice et le symptôme somatique est à son tour déterminé par un réflexe cérébral. Freud n'admet pas encore la première partie de cet enchaînement, mais il confirme la seconde par une observation très juste. Il remarque notamment que le lien entre une expression imagée et la représentation sensorielle de son contenu doit reposer sur une association d'origine déjà ancienne, mais de sens généralement inverse. Ainsi, par exemple, la notion d'une « injure avalée » doit provenir d'une sensation réelle de déglutition, celle d'un regard perçant, d'une impression réelle de pénétration. L'expression verbale aurait la même origine que la mimique des émotions qui, d'après Darwin, se rattache toujours à des mouvements réels. Nous dirions maintenant que dans l'un et dans l'autre cas la réaction émotionnelle se transmettant au centre de la parole, avait déterminé une réaction associée. Le lien se trouve donc déjà établi et dans la conversion hystérique l'excitation ne fait que changer de direction. C'est la réaction verbale qui entraîne la réaction émotionnelle, celle-ci étant elle-même entraînée par un souvenir associé.

Ainsi la forme la plus complexe de la conversion hystérique devient, de notre point de vue, parfaitement explicable. A plus forte raison, la forme simple qui résulte non pas d'une détermination symbolique, mais d'une simple concordance de l'impression pathogène avec un trouble organique. Ce qui se rencontre le plus souvent, dit Freud, c'est qu'au moment du traumatisme psychique l'individu est déjà atteint d'un trouble organique : d'une douleur locale, d'une courbature, d'un tic nerveux, etc. Il se produit alors une simple association suivie le plus souvent d'un développement du symptôme.

Le processus même de l'association ne peut soulever aucun doute, les expériences de W. Bechterew et de J. Pawlow ayant suffisamment démontré la possibilité de modifier les réflexes par les associations les plus variées. Il n'y a qu'un cas qui exige ici une explication spéciale, c'est celui où la conversion a pour objet non pas un trouble somatique, mais une hallucination. Somme toute, cette explication pourrait être réservée à l'avenir, car le mécanisme des hallucinations est un problème à part. On pourrait se contenter de dire que la conversion est également directe, mais qu'au lieu de se faire au profit d'un trouble somatique, elle se fait au profit d'un trouble mental de nature encore peu éclaircie. Mais sans vouloir soulever tout le problème des hallucinations, nous ne saurions résister au désir de rappeler que la psychologie objective l'éclaire aussi d'une manière très pénétrante. En déduisant du processus de perception le mécanisme de l'évocation mnésique, nous avons déjà signalé le rapport de celui-ci au mécanisme des hallucinations. Nous disions que si le souvenir comprenait, outre les réflexes cérébraux, la sensation initiale du contact, ce ne serait pas un souvenir, mais une hallucination. Cela veut dire que du point de vue de la psychologie objective, l'hallucination a le même mécanisme cérébral que l'évocation mnésique avec, en plus, l'excitation originaire de l'organe récepteur. Ce dernier point nécessite encore des éclaircissements, mais dans son ensemble, cette conception a déjà une importance décisive. De ce point de vue, la conversion d'un souvenir pathogène en hallucination s'opère comme une simple association d'un réflexe cérébral à un autre.

En résumé, la conception objective des phénomènes

mentaux donne à la théorie de Breuer et Freud les éclaircissements qui lui manquaient jusqu'à présent. Elle complète le schéma des « réflexes anormaux » dans les parties où on voyait intervenir des éléments purement psychiques : souvenirs, images mentales, hallucinations. L'habitude d'envisager ces phénomènes de leur côté subjectif, sous leur apparence statique, faussement immuable et immatérielle, est si enracinée chez nous, que les lacunes qu'elle créait dans l'étude objective des névroses annihilaient tout l'effort de celle-ci. Quelque intéressants que fussent les résultats thérapeutiques de Breuer et Freud, ils semblaient ne reposer sur rien ; sur une simple expérience, ce qui leur enlevait toute leur force de persuasion ! Du reste, il en était ainsi non seulement pour Breuer et Freud. Toute l'étude des névroses échouait contre le même obstacle. P. Janet avait beau les définir comme une « maladie fonctionnelle », il avait beau rappeler qu'en médecine mentale « il faut avoir présente à l'esprit la considération des fonctions beaucoup plus que la considération des organes », de cet effort vers une conception dynamique il ne sortait rien de précis. L'effort qui, malgré quelques points de divergence, est le même chez Freud que chez Janet, ne peut aboutir que grâce à ce changement de point de vue, grâce à une définition objective des phénomènes mentaux.

Mais, si l'étude des névroses doit théoriquement beaucoup à la psychologie objective, cette dernière y trouve, à son tour, une confirmation expérimentale de la plus haute importance. Dans les expériences de Breuer et Freud la pensée exerce une action directement motrice et subit, dans un but curatif, une action de même nature. Ce qui est particulièrement intéressant, c'est qu'il s'agit ici d'images mentales qui se conservent dans l'inconscient et dont l'existence semblait défier toute explication ; c'est là une main-mise de l'étude objective sur le mystère de l'inconscient. C'est pourquoi, après avoir éclairé le mécanisme des névroses, nous devons revenir, avec un intérêt redoublé, à la forme actuelle de la psycho-analyse.

Jusqu'à présent nous avons parlé autant de Breuer que de Freud, mais sous le rapport du traitement, le premier en est resté à la formule cathartique; le développement de la psycho-analyse revient entièrement à Freud. Il en assume tout le mérite et, disons-le maintenant, aussi toute la responsabilité. Le fait est que tout en restant aussi intéressante dans son principe, la psycho-analyse est devenue beaucoup plus subjective dans son application. Nous ne saurions le démontrer plus clairement qu'en examinant le cas publié par Freud sous le titre de « Fragment d'une analyse[1] ».

La malade était une jeune fille de 18 ans, d'aspect florissant, appartenant à une famille de gros industriels de la Haute-Autriche. Comme hérédité, il importe de relever une maladie vénérienne du père, antérieure à son mariage, et des névroses assez graves chez la sœur et le frère de celui-ci. Dora elle-même — tel est le nom sous lequel la présente Freud — eut ses premiers troubles nerveux à l'âge de 8 ans. Au retour d'une petite excursion en montagne, elle eut une crise d'étouffement. La dyspnée attribuée au surmenage, dura près de six mois. Vers la douzième année, Dora commença à souffrir de migraines et eut en même temps des accès de toux nerveuse. Les deux symptômes d'abord simultanés, finirent par se séparer pour suivre une évolution différente. A l'approche de la seizième année, les migraines devinrent plus rares et finirent par disparaître, tandis que la toux revenait toujours se compliquant d'une extinction complète de la voix. Les accès duraient de trois à cinq semaines, quelquefois plus de deux mois. L'hydrothérapie, l'électrisation locale restaient sans résultat. A ce moment déjà, appelé dans la famille pour une maladie du père, Freud avait conseillé une cure psychique, mais son conseil ne fut pas suivi.

1. Freud. Bruchstück einer Hysterien-Analyse. *Sammlung kleiner Schriften zur Neurosenlehre.* Wien, Deuticke, 1909.

Deux ans plus tard, Dora devenant de plus en plus sombre, irritable et ayant laissé percer des idées de suicide, eut à ce sujet une explication avec le père, au cours de laquelle elle s'évanouit. L'évanouissement fut suivi d'un accès d'amnésie qui effraya les parents et les força à s'adresser sérieusement à Freud.

En résumé, dit celui-ci, les symptômes n'étaient pas très graves : petite hystérie avec toux nerveuse, aphonie et dépression mélancolique ; mais leur ténacité affectait fort la malade et mettait même son avenir en danger.

Passant à l'exposé du traitement, Freud ne le détaille malheureusement pas étape par étape. Nous avons déjà dit qu'au lieu d'interroger lui-même le sujet il se borne maintenant à établir l'anamnèse générale de la maladie et laisse aux malades la liberté de la compléter par ce qui leur vient dans la tête. Etant donnée l'abondance des matériaux, suivre ce travail pas à pas, aurait été évidemment trop long. Cependant, dans l'exposé synthétique, on parvient tout de même à distinguer les étapes principales.

La première avait été remplie par le témoignage du père. Celui-ci rattachait les troubles principaux, c'est-à-dire le changement de caractère et l'idée de suicide, à un événement encore récent de leur vie intime. La famille était très liée avec un ménage K... Les rapports amicaux dataient du temps où le père de Dora étant tombé malade de la poitrine, ils avaient quitté leur résidence habituelle pour passer plusieurs hivers dans une ville du Midi. Mme K..., s'y était prise de sympathie pour le malade, l'avait beaucoup soigné et, comme il ressortit plus tard des témoignages complémentaires de Dora, était devenue sa maîtresse. L'indifférence de la femme légitime favorisant beaucoup ces rapports, la famille allait souvent rejoindre les K... dans leurs villégiatures. A un voyage de ce genre qui datait de deux ans, le père apprit avec stupeur que M. K... s'était permis une inconvenance vis-à-vis de Dora. Au cours d'une promenade en tête à tête il lui aurait fait une déclaration d'amour qui affecta tellement la jeune fille, qu'elle refusa de rester avec les K... Le père ne voulait pas y croire, disait qu'elle avait inventé tout cela, s'étant bourré la tête de romans, mais reconnaissait tout de même que cette histoire, vraie ou fausse, avait été l'origine du changement qui se produisit dans son caractère.

L'action d'un traumatisme de ce genre n'était pas invraisemblable, mais les troubles purement nerveux, la toux et l'aphonie, dataient de bien avant. Il fallait donc chercher une cause plus ancienne. A peine mise sur cette voie, la jeune fille révéla elle-même un fait très important. Il s'agissait d'une scène du même genre, mais antérieure de quatre années. Dans la petite ville du Midi où ils passaient l'hiver, les K... avaient un magasin. Un jour que Dora était venue pour regarder une procession religieuse des fenêtres de ce magasin, K... s'était arrangé pour rester seul avec elle et l'ayant serrée de près au passage, l'avait embrassée sur les lèvres. Au dire de Dora, cette agression aurait produit chez elle un violent mouvement de dégoût.

Ce second fait, de nature traumatique, semble à Freud mériter un examen plus approfondi. Il constate d'abord que chez une jeune fille de quatorze ans, c'est-à-dire au moment de la puberté, un mouvement de ce genre n'est guère naturel. K... n'était pas mal de sa personne et lui était même tout à fait sympathique. Elle se laissait volontiers faire la cour par lui. Dans ces conditions, le dégoût était un phénomène déjà nettement hystérique, produit d'une conversion morbide. Cherchant à s'expliquer la cause de celle-ci, Freud crut comprendre que Dora avait senti non seulement le baiser sur la bouche, mais aussi la pression du membre de K... sur son corps. Il rappelle à ce sujet le double rôle des organes génitaux et, sans aller jusqu'à préciser tout le mécanisme de cette conversion, affirme qu'elle provient en grande partie de la répulsion qu'on éprouve pour les excréments.

Ces faits une fois établis, Dora semblait avoir fini avec la personne de K... Tout ce qui lui vint ensuite à l'esprit, n'avait de rapport qu'à son père. Elle ne tarissait pas en reproches contre lui de l'avoir sacrifiée à sa passion pour Mme K... Il aurait tout compris, mais n'aurait pas osé rompre avec le mari, de crainte de perdre la femme. Du reste, au dire de Dora, ce n'était pas la première fausseté de sa part. Lorsqu'il était dans le Nord, il simulait souvent un retour de la maladie, pour s'en aller plus vite rejoindre sa maîtresse dans le Midi.

Ici l'exégèse de Freud devient très sinueuse et demande une attention soutenue. Il reconnaît que les idées de Dora sont tout à fait logiques et se développent d'une manière suivie, mais cette continuité même finit par le mettre en garde. Son expérience antérieure lui rappelle qu'une série de pensées, aussi soutenue, est souvent artificielle et destinée à en cacher d'autres que le malade ne veut pas avouer. Ainsi, une série de reproches dirigés contre une tierce personne, peut cacher des reproches que le malade se fait à lui-même. Il se produit un retour automatique, comme chez certains enfants qui, étant convaincus de mensonge, retournent l'accusation en disant : « C'est toi qui es un menteur ».

S'étant placé à ce point de vue, Freud finit par reconnaître que le reproche d'avoir sacrifié sa fille à son intérêt personnel, en cachait un du même genre qu'elle s'adressait à elle-même : d'avoir toléré cette situation tant que l'amitié des K... lui était agréable. Et ceci n'était pas encore tout. Ce dernier reproche se doublait de pensées très significatives. Elle raconta notamment que la fausseté lui répugnait, surtout depuis qu'elle avait appris qu'une institutrice qu'ils avaient à la maison, ne lui montrait de l'affection que parce qu'elle était amoureuse de son père. Situation qui pouvait de nouveau être reportée à elle-même ! N'avait-elle pas montré autant de tendresse pour les enfants de K... ? Ne les avait-elle pas abandonnés aussi facilement après l'incident? N'était-ce pas parce qu'elle était également amoureuse de K...?

A cette dernière question, Dora répondit qu'elle n'en savait rien, mais avoua que d'autres personnes avaient déjà supposé la même chose.

On voit combien hasardeux devient ici le travail de l'analyste. Freud croit avoir saisi le fil conducteur; il l'a peut-être saisi, mais par quels retours de pensée! Il pouvait aussi bien être resté à côté.

Revenons maintenant au second reproche qui concerne les simulations du père. Ici l'analyse fut guidée par un fait récent survenu au cours du traitement. Un jour, Dora s'était plainte d'un symptôme nouveau : de violentes douleurs abdominales. « Qui copiez-vous en cela ? » demanda Freud au hasard. La question avait porté juste, car il apprit aussitôt qu'une de ses cousines s'était plainte de douleurs du même genre, du reste aussi peu sérieux. Elle les avait inventées de dépit pour ne pas assister au mariage de sa sœur cadette. Dora l'imitait inconsciemment, se sentant dans un cas analogue, ou bien par sympathie pour elle. D'autre part, mise sur cette voie, elle raconta que Mme K... simulait aussi des maladies, mais dans un but tout autre que celui du père. Elle le faisait, non pas pour se rapprocher de lui, mais pour mettre une barrière entre elle et son mari. K... voyageait beaucoup pour ses affaires; lorsqu'il était sur le point de rentrer, sa femme, au vu de tout le monde, changeait d'attitude et se disait malade.

Résumons-nous ici. La suite entière des idées nous manque et serait peut-être trop longue pour être reproduite. Bornons-nous donc à dire que de ces indications : du reproche adressé au père, de l'exemple que lui donnait Mme K... et de sa propre faculté d'imitation inconsciente, Freud conclut que Dora pouvait se reprocher ses propres accès de toux, comme des simulations involontaires. De même que, par les douleurs abdominales, elle exprimait la sympathie pour sa cousine, de même, par les accès de toux elle pouvait exprimer le chagrin que lui causaient les fréquentes absences de K...

Nous voilà déjà bien loin de la simplicité primitive de la psycho-analyse ! Et nous ne sommes pas encore à mi-chemin du but. Chaque symptôme pouvant être déterminé par plusieurs pensées différentes, Freud ne se contente pas d'avoir mis à jour une de ses causes. Les accès de toux se rapportaient jadis aux absences de K..., mais cette détermination pouvait avoir changé depuis. Et le reproche de simulation pouvait aussi avoir trait au présent. Dans ces cas-là, dit Freud, le médecin doit essayer de deviner. C'est ce qu'il fait en lui demandant si la persistance des accès ne pouvait la servir auprès de son père, en lui ramenant la tendresse de celui-ci. L'hypothèse semble avoir été juste. Dora convint que le père avait souvent les larmes aux yeux lorsqu'il parlait de la maladie de sa fille. La persistance des phénomènes morbides pouvait donc servir sa cause à elle.

Pour expliquer cette double détermination, Freud s'étend sur le mécanisme des actions symboliques. Il rappelle la manière dont les enfants se servent de leurs malaises pour attendrir les parents, l'arme que la maladie donne aux femmes contre les maris trop durs ou peu scrupuleux. Il constate que chez les hystériques, le symptôme morbide devient également conventionnel, sans relever pourtant de leur propre volonté.

Mais ces éclaircissements n'avaient aucun effet curatif sur la malade. L'enrouement ne diminuait point, la toux non plus, et dans l'analyse, elle en restait toujours aux reproches dirigés contre le père. Il fallait donc chercher une troisième détermination du symptôme. Nous avons déjà dit que Freud attribue maintenant aux facteurs sexuels une importance primordiale dans le développement des névroses. Il était donc naturel qu'il cherchât de ce côté-là.

Ici, nous touchons à ce qui constitue proprement la transformation actuelle de la psycho-analyse. La sexualité est comme un double fond qui s'ouvre tout à coup devant nos yeux et qui, laissant le regard pénétrer dans le domaine le plus secret de la pensée, permet les conjectures les plus hardies, les plus fantaisistes. Ainsi, considérant qu'une au moins des déterminations du symptôme, doit être de nature sexuelle, Freud se met à guetter les allusions sexuelles et finit par en trouver une dans les rappels réitérés de la puissance de son père. Dora reproche à Mme K... de ne l'aimer que parce qu'il est un homme financièrement puissant. Rien que financièrement ? demande Freud, et le ton de Dora lui fait comprendre qu'elle n'ignore pas l'impuissance sexuelle de son père. Voyant une contradiction directe entre cette pensée et l'affirmation d'une liaison sexuelle entre eux, Freud interroge la jeune fille au sujet de cette contradiction et apprend qu'elle n'ignore pas la possibilité de rapports autres que les rapports normaux. Elle convient même avoir pensé au cunilingus. La connexion de la langue avec l'organe qui se trouve chez elle dans un état d'irritation périodique, nous voulons dire, avec le gosier, induit Freud à penser que la toux saccadée pouvait également symboliser l'acte du cunilingus. C'est-à-dire, de même que l'aphonie était renforcée par le souvenir de K..., la toux pouvait être renforcée par l'image des rapports sexuels de son père avec Mme K...

Freud ajoute à ce sujet que des renforcements de ce genre se produisent très facilement et peuvent même être assez nombreux. La réaction prend toujours la voie de la moindre résistance. Un traumatisme nouveau tend toujours à se convertir dans le symptôme déjà établi. Ce qui est bien plus difficile, c'est la formation d'un nouveau symptôme. C'est pourquoi, toute impression nouvelle de nature pathogène vient naturellement renforcer le traumatisme antérieur.

De ce point de vue il se demanda même si le symptôme en question n'avait pas d'autres renforcements dans la sphère sexuelle de Dora et finit par en trouver deux qui étaient certainement possibles, mais semblent encore moins prouvés que le premier.

Revenant toujours aux mêmes reproches, Dora se plaignait quelquefois de ne pouvoir penser à autre chose, d'avoir toujours son père et Mme K... devant les yeux. Ceci donnait au motif sexuel une puissance extrême et induisait à penser que la jalousie filiale n'y était pas seule intéressée. Se rappelant à ce propos que les pensées se rencontrent souvent couplées et que la puissance affective de l'une peut provenir de ce que l'autre a été expulsée de la conscience, Freud se met à chercher quelle pouvait être la pensée associée et finit par conclure que celle-ci comprenait une attraction sexuelle vers le père. Autrement dit, dans l'évocation de ses rapports avec Mme K... elle « prendrait tantôt la place de sa mère, se sentant lésée dans les sentiments de famille, tantôt la place de la maîtresse, subissant l'attraction qu'elle ressentait pour son propre compte ». Telle est la formule propre de Freud. Pour la faire comprendre, ajoutons qu'une attraction de ce genre est d'après lui, tout à fait naturelle. Etendant la notion de sexualité jusqu'à ses extrêmes limites, jusqu'aux sensations vaguement voluptueuses qui se rencontrent dans la première enfance, il considère l'attachement si marqué des fils à la mère et des filles au père, comme un phénomène nettement sexuel. Il rappelle à ce sujet que l'adoration filiale va généralement au sexe opposé et se manifeste à l'occasion sous forme d'un désir naïf « d'épouser papa ou maman ». Cet amour aurait été, chez Dora, le sentiment primitif que l'attraction naissante vers K... aurait graduellement effacé, mais qui serait revenu après l'expulsion violente de celle-ci.

Ce sentiment aurait donc servi à renforcer l'image sexuelle. Mais ce n'était pas encore assez. Dans les paroles de Dora il crut démêler encore autre chose. L'aigreur qu'elle exhalait contre son père n'atteignait jamais Mme K... Au contraire, il lui arrivait de parler avec admiration de la beauté de celle-ci, « qui était si bien faite et avait la peau si blanche ». Une autre fois, elle parla avec mélancolie d'un cadeau qui venait du père et avait été, apparemment, choisi par Mme K... De ces associations d'idées, Freud conclut qu'elle n'était pas non plus sans ressentir une attraction homosexuelle vers celle-ci. C'est là une complication, convient-il, qui ne manquera pas de gâter le tableau. Un romancier ou auteur dramatique ne l'aurait jamais introduite. Mais la vie est plus compliquée, plus incohérente que les romans et le propre des natures hystériques est justement d'accumuler les impressions pathogènes. Pour obtenir l'effet curatif, il fallait donc la mettre également à jour.

Résumons-nous un peu. La reproduction des troubles nerveux par amour pour Mme K..., par instinct, afin d'attendrir le père, par jalousie filiale, par jalousie amoureuse et par jalousie homosexuelle, tout cela résultait de l'exégèse des inspirations de Dora qui, cependant étaient très peu variées, se manifestant toujours sous forme de reproches. Etant donnée l'uniformité de ceux-ci, le résultat était déjà considérable. Mais l'exégèse des inspirations n'est pas le seul moyen de psycho-analyse et, d'autre part, la conviction de Freud était que les névroses peuvent avoir une origine très profonde, remontant jusqu'à l'enfance du malade. Il fallait donc passer au second moyen indiqué plus haut, à l'interprétation des rêves.

De ce côté-là, Dora fournit des matériaux très intéressants : deux rêves, dont un stéréotype. Nous n'entrerons pas ici dans la technique de leur interprétation. C'est un problème à part qui sera examiné un peu plus loin. Pour le moment, il suffira de dire que si les inspirations de la malade ont été considérées comme étant indicatrices de son état mental, le même rôle pouvait facilement être attribué à ses rêves. Ajoutons seulement, en ce qui concerne la détermination de ceux-ci, que Freud considère les rêves non pas comme des produits accidentels de la cérébration, mais comme des produits spécifiques répondant, sous une forme directe ou déguisée, à un désir du sujet. Les rêves ne

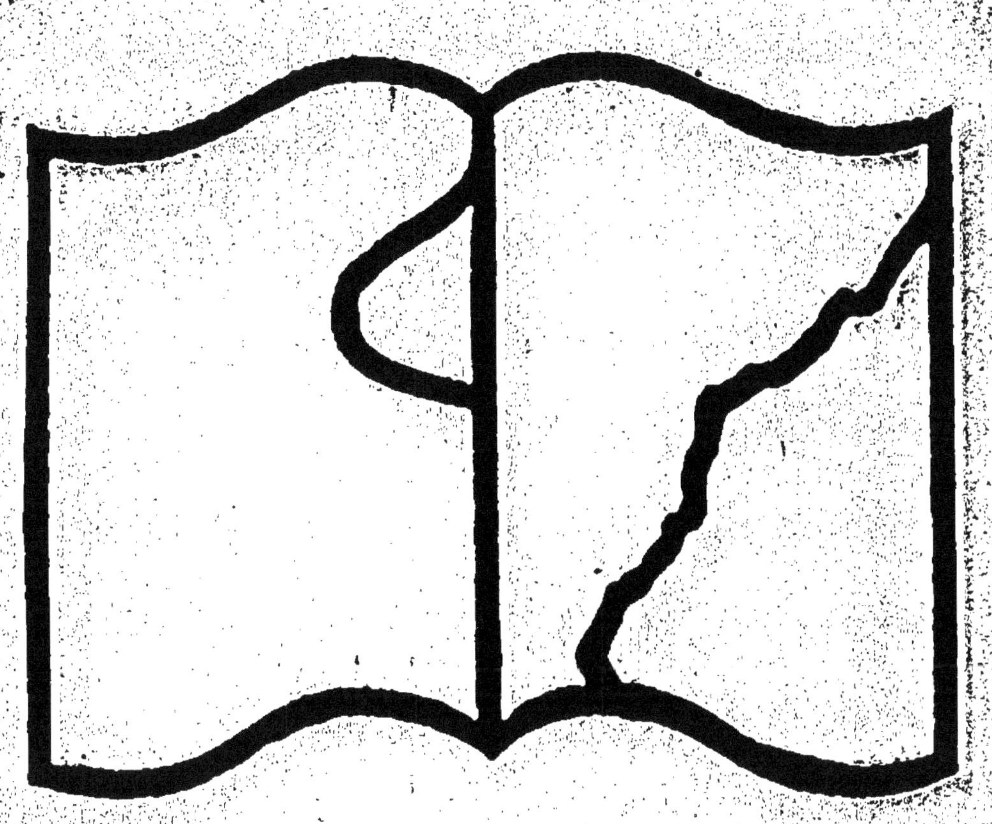

seraient donc pas des fragments épars de complexus mentaux, mais des fragments groupés et, souvent, défigurés par un facteur affectif.

Passons maintenant au contenu du premier de ces rêves qui, justement, avait un caractère stéréotype. « J'ai vu, dit Dora, qu'il y avait le feu dans la maison et que papa était près de mon lit, en train de me réveiller. Je m'habille en toute hâte. Maman veut sauver son coffret à bijoux, mais papa l'arrête : « Je ne yeux pas, dit-il, que mes enfants périssent à cause de ton coffret. » Nous nous empressons de descendre, mais sitôt que je suis dehors, je m'éveille. »

Comme ce rêve était revenu plusieurs fois, Freud s'enquit naturellement tout d'abord de l'époque où elle l'avait eu pour la première fois. Après quelques hésitations, elle reconnut que c'était peu après la scène avec K..., qu'elle l'avait vu alors trois nuits de suite et qu'il était revenu depuis, tout récemment. Le rapport avec le traumatisme principal était évident, mais Freud voulait donner à l'analyse une base plus étendue et demanda à la jeune fille s'il ne lui venait pas quelque chose dans la tête à ce propos. « Si, répondit-elle, une dispute toute récente entre mes parents. Papa reprochait à maman de fermer à clef la porte de la salle à manger. La chambre de mon frère n'a pas d'autre sortie que par la salle à manger et papa ne voulait pas qu'il fût enfermé ainsi, parce que la *nuit il peut arriver quelque chose et qu'on peut avoir besoin de sortir.* »

Cette réponse devait être dans la suite amplement exploitée par Freud, mais pour le moment son attention se trouvait ramenée à l'origine du rêve, car la malade, reprenant le fil des souvenirs, fixa tout de suite quelques points très importants. Elle se rappela d'abord qu'ils étaient arrivés chez les K... par un gros orage et que voyant la maison en bois, sans paratonnerre, son père avait exprimé des craintes au sujet d'un incendie. Le principal motif du rêve, l'incendie, était donc fourni par des événements récents.

La principale situation — son père debout près de son lit — avait aussi un rapport direct à la réalité. Dora se rappelait notamment que s'étant couchée un après-midi sur le canapé, elle fut réveillée par un bruit et trouva M. K... debout dans la même position que son père devait avoir plus tard dans le rêve. Comme M. K... prétendait avoir le droit d'entrer partout, elle demanda à sa femme la clef de la chambre et s'enferma le lendemain matin au moment de faire sa toilette. Mais l'après-midi, comme elle voulait de nouveau faire une sieste, elle ne trouva plus la clef dans la serrure. Cette circonstance, jointe à la déclaration qu'elle avait reçue de K..., l'avait déterminée à fuir la maison.

Ceci expliquait déjà le sens général du rêve. Il semblait en effet répondre à un désir de Dora, au désir de fuir la maison où elle courait un danger. Le fait qu'il était revenu plusieurs nuits de suite correspondait bien à l'insistance du désir. Mais pourquoi était-ce son père qui avait pris la place de M. K... ? Et que venait faire la mère avec son coffret à bijoux ?

Ici nous touchons de nouveau à une partie extrêmement fragile et hasardeuse de l'analyse de Freud. Nous avons déjà rappelé que pour lui les données sensorielles peuvent subir, dans le rêve, une altération très profonde. Cela se produit surtout lorsque le « moi » du rêveur refuse d'admettre son désir. Se doutant qu'il a devant lui une altération de ce genre, Freud demanda à la jeune fille s'il ne lui venait pas quelqu'autre idée à ce sujet et obtint l'évocation d'une dispute entre les parents au sujet d'un bijou que le père avait offert à la mère et que celle-ci avait refusé en disant qu'il pouvait en faire cadeau à une autre. Le bijou, de même que le coffret à bijoux a, pour Freud, un sens nettement sexuel : c'est un symbole de l'organe sexuel de la femme. Le rêve prend alors la signification suivante : Dora est couchée sur un lit près duquel se trouve un homme. Une autre femme veut sauver son bijou. Cette femme qui a les traits de sa mère, est en réalité Mme K. .

Elle défend son bijou contre le mari. Alors M. K... prend les traits de son père et sauve Dora de la tentation de lui abandonner le sien. Le rêve serait donc une expression déguisée de son ancien amour pour K...

Cette seconde explication nous paraît à la fois fragile et superflue. Au fond, elle n'ajoute rien à l'étiologie de l'affection, elle ne fait que confirmer l'hypothèse d'un sentiment qui avait été déjà mis à jour. Et pour arriver à ce résultat, on se sert de procédés qui restent fort sujets à caution. Le symbolisme du coffret à bijoux, le changement de personnes, le passage continuel de la matière du rêve à la matière de l'inspiration, comme le pratique Freud, tout cela manque de justification. Mais si cette partie de l'analyse est fragile, elle est aussi presque superflue. N'en tirons donc pas d'arguments sérieux et passons tout de suite à la suivante.

Chaque rêve, dit Freud, repose « comme sur deux jambes », sur deux faits différents, dont un appartient au présent et l'autre est un événement de l'enfance du sujet. Le rapport au présent ou plutôt à un passé encore récent, ayant le caractère d'actualité, était plus ou moins établi. Restait à découvrir le rapport aux souvenirs infantiles. Le mélange de ces deux éléments, tel que le comprend Freud, nous paraît peu justifiable. Pour lui « le désir, créateur du rêve, provient toujours de l'enfance du sujet ; il consiste à faire revivre le passé dans le présent, à corriger ce dernier d'après les données de l'enfance[1] ». Il nous semble à nous, que le rêve peut exprimer aussi un désir et un état affectif tout récent ; que les données infantiles peuvent y entrer comme des éléments accessoires. Mais laissons là ce problème qui sera examiné plus loin. D'une manière ou de l'autre les souvenirs infantiles peuvent entrer dans le rêve et par là dans la mentalité du sujet. Il fallait donc essayer de les dégager.

Freud y arrive par des procédés qui n'échapperont pas à

1. Freud, *loc. cit.*, p. 62.

CHAPITRE IV

RECHERCHES SUR LE MÉCANISME DES RÊVES

Le travail capital de Freud. — Les rêves comme expression d'un désir non réalisé. — Rêves simples. — Rêves symboliques. — Critique de l'interprétation de Freud. — Schéma objectif des rêves : retour d'une impression au gré des renforcements sensoriels. — Confirmation par l'étude des rêves absurdes.

Les recherches de Freud ne se limitent pas aux manifestations morbides de la vie mentale. Ayant saisi le lien qui existe entre les phénomènes nerveux et le jeu de l'imagination, il s'est appliqué à étudier ce dernier aussi bien à l'état de veille que dans les rêves, et là aussi a trouvé des matériaux qui intéressent l'étude objective de la pensée.

Commençons par les recherches sur les rêves qui sont plus anciennes en date et relativement plus simples que les autres. Le sort en a été jusqu'à présent peu heureux. Opérant avec des données éminemment fugitives, peu familières même aux psychologues rompus en introspection, se laissant aller aux conclusions et hypothèses les plus hardies, Freud a soulevé là trop d'objections pour que son effort pût être apprécié. Son œuvre capitale sur ce sujet, parue il y a une dizaine d'années[1], a soulevé plus de bruit que d'appréciations vraiment utiles. Mais de notre point de vue, à la lumière des recherches sur le mécanisme des images mentales, elle prend un tout autre caractère et présente une contribution très précieuse à la psychologie objective.

Disons tout de suite, pour faire comprendre l'intérêt de

1. S. Freud. *Die Trumderdtung*, Wien, Derdlicke, 1900.

Elle défend son bijou contre le mari. Alors M. K... prend les traits de son père et sauve Dora de la tentation de lui abandonner le sien. Le rêve serait donc une expression déguisée de son ancien amour pour K...

Cette seconde explication nous paraît à la fois fragile et superflue. Au fond, elle n'ajoute rien à l'étiologie de l'affection, elle ne fait que confirmer l'hypothèse d'un sentiment qui avait été déjà mis à jour. Et pour arriver à ce résultat, on se sert de procédés qui restent fort sujets à caution. Le symbolisme du coffret à bijoux, le changement de personnes, le passage continuel de la matière du rêve à la matière de l'inspiration, comme le pratique Freud, tout cela manque de justification. Mais si cette partie de l'analyse est fragile, elle est aussi presque superflue. N'en tirons donc pas d'arguments sérieux et passons tout de suite à la suivante.

Chaque rêve, dit Freud, repose « comme sur deux jambes », sur deux faits différents, dont un appartient au présent et l'autre est un événement de l'enfance du sujet. Le rapport au présent ou plutôt à un passé encore récent, ayant le caractère d'actualité, était plus ou moins établi. Restait à découvrir le rapport aux souvenirs infantiles. Le mélange de ces deux éléments, tel que le comprend Freud, nous paraît peu justifiable. Pour lui « le désir, créateur du rêve, provient toujours de l'enfance du sujet ; il consiste à faire revivre le passé dans le présent, à corriger ce dernier d'après les données de l'enfance[1] ». Il nous semble à nous, que le rêve peut exprimer aussi un désir et un état affectif tout récent ; que les données infantiles peuvent y entrer comme des éléments accessoires. Mais laissons là ce problème qui sera examiné plus loin. D'une manière ou de l'autre les souvenirs infantiles peuvent entrer dans le rêve et par là dans la mentalité du sujet. Il fallait donc essayer de les dégager.

Freud y arrive par des procédés qui n'échapperont pas à

1. Freud, *loc. cit.*, p. 62.

critique et sont en tous cas très conventionnels. D'une rt, il s'attache à la notion du feu qui joue un si grand rôle dans le rêve. Le feu est l'antithèse de l'eau. Chez les enfants, ces notions sont d'habitude étroitement associées, parce qu'on leur apprend à se garder de l'un et de l'autre. Et cela, tout d'abord, dans un sens strictement enfantin. Le feu veut dire avant tout allumettes, et l'eau, humidité qu'on trouve dans le lit. Ainsi, d'une part, la notion même du feu se rattache aux incontinences d'urine, si fréquentes chez les enfants. D'autre part, les paroles qu'elle met dans la bouche du père concernant « quelque chose qui peut arriver dans la nuit » peuvent être interprétées comme une allusion à cet accident.

Questionnée à ce sujet, Dora commença par nier d'avoir eu cette faiblesse plus longtemps qu'elle n'est normale chez les tout petits enfants; mais ensuite elle se rappela que celle-ci était revenue vers l'âge de sept à huit ans et qu'on avait même consulté un médecin qui l'attribua à une faiblesse générale du système nerveux et prescrivit des fortifiants.

Du point de vue de Freud, ce fait avait une signification tout autre. Le retour de cette faiblesse à l'âge de sept à huit ans était tout à fait anormal et ne pouvait avoir d'autre cause que la masturbation. Cette hypothèse se confirmait du reste par un autre aveu de Dora, notamment qu'elle avait aussi souffert d'un catarrhe de l'organe génital (flueurs blanches). Avant d'aller plus loin nous devons relever ici l'importance qu'il attribue en général à la masturbation infantile. D'après lui, la masturbation ne présente naturellement rien de bon, mais l'abandon de cette habitude, lorsqu'il se fait d'une manière brusque, peut être encore plus pernicieux.

Le fait est que celui-ci ne se fait pas d'une manière purement physique, par la suppression d'un simple réflexe, mais comprend aussi un processus cérébral consistant dans l'expulsion d'une pensée. Pour abandonner cette habitude, il faut s'interdire d'y penser, il faut expulser de la conscience les souvenirs affectifs qui s'y rattachent et, de l'avis de Freud, une expulsion de ce genre agit comme un véritable traumatisme, devenant la source la plus puissante des phénomènes hystériques.

On comprend l'importance de ce fait dans l'étiologie du cas de Dora. Importance d'autant plus grande qu'elle-même le niait résolument, laissant supposer par là que la dissociation avait été complète et l'influence pathogène d'autant plus forte. Dans ces conditions, rien ne devait être négligé pour le tirer au clair et on ne sera pas surpris d'apprendre que Freud y ait fait concourir le troisième des moyens indiqués plus haut : l'interprétation des automatismes.

Ici nous ferons de nouveau toutes les réserves possibles. L'exemple ne nous paraît, à nous, nullement concluant, mais vu l'importance du fait auquel il se rapporte, et vu l'intérêt théorique de ce procédé, nous ne pouvons nous décider à le passer sous silence. A la séance qui suivit, Freud remarqua que Dora, étendue comme toujours sur le dos, jouait instinctivement des doigts avec une pochette de forme bizarre. C'était un porte-monnaie nouveau genre, composé de feuillets sans fermoir. Tout en répondant aux questions, Dora l'ouvrait machinalement pour y fourrer le doigt et le retirer aussitôt. Ce geste ne laissa plus à Freud aucun doute. Il contredisait, d'après lui, les assertions de la jeune fille de n'avoir jamais pratiqué l'onanisme.

L'expulsion du complexus affectif qui se rattache à cette habitude aurait été le traumatisme originaire, celui qui aurait préparé le terrain de l'hystérie. D'après Freud, c'est du reste un cas assez commun. Lorsque la disposition organique n'est pas héréditaire, ne provient pas d'une maladie vénérienne ou d'une névrose grave des ascendants, c'est à un fait de ce genre qu'elle se ramène dans la plupart des cas.

L'analyse du rêve n'avait donc pas été stérile. Elle avait

révélé un fait de la plus grande importance et qui restait complètement enfoui dans l'inconscient. Mais Freud ne s'en est pas tenu à cela. Faisant un pas de plus dans l'interprétation des souvenirs et de certains automatismes qu'il ne précise pas davantage, il conclut qu'à la suite de ce premier choc de nature sexuelle, Dora en avait reçu un autre, ayant été témoin du commerce sexuel de ses parents. Couchant dans une chambre voisine, elle aurait été frappée par la respiration haletante du père pendant une visite nocturne de celui-ci dans le lit conjugal.

Cette conclusion repose presque exclusivement sur l'expérience personnelle de Freud, c'est-à-dire sur la fréquence des cas similaires observés dans sa pratique. Nous ne saurions mieux faire ici que de citer ses propres termes à ce sujet. « Les enfants, dit-il, devinent très bien le sexuel dans les bruits insolites, car les mouvements expressifs de la sexualité existent déjà en eux sous forme de mécanismes innés. Que la dypsnée, les palpitations de cœur et les sensations d'angoisse dans les névroses soient des fragments détachés de l'acte du coït, je l'avais reconnu depuis longtemps et bien des cas analogues à celui de Dora ont été ramenés au même fait, à la perception fortuite du commerce sexuel des adultes. Sous le coup de cette révélation, l'enfant a bien pu remplacer la tendance à l'onanisme par la tendance à l'angoisse cardiaque et quelques jours après, souffrant de l'absence du père, a pu reproduire cette impression sous forme d'un accès de dyspnée[1] ».

Nous nous sommes étendus sur l'interprétation du premier rêve pour montrer ce que ce procédé peut avoir d'aléatoire et de subjectif, mais ne suivrons pas l'auteur pour le second, car, somme toute, les résultats de la psychoanalyse sont restés assez incertains et puis elle n'a pas pu être menée jusqu'au bout. Un jour la malade annonça à Freud que la cure était trop longue pour elle, qu'elle en

1. Freud, *loc. cit.*, p. 71.

avait assez et ne reviendrait plus. Cette décision provenait, d'après lui, d'un phénomène également morbide, d'un transport des sentiments pathologiques sur la personne du médecin (« Uebertragung »). C'est là, dit-il, un danger inhérent à tous les essais de psycho-analyse, un danger qu'il faut prévenir en l'indiquant au malade. C'est-à-dire, comme la maladie repose, en grande partie, sur des associations inconscientes, il faut empêcher qu'un complexus affectif ne se fixe incidemment sur la personne du médecin. Dans le cas de Dora, c'est le ressentiment soulevé par les K... qui se serait tourné contre lui et c'est obéissant à un désir de vengeance qu'elle aurait abandonné le traitement.

Que cette explication soit vraie ou fausse, le fait est que le traitement a été interrompu et l'analyse du second rêve ne pourrait nous mener beaucoup plus loin. Par le fait, elle n'a révélé que des déterminations secondaires de symptômes déjà connus, d'un caractère aussi peu sûr que celles qui ont été signalées dans l'analyse du premier rêve. Le contenu du second se réduisait à ceci : « Je marche, disait Dora, dans une ville étrangère par des rues et des places qui me sont inconnues. J'entre dans une maison, monte dans une chambre qui se trouve être la mienne et trouve là une lettre de ma mère. Celle-ci m'écrit que mon père est mort. Je m'élance pour prendre le train et demande plus de cent fois en route : « Où est la gare ? » On me répond chaque fois : « A cinq minutes d'ici. » J'entre dans une épaisse forêt et répète la question à un homme qui vient à ma rencontre. Il me répond : « Encore deux heures et demie. » Je vais plus loin, je vois finalement la gare, mais sens que je ne peux pas l'atteindre. Là-dessus, je me vois subitement arrivée devant la porte de notre maison. La femme de chambre m'ouvre et dit : « Madame et les autres sont déjà au cimetière ».

En ce qui concerne l'interprétation de ce rêve, il suffira de dire que sauf les données fournies par des événements indifférents tels qu'une promenade dans les rues de Dresde

lui étaient effectivement inconnues, Freud n'a pu uvrir de fantaisies sur le thème sexuel. Le symbolisme p d ici des formes encore plus extravagantes. Ainsi, par ple, la gare (« Bahnhof ») devient par assonance p s (« Vorhof »). La forêt qui la précède, prend la signi- fi ion des poils pubiens. Dans la forêt Dora croit avoir es nymphes : ce terme est immédiatement interprété le sens gynécologique. Le tout devient alors une scène de éfloration.

vant une suggestion de ce genre, de même que devant cell qui se rapportent aux tendances homosexuelles de Do ou à l'expression symbolique des amours de son pè avec Mme K..., on ne saurait assez regretter que le tra ment ait été abandonné sans que l'effet direct de chac un pût être constaté. Nous savons que l'effet général a été bienfaisant, car après un laps de temps de quatre à cinq semaines, les accès de toux devinrent plus rares et le moral de la jeune fille se remonta considérablement. Il y eut encore une rechute d'aphonie causée par un accident où la vie de K... était en danger ; mais cet accès fut le dernier et quelques mois plus tard elle recouvra toute sa santé. En résumé, le traitement par la psycho-analyse semble avoir été efficace comme dans les cas précédents, mais l'interruption survenue à la fin ne permet pas de le juger dans tous ses détails. Cette incertitude est regrettable, car nous avons vu que l'analyse a pris un développement très hasardeux et c'est justement sur les détails que se porte maintenant l'intérêt. La guérison était-elle due à la découverte des traumatismes principaux tels que l'abandon de l'onanisme et la répression des sentiments de Dora pour son père et pour Mme K... ou à la découverte de ces détails qui semblent peu prouvés et sur lesquels il y a bien des réserves à faire ? Ces détails mêmes sont-ils vrais ? Y a-t-il tant de chos que cela dans cette partie de la mémoire qu'on appe l'inconscient ? Ce sont des questions d'un intérêt capita aussi bien pour la thérapeutique que pour la psychologie générale. On peut objecter notamment que bien de ces choses sont de la pure invention, imaginées par le médecin ou suggérées par lui à la malade. Ce doute reste malheureusement inéclairci, mais le résultat final, la guérison, prouve qu'une bonne partie au moins de tout cela n'est pas de l'invention, mais a réellement existé chez elle et que les impressions enfouies dans l'inconscient peuvent avoir une action motrice comme les perceptions conscientes dans les réflexes conditionnels. C'est-à-dire, après les images mentales, les idées, les souvenirs, éléments constitutifs de la pensée consciente, c'est l'inconscient qui prend maintenant corps devant nous. Voilà un mot qui nous fera peut-être accuser de présomption ! Et cependant rien n'est plus vrai. Du point de vue de la psychologie objective l'inconscient qui hier encore semblait être un éternel mystère, prend un sens tout à fait précis. Du moment que tout notre savoir se réduit à l'établissement des réflexes cérébraux, on conçoit sans peine l'existence d'un savoir latent représenté par des réflexes dont les voies sont tracées dans le système nerveux et que cependant on ne reproduit pas — faute, par exemple de liens associatifs ! Que ce soit possible nous le savions déjà de la théorie générale des réflexes, comme elle se trouve exposée chez Bechterew ; que ce soit un fait et un fait assez fréquent nous l'apprenons aujourd'hui des travaux de Freud. Voilà l'intérêt sensationnel, prodigieux que présente pour nous la psycho-analyse !

CHAPITRE IV

RECHERCHES SUR LE MÉCANISME DES RÊVES

Le travail capital de Freud. — Les rêves comme expression d'un désir non réalisé. — Rêves simples. — Rêves symboliques. — Critique de l'interprétation de Freud. — Schéma objectif des rêves : retour d'une impression au gré des renforcements sensoriels. — Confirmation par l'étude des rêves absurdes.

Les recherches de Freud ne se limitent pas aux manifestations morbides de la vie mentale. Ayant saisi le lien qui existe entre les phénomènes nerveux et le jeu de l'imagination, il s'est appliqué à étudier ce dernier aussi bien à l'état de veille que dans les rêves, et là aussi a trouvé des matériaux qui intéressent l'étude objective de la pensée.

Commençons par les recherches sur les rêves qui sont plus anciennes en date et relativement plus simples que les autres. Le sort en a été jusqu'à présent peu heureux. Opérant avec des données éminemment fugitives, peu familières même aux psychologues rompus en introspection, se laissant aller aux conclusions et hypothèses les plus hardies, Freud a soulevé là trop d'objections pour que son effort pût être apprécié. Son œuvre capitale sur ce sujet, parue il y a une dizaine d'années[1], a soulevé plus de bruit que d'appréciations vraiment utiles. Mais de notre point de vue, à la lumière des recherches sur le mécanisme des images mentales, elle prend un tout autre caractère et présente une contribution très précieuse à la psychologie objective.

Disons tout de suite, pour faire comprendre l'intérêt de

1. S. Freud. *Die Trumderdtung*, Wien, Derdticke, 1900.

ce travail, que l'auteur ne s'est pas borné à décrire et classer les matériaux, comme on l'a fait, le plus souvent, jusqu'à lui. Il a poussé très loin l'analyse de ces derniers et est arrivé à distinguer quatre moments principaux dans la formation du rêve : 1° la condensation des données psychiques (« Verdichtung »); 2° le changement de leur valeur pour l'individu (« Verschiebung »); 3° le changement de leur forme dans le sens d'une représentation plastique (« Rücksicht auf Darstellung »), et 4° la recomposition secondaire (« secundäre Bearbeitung »). Si nous ajoutons maintenant que chacun de ces moments est illustré par des matériaux empruntés à l'observation propre de l'auteur, aux témoignages de ses amis et de ses malades, on comprendra l'intérêt psychologique de ce travail. Intérêt de premier ordre, car les matériaux sont amassés avec une patience et une précision remarquables ! Mais avant d'arriver à la partie synthétique de l'étude, il faut rappeler aussi brièvement que possible, la voie où elle s'engage au début, voie purement expérimentale et marquée d'obstacles que l'auteur ne cherche nullement à déguiser.

Il commence par l'analyse de quelques rêves pris dans sa propre expérience et paraissant de portée plus ou moins générale. Le premier, qu'il désigne comme rêve « de la maladie d'Irma », avait pour antécédent le traitement psycho-analytique d'une jeune personne, amie intime de la famille, atteinte de phobies hystériques avec quelques symptômes concomitants. Le traitement n'avait pas pu être mené à bout aussi bien par suite du départ de la malade pour la campagne qu'à cause de son refus d'accepter un conseil donné par le médecin. La veille du rêve, l'auteur avait vu un ami, le Dr Otto qui avait été dans le même pays que celle-ci et, questionné à son sujet, avait répondu : « Elle va mieux, mais pas encore tout à fait bien. » Cette réponse avait agacé Freud, qui crut y sentir de l'ironie ou un reproche. Resté seul, il se mit à rédiger l'anamnèse de la maladie pour la remettre au Dr M. dont il voulait con-

naître l'avis. Dans la nuit, après ce travail, il eut le rêve suivant :

« *Nous sommes dans une grande salle*, dit-il, *remplie d'invités, parmi lesquels se trouve aussi Irma. Je la prends de côté, pour lui faire des reproches de ne pas avoir accepté mon conseil. Je lui dis : « Si tu as encore des douleurs, c'est bien de ta propre faute ». Elle me répond : « Si tu savais comme j'ai mal en ce moment, à la gorge, au ventre et dans tout le corps ; je me sens serrée à étouffer. » Je m'effraye et la regarde de plus près. Elle a l'air pâle et gonflée. Je me demande avec angoisse si elle n'a pas quelque affection organique. Je la mène vers la fenêtre et demande à voir sa gorge. Elle résiste un peu, comme font les femmes qui ont des fausses dents. Je me dis en moi-même : « Ce n'est pourtant pas son cas ». Là-dessus elle ouvre la bouche et je vois une tache blanche avec des cicatrices grisâtres de formation particulière près des fosses nasales. J'appelle vite le Dr M. qui l'ausculte à son tour et confirme mon impression. Le Dr M. a un aspect différent de celui qu'il a d'habitude ; il a l'air pâle, il boite et n'a pas de barbe... Mon ami Otto se trouve aussi à côté de nous et un autre ami, Léopold, auscultant la malade sur tout le corps distingue une infection générale... Le Dr M. dit : « Il n'y a pas de doute, elle est infectée, mais cela ne fait rien : là-dessus va venir une dysenterie et le poison s'en ira ». Nous savons tous, très bien, quelle est la source de l'infection. Otto lui avait fait une injection de propyl, prophylex... trimethyl (la formule chimique de ce dernier est comme imprimée devant moi). Des injections de ce genre ne se font pas facilement... La pointe a pu être sale.* »

Ce rêve est en effet intéressant et représentatif. Il permet de saisir tout de suite, sur le vif, quelques-uns des moments que nous venons de citer. Le cadre de son action était emprunté aux impressions du jour. Freud habitait alors avec sa famille, dans une villa de construction bizarre où il y avait une très grande salle. Quelques jours plus tard devait être la fête de Mme Freud, et ils attendaient pas mal de visites. Le rêve anticipait sur cette situation. Il la représentait comme un fait accompli. Ici nous reconnaissons déjà un des moments essentiels de sa formation : la transformation des données mentales dans le sens d'une représentation plastique. Mais ce qui est encore plus intéressant, ce sont les personnes qui agissent dans ce cadre. Irma elle-même a l'air pâle et gonflée ; elle se plaint de douleurs dans le ventre et à la gorge ; elle hésite à ouvrir la bouche, comme si elle avait de fausses dents. Aucun de ces traits ne lui est propre. Elle est généralement fraiche,, même rose, elle a la bouche en parfait état ; elle se plaint non pas de douleurs, mais de maux de cœur. A y réfléchir un peu, Freud reconnait facilement que ces traits se rapportent à d'autres personnes. En ce qui concerne la bouche, il se rappelle avoir eu une impression de ce genre en examinant une jeune gouvernante. Le mal de gorge le fait penser à une amie intime d'Irma qu'il avait trouvée un jour dans la même position, près d'une fenêtre, en train de se faire examiner par le même Dr M. Une troisième personne avait bien cet air pâle et gonflé qui lui avait inspiré une curiosité professionnelle et le souhait de ne pas l'avoir parmi ses malades, car elle n'avait pas l'air commode et devait opposer de la résistance. On voit la superposition des images, le mélange des impressions... On dirait que dans le rêve, par suite d'un affaiblissement de la synthèse il se forme comme des *personnalités mixtes*. Il suffit d'une légère analyse pour qu'une image se confonde avec une autre, une troisième, etc., empruntant à chacune des traits nouveaux. Il en est de même pour d'autres personnages et aussi pour les événements de ce rêve. Le Dr M. est en effet souvent pâle, mais il ne boite pas et il porte la barbe. Par contre, Freud se rappelle subitement que la figure du rêve ressemble à son frère aîné qui, en effet, est rasé et dont il venait de recevoir des nouvelles où il était question d'un accès d'arthritisme et de claudication. Nouvelle fusion d'images! Passons maintenant aux événements du rêve. *Dans la gorge d'Irma il voit une tache blanche et des cicatrices près des fosses nasales.* Triple convergence de souvenirs! Souvenir de la scène où figuraient l'amie d'Irma et le Dr M., souvenir d'une infection diphtérique qu'avait eu la propre fille de Freud, et souvenir des piqûres de cocaïne qu'il s'administrait lui-même dans la région des fosses nasales. *Il appelle vite le Dr M.* Allusion à un accident pénible où il s'était maladroitement servi d'un remède et avait dû demander en hâte le concours de ce praticien. *Le Dr Otto avait fait une injection de propyl, propylex... trimethyl.* Ici, les rapports deviennent encore plus nombreux. Otto avait lui-même raconté que pendant son séjour dans le pays d'Irma, il avait été appelé près d'un malade pour lui faire des injections. D'autre part un ami intime de Freud avait été victime des injections de cocaïne que celui-ci lui avait donné pour un usage interne. Le propyl faisait penser à l'amyl et à une liqueur, présent de ce même Otto, qui sentait l'amyl d'une manière bien suspecte. Le trimethyl avait été signalé à Freud comme un élément des échanges sexuels qui d'après lui ont une action directe sur les névroses. L'action du rêve révèle donc un processus de condensation aussi net que dans la personnalité des sujets.

Mais ce n'est pas tout. Si le rêve ne révélait que des fusions de ce genre, il aurait été un produit du hasard. Cependant la connaissance que chacun a de ses propres rêves, fait déjà soupçonner l'existence d'un facteur déterminant. Telle est aussi l'idée de Freud qui cherche plus loin dans le tableau et découvre le fait suivant. La situation des trois médecins, des Drs M., Otto et Léopold, lui paraît fort significative. Elle donne tort à Otto, relève vis-à-vis de lui l'autorité de Léopold, abaisse le Dr M. jusqu'à un jugement tout à fait absurde et, par contre, dégage la responsabilité propre de Freud, et ce qui concerne la valeur de son traitement. Cette situation est manifestement une expression plastique d'un de ses secrets désirs : de défendre sa méthode en confondant ses contradicteurs. Si Irma est atteinte d'une infection diphtérique, la psycho-analyse n'y est pour rien. Ce n'est donc pas la faute de Freud, mais bien celle d'Otto qui a mal fait l'injection. Otto est convaincu de légèreté, ce qui console Freud de la réponse qu'il avait reçue la veille, et le Dr M., qui lui est également suspect de scepticisme à l'égard de la psycho-analyse, montre aussi son incompétence. Le facteur déterminant du processus, conclut Freud, est ici un désir plus ou moins constant chez lui, ravivé encore par la conversation avec Otto. On porte un désir plus ou moins conscient dans la journée et, la nuit, il se manifeste sous forme d'un rêve. Telle est, chez lui, la première approximation de ce phénomène.

Un coup d'œil sur les matériaux amassés lui permet de constater qu'un grand nombre de rêves répondent exactement à cette conception. Tels sont, d'abord, la plupart des rêves chez les enfants. Tels sont, chez les adultes, les rêves qui répondent à un besoin organique (« Bequemlichkeitsträme ») ou à un devoir immédiat. On rêve, par exemple, d'une boisson, lorsqu'on est tourmenté par la soif ; on se voit uriner dans le rêve ; ou bien lorsqu'on se propose de se lever de bonne heure, on se voit déjà levé et parti pour la destination indiquée. Freud cite, à ce sujet, des exemples très caractéristiques, mais nous nous abstiendrons de les reproduire ici, car nous avons devant nous des matériaux autrement intéressants et difficiles. D'autres rêves semblent en contradiction directe avec ce schéma : ou bien ils semblent absurdes ou bien leur sens est éloigné de tout ce qu'on peut désirer, comme par exemple dans les rêves pénibles ou dans les rêves d'épouvante.

Nous voici devant le point le plus mystérieux du pro-

blème. Freud ne le méconnaît nullement, mais ayant étudié un grand nombre de ces rêves, il juge la difficulté moins grande qu'elle ne paraît de primo abord. Disons tout de suite que dans les rêves les plus absurdes il découvre un sens caché et, dans les uns, comme dans les autres, un désir déguisé. Cette dernière conclusion ne sera pas partagée de tout le monde. Nous ne la partagerons pas non plus. Il nous semble que l'impulsion peut provenir de tout état affectif et non seulement du désir. Une frayeur ressentie à l'état de veille, une impression quelque peu violente, un mouvement de colère ou de dépit, bref, tout phénomène émotionnel resté sans décharge semble un facteur analogue à celui que présente un désir. Mais, ne fût-il applicable qu'à une certaine catégorie de rêves, le schéma de Freud serait tout de même bien intéressant. Laissons donc de côté, pour le moment, les rêves d'un caractère opposé, et cherchons, dans les matériaux cités à l'appui, la justification de ce dernier.

Voici un rêve qui, sans être opposé à l'expression d'un désir, en est éloigné par le caractère indifférent et imprécis du contenu. L'auteur *voit son ami R., qui dans le rêve, est son oncle. Il éprouve pour lui une grande tendresse.* Puis vient une interruption et une seconde image où *les traits de R. s'allongent et on voit ressortir vivement sa longue barbe blonde.* Effet habituel, dira-t-on, de l'incohérence des rêves ! Pour Freud, ce n'est pas un effet de l'incohérence, mais bien de la condensation et du changement de valeur qui se produit dans les données psychiques. Pour le comprendre il faut savoir qu'il avait eu la veille la visite de cet ami qui attendait, ainsi que lui-même, sa nomination au professorat. R. venait lui faire part d'une démarche infructueuse qu'il avait faite au ministère et de la conviction qu'il en avait emportée que le principal obstacle à leur nomination était leur religion. Tous les deux étaient israélites. Mais R. n'était à aucun degré apparenté à Freud et, loin d'avoir une barbe blonde, était noir de cheyeux. Que signifiait cette transformation ? A réfléchir un peu, Freud s'aperçoit qu'un de ses oncles avait une barbe blonde et que les traits allongés de R. présentent une ressemblance curieuse avec ceux de cet oncle. Ce mélange a pour lui une signification très précise. L'oncle en question avait été condamné pour une affaire frauduleuse. Cet événement, remontant à son enfance, avait produit sur lui une très vive impression. Il avait entendu plaindre l'oncle qui, au dire de son père, n'était pas un escroc, mais une « tête faible ». Le rêve, donnant à l'ami l'apparence de cet oncle, exprimait un jugement ; que l'ami est aussi une « tête faible ». Freud va même plus loin. Admettant la possibilité de désirs inconscients ou, plutôt, réprimés par la conscience, il affirme que le rêve exprimait un désir : que la nouvelle ne fût pas vraie, que l'obstacle à la nomination de R. ne fût pas dans sa religion, mais dans ses capacités. Et ce n'est pas encore tout. Ce rapprochement le fait penser à un autre collègue, N., qui causant sur le même sujet, avait dit que pour lui, en plus de la religion, il y avait encore un obstacle : une plainte qui avait été déposée contre lui et qui, quoiqu'ayant été reconnue comme un essai de chantage, avait soulevé au ministère une certaine prévention. « Le rêve, dit Freud, donne une expression plastique à ces deux pensées. Mon oncle Joseph représente mes deux collègues, l'un comme une tête faible, l'autre comme un criminel. Par là il répond à mon secret désir notamment que notre commune religion ne soit pas un obstacle au professorat ».

L'expression plastique est évidemment loin d'être aussi claire. Elle paraît même obscurcie par un élément spécial qu'on ne comprend pas tout d'abord : par la tendresse extraordinaire que Freud éprouve pour R. « Pour mon oncle Joseph, dit-il, je n'ai jamais éprouvé aucune tendresse ; quant à R., je l'aime beaucoup, mais si je m'avisais de leur témoigner un sentiment aussi vif, cela l'aurait naturellement surpris. La tendresse pour R. de même que la barbe blonde de celui-ci semblait ressortir à la suite du « changement de valeur » qui se produit dans les données psychiques. Mais tandis que pour la seconde de ces données, le changement est tout à fait accidentel, pour la première, au dire de Freud, il y a une cause organique : la résistance du « moi » à accepter l'image, résistance qui a pour résultat de la « défigurer » (« Traumentstellung »). Il me répugne naturellement, dit Freud, de dénigrer mes amis et, comme réaction contre cette pensée, il se produit une exagération de la tendresse.

L'interprétation de ce rêve va peut-être trop loin. Le passage de l'idée au désir repose sur l'hypothèse d'une activité inconsciente du « moi » qui nous paraît bien peu certaine. Mais que ce soit l'expression d'un désir ou simplement la reviviscence d'une impression, la formation de ce rêve semble très bien saisie. Il semble tout à fait plausible qu'un rêve d'apparence absurde ait un sens caché, si on le considère comme une image, d'une part, « condensée », d'autre part, « déformée ».

Prenons un troisième exemple. Je rêve, dit Freud, que *je suis l'auteur d'une monographie sur une certaine plante. Celle-ci est ouverte devant moi, à l'endroit d'une table en couleurs. Je vois, attaché à la table, un spécimen de la plante desséché comme dans un herbier*. Dans la journée qui avait précédé ce rêve, il avait effectivement vu, à la devanture d'un libraire une étude sur les cyclamens, mais sauf en ce que les cyclamens étaient les fleurs favorites de sa femme, ceci ne pouvait pas l'avoir très intéressé, car il n'avait jamais été fort en botanique. Par contre le mot monographie avait pour lui une valeur toute spéciale. D'une part, il avait toujours eu une passion pour les monographies et, au temps de ses études à la Faculté de Médecine, cette passion l'avait même entraîné à faire des dettes chez un libraire, d'autre part, il avait lui-même écrit une monographie sur la cocaïne, travail qui avait contribué à l'application de celle-ci comme anesthésique. La manie des monographies lui rappelle soudainement une conversation qu'il avait eue la veille avec son ami le Dr Koenigstein qui lui reprochait justement d'avoir certaines manies. Cette conversation l'avait même très vivement remué. Par suite, le rêve ne serait de nouveau qu'une réponse à son secret désir, désir de justification vis-à-vis de Koenigstein et désir, encore plus obscur, de voir reconnue la valeur de son travail sur la cocaïne. Mais la représentation plastique aurait été de nouveau déformée. La notion de la manie serait tout à fait disparue, tandis que l'image parfaitement indifférente d'un travail de botanique aurait pris un relief tout à fait injustifié.

Ce rêve comprend aussi des phénomènes de condensation, curieux et finement notés, mais nous n'allons pas nous arrêter là-dessus, car les trois premiers moments, la condensation, le changement de valeur et la représentation plastique semblent assez éclairés par les exemples précédents. Il nous reste à relever le quatrième moment de ce processus, celui qui fut désigné comme recomposition secondaire du rêve. Freud remarque avec raison que malgré l'apparente absurdité de certains rêves, ils s'écoulent aussi facilement que s'ils étaient le produit de l'imagination la plus lucide et, à côté de cela, qu'il y intervient quelquefois une sensation d'étonnement, un jugement sur leur contenu ou la conscience que « ce n'est qu'un rêve ». Ce dernier fait l'induit à conclure que le « moi » ne reste pas tout à fait indifférent à la formation du rêve. Le « moi » est à coup sûr affaibli, annihilé par le sommeil, mais il s'y heurte tout de même ; il réagit et même, subissant l'apport du rêve, il doit contribuer à en combler les lacunes. Le cours régulier du rêve et la connexion des parties les plus bizarres seraient donc aussi un résultat du « travail secondaire » du « moi ».

En ce qui concerne ce quatrième moment, les exemples semblent superflus. Chacun se rappelle à coup sûr avoir eu des impressions de ce genre, avoir reconnu qu'il rêvait et, selon que le rêve fût jugé agréable ou désagréable, l'avoir continué ou interrompu. Quelque mystérieuse qu'elle paraisse, cette intervention du « moi » est aussi justement notée que les trois premiers moments de la formation des rêves et l'analyse des matériaux semble justifier pleinement les premières conclusions de Freud.

Voyons maintenant comment il arrive à expliquer leur mécanisme.

La seule observation ne suffit pas pour expliquer des phénomènes aussi complexes. Il ne suffit pas de constater, ici, une condensation, là, un changement de valeur, ailleurs, une intervention du « moi » dans les données psychiques. Pour expliquer ces phénomènes, il faut les ramener à quelque loi générale de l'être, les rattacher à quelque faculté, physique ou mentale de l'organisme. Ne fût-ce que pour une certaine catégorie de rêves, un essai de synthèse était nécessaire. Cela ne veut pas dire qu'il fût facile. Le passage des données internes aux données de la connaissance objective ne peut jamais être direct. Il comporte toujours un changement du point de vue. Aussi voyons-nous Freud recourir à un procédé auxiliaire : à une comparaison imagée. Il prévient que les données psychiques ne doivent pas être comprises dans un sens spatial, mais pour exprimer leur rapport, il se sert de la notion d'un espace psychique. C'est-à-dire, pour être plus exact, il parle d'une ordination comparable à celle qui se produirait dans un « espace psychique ». En réalité, dit-il, l'ordination peut être purement temporaire; les phénomènes qui se succèdent peuvent se produire en des régions distantes du cerveau; nous n'affirmons rien sur leur localisation anatomique. Mais comme le processus est difficile à saisir, nous sommes obligés de nous servir d'un schéma spatial.

Nous avons tout lieu de croire, dit-il, que le mécanisme de la vie psychique se compose de plusieurs instances. Représentons-nous celles-ci pour plus de clarté, dans une succession linéaire. Nous obtiendrons alors le schéma suivant.

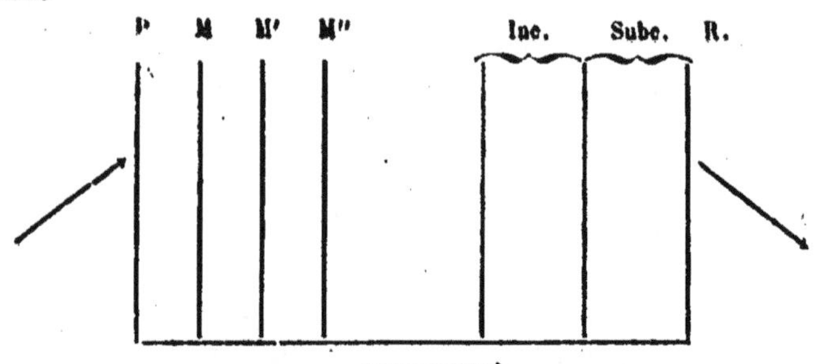

Tout commence par le phénomène de la perception pour aboutir à une réaction motrice. « L'appareil psychique est construit sur le modèle du réflexe. » Nous prenons donc, comme première instance, le plan marqué par la lettre P. (perception), et, comme dernière, celui de la lettre R. (réaction). Mais la perception n'aboutit pas toujours à une réaction immédiate ; d'autre part, elle ne se conserve pas longtemps. Nous devons admettre une instance spéciale où se conservent les traces de la perception qui peuvent, comme on sait, entraîner des réactions ultérieures. Désignons-la par la lettre M (mémoire). Une observation quelque peu prolongée nous enseigne que celle-ci ne peut pas se réduire à un seul plan. Les traces mnésiques font partie de groupements variés et totalement indépendants les uns des autres. Nous devons admettre des plans spéciaux pour les associations par coexistence dans le temps, par contiguïté spatiale, par ressemblance etc. Désignons-les par les lettres M', M'', etc. Ce schéma, soit dit en passant, a déjà toute l'insuffisance des formules statiques devant la complexité, de la vie mentale. Combien de plans faut-il admettre pour épuiser toutes les formes de l'association ? Quelle est la force qui peut diriger les perceptions nouvelles vers les traces qui se conservent dans un plan plutôt que vers celles qui restent dans un autre ? Mais quelque insuffisante, quelque naïve que soit la construction de ce schéma, nous la poursuivrons tout de même, car l'auteur ne s'en sert qu'à titre d'analogie et les défauts qu'on y trouve serviront à nous éclairer le problème.

A la distinction de ces divers plans de l'appareil psychique, Freud ajoute une remarque bien judicieuse : notamment que les perceptions, passant à l'état de souvenirs, perdent leurs qualités sensorielles. La mémoire ne peut les évoquer qu'imprécises et décolorées.

La phase réceptive du processus que nous venons d'examiner, nous est assez bien connue. Nous sommes renseignés là-dessus par l'observation interne et par l'étude physiologique des sensations. La phase réactive, prenant commencement dans les sources profondes de la mémoire ou de l'association, est moins accessible à une étude directe. Cependant nous en avons déjà trouvé un trait essentiel par des recherches connexes. L'étude des névroses nous a montré que les réactions ne proviennent pas toujours de souvenirs conscients et que ceux-ci subissent une action critique du « moi » qui les accepte ou les repousse dans l'inconscient. Nous avions même comparé cette action à une espèce de censure. Se basant sur cette observation, Freud introduit dans le schéma deux instances nouvelles : l'inconscient et le subconscient. Ceux-ci sont séparés par la censure ou activité critique du cerveau. Tout ce qui passe cette barrière, devient susceptible de manifestation consciente sous forme de mouvement ou de pensée. Tout ce qui est arrêté par la censure, ne peut aboutir qu'à des réactions inconscientes, normales ou pathologiques.

Quel doit être, comparé à ce schéma, le mécanisme du rêve?

Ce dernier, répond Freud, reste privé de manifestation consciente. Par contre, le rêve possède quelque chose qui n'appartient plus aux données les plus claires de la conscience : les qualités sensorielles de la perception. Un coup d'œil sur le schéma, conclut Freud, doit nous persuader que le mécanisme du rêve ne peut consister que dans le *retour du courant vers le mécanisme de la perception.*

Le phénomène du retour, ajoute-t-il, ne présente en lui-même rien de nouveau. La pensée la plus claire retourne souvent en arrière, vers le trésor des souvenirs, mais elle ne dépasse pas la limite qui les sépare de la perception. Dans le phénomène du rêve le retour va plus loin, presque aussi loin que dans l'hallucination. Et puis ce qui le distingue de l'évocation mnésique, ce sont les transformations déjà notées sous le nom de changement de valeur et de recomposition des matériaux.

Est-ce une explication du rêve ? Freud est le premier à répondre d'une manière négative. Pour lui, dans ce problème, il y a encore trop d'inconnues. La base anatomique du processus lui paraît encore tout à fait incertaine. Mais dans le schéma indiqué il voit la clef logique de la solution. Il croit fixer par là l'ordre des phénomènes comme ils devront être étudiés un jour en rapport avec la structure et les fonctions du cerveau.

Du point de vue de la psychologie objective, cet essai prend une toute autre signification. Le schéma linéaire tombe de lui-même, les phénomènes mentaux n'ayant plus de caractère statique ni dans la perception, ni dans la mémoire. Au lieu de plusieurs régions séparées, nous n'avons devant nous que la différence des réactions qui s'accomplissent dans le même réseau de fibres nerveuses. Dans un cas, elles ont une origine périphérique, dans l'autre, une origine interne ; dans certaines conditions elles se rattachent au complexus momentané du « moi », dans certaines autres, elles restent isolées. Le retour à la perception n'est plus une simple analogie ; c'est une formule précise de portée aussi bien physiologique qu'anatomique. Cela veut dire que les évocations du rêve ont le même mécanisme que celles de la mémoire et de l'association mentale, mais contrairement à celles-ci, ne se limitant pas à la phase cérébrale de réflexes, vont jusqu'à reconstituer le processus initial de la perception.

Ce retour, analogue à celui qui se produit dans les hallucinations, reste encore bien mystérieux. Faut-il admettre, ici comme là-bas, une communication du mouvement aux appareils même de perception, à la rétine, par exemple, et aux milieux auriculaires? Ou bien, ce degré n'est-il atteint que dans l'hallucination, les rêves ne comprenant qu'un rétablissement plus complet des réflexes cérébraux. Entre la perception et le souvenir il peut y avoir bien des formes intermédiaires. Il est assez rare qu'on visualise les objets en les évoquant dans la mémoire. Pour la plupart des gens l'évocation est toute verbale et la fonction de la mémoire se limite à l'activité des centres verbo-moteurs. Les rêves, tenant le milieu entre le souvenir et la perception initiale, ne seraient-ils pas le produit d'un rétablissement plus étendu, moins intense du côté des fonctions verbo-motrices, mais comprenant en revanche les réflexes visuels? De toute manière, il y a là un retour vers la perception et l'étude de Freud a le mérite incontestable de l'avoir saisi par les moyens seuls de l'introspection. Chez Freud, ce phénomène a une forme naïve et grossièrement schématisée, mais du point de vue de la psychologie objective, il acquiert un sens tout à fait précis.

Naturellement, tout ce qui s'ajoute chez lui comme développement de cette thèse, a besoin d'être modifié dans le même sens. Ainsi, par exemple, il se demande pourquoi cette régression est impossible à l'état de veille, pourquoi notre rêverie n'atteint jamais la vivacité sensorielle du rêve, et conclut que, de jour, l'appareil psychique trouve un obstacle dans la continuité des courants nerveux qui s'écoulent dans la direction de P à R. Le sommeil les supprime et ouvre la voie aux régressions. Tant qu'on a le schéma linéaire de Freud devant les yeux, cette explication paraît plausible. On a beau reconnaître avec lui certains retours de la pensée, un régression complète jusqu'à la région P, paraît trop difficile. Mais du point de vue d'une conception dynamique les choses se présentent tout autrement. Le « retour » n'est plus une régression, mais un rétablissement, ce n'est pas un retour vers la région originaire, mais un retour vers la forme originaire. Que ce soit une perception, un souvenir ou un rêve, la direction des réflexes reste la même. On ne peut donc pas dire que l'influx nerveux se trouve ici en opposition avec d'autres. Les souvenirs et les associations qui ont une origine centrale, se produisent facilement à côté des perceptions directes. S'ils n'atteignent pas la vivacité sensorielle du rêve, cela ne tient pas à la collision avec un courant contraire, mais à la concurrence des courants parallèles. Les souvenirs optiques, par exemple, ne s'épanouissent pas jusqu'à la plénitude de la perception parce qu'ils se produisent simultanément avec des perceptions nouvelles. Quelqu'imprécises que soient ces dernières, elles occupent une partie des voies nerveuses. Pour qu'un souvenir atteigne l'intensité d'une vision, il faut un retranchement du monde extérieur qui ne se produit normalement que dans le sommeil. Ainsi, dans l'état de veille, l'obstacle à la formation des rêves consiste bien dans la continuité de l'influx nerveux, mais qui loin d'être opposé, est parallèle à l'évocation mnésique. Une modification encore plus profonde doit se produire dans le mécanisme interne du rêve. Il ne suffit notamment pas que l'obstacle extérieur soit supprimé. Pour que la régression se produise dans un sens plutôt que dans un autre, il faut admettre une détermination interne et ici, comme nous l'avons vu, Freud suppose le concours des désirs infantiles. Admettons, pour l'instant, avec lui, que le rêve présente toujours la réalisation d'un désir. Il convient tout de suite que les cas où ce dernier est clair, immédiat et récent, sont relativement très rares. Le rêve qui réalise un désir de la veille ne se rencontre généralement que dans l'enfance. Chez les adultes, la vie mentale est trop complexe, les doutes, les soucis, les hésitations sont trop nombreux pour que le désir puisse passer ainsi, directement, dans le rêve. Chez eux, les désirs datent généralement de plus loin, se présentent sous une forme déguisée et nécessitent, pour se convertir en rêve, quelque renforcement organique. *Ce dernier ne peut venir*, d'après Freud, *que d'un désir infantile, de même nature, se conservant dans l'inconscient.*

« Ces désirs inconscients, conclut-il, je les considère, d'après les données fournies par l'analyse des névroses, comme restant toujours actifs, toujours prêts à se manifester et à transmettre leur intensité aux impressions nouvelles. » De notre point de vue cette formule prend de nouveau une signification sensiblement différente. Ce qui reste des réactions antérieures, ce sont les dispositions motrices qui ne se limitent pas aux seuls phénomènes affectifs. Tout réflexe qui s'opère, consolide les voies où il passe et facilite le retour des réactions analogues. Cette loi se rapporte aussi bien aux images tout à fait neutres, qu'à celles qui font partie d'un complexus volitif. Outre cela la consolidation des réflexes dépend encore de certaines conditions accessoires qui peuvent donner aux impressions neutres l'avantage sur les désirs les plus marqués. Ainsi, par exemple, il arrive parfois qu'un nom bizarre s'imprègne dans la pensée et revient au bout de plusieurs années, lorsque les désirs qui datent de la même époque sont depuis longtemps effacés. Il arrive aussi que les détails d'un événement se conservent dans la mémoire, tandis que les faits principaux se perdent dans l'incertain. Les causes de ces phénomènes n'apparaissent pas encore toutes, mais on peut dire avec assurance que la consolidation dépend aussi bien de la fraîcheur sensorielle du sujet que des mouvements de son attention. La première explique bien la persistance des souvenirs qui datent de l'enfance, la seconde, la mémoire de certains détails extérieurs et futiles, et l'une jointe à l'autre suffisent pour donner l'avantage aux impressions passagères sur les événements importants. Si on se place à ce point de vue, on reconnaîtra sans hésiter que *le renforcement peut venir non seulement des désirs infantiles, mais encore de tous les souvenirs qui se trouvent ainsi consolidés et qu'il peut aller à toutes les impressions restées sans décharge suffisante.*

Que les souvenirs infantiles y jouent un rôle considérable, nous ne songeons pas à le contester. Ce n'est que trop naturel, étant donnée la fraîcheur des voies sensorielles chez l'enfant. Mais dire que c'est toujours un désir et que ce désir est le principal moteur du rêve qui se produit trente ans plus tard, nous paraît une exagération. Nous croyons que les rêves, loin de présenter toujours la réalisation d'un désir, présentent souvent le retour d'une impression quelconque restée sans décharge et renforcée par des souvenirs simplement associés. Cette hypothèse les rendrait beaucoup moins cohérents que chez Freud, ce qui du reste nous paraît plus près de la réalité. Nous y reviendrons tantôt en indiquant la signification que prennent certains rêves considérés par Freud comme des images symboliques ou des désirs déguisés. Pour le moment bornons-nous à constater que la notion du « renforcement » ainsi modifiée, semble aussi importante que celle du « retour ».

Il nous reste maintenant à dire quelques mots de la « censure » qui prend aussi une toute autre signification. Chez Freud, c'est un fait empiriquement constaté, mais mystérieux entre tous. C'est une fonction dont on n'entrevoit même pas une définition plus rapprochée. Dans le schéma qu'il dresse c'est une espèce de barrière qui sépare deux régions problématiques. De notre point de vue elle prend un sens tout à fait précis, celui d'une dissociation des réflexes cérébraux.

Nous savons que les réflexes ont une tendance à s'associer, mais que celle-ci n'arrive pas toujours à se réaliser. Ainsi, par exemple, deux réactions violemment opposées ne restent pas associées dans la mémoire. Une impression pénible a beau coïncider avec une impression agréable, la mémoire ne les évoque pas simultanément ou, du moins, avec la même vivacité. L'une des deux cède devant l'autre et finit par s'effacer. De même lorsqu'il y a un conflit de sentiments, ils ne restent pas simplement associés dans la conscience. Le plus faible finit par s'effacer, par sombrer dans l'inconscient. On dirait que notre système nerveux possède une faculté de contraction qui lui permet de couper court aux développements asthéniques de son activité.

Eh bien, ce que l'observation interne désigne sous le nom de « censure », doit se ramener à un processus de ce genre. Cette faculté ne doit pas se borner aux phénomènes de la vie sensorielle ; elle doit être la même pour toutes les réactions neuro-psychiques. On peut être aussi sensible à une pensée injuste ou blessante qu'à une sensation désagréable ou douloureuse. Certaines images peuvent être incompatibles avec le complexus momentané du « moi ». Il doit se produire alors un phénomène analogue à celui que nous avons signalé plus haut : un arrêt du processus associatif.

Tel est, pour la psychologie objective, le mécanisme de l'acte qui, dans l'étude de Freud est désigné comme « censure » du « moi ». Les détails de ce dernier sont encore très peu précis. Nous ne saurions pas dire s'il est simplement négatif, consistant dans un arrêt direct de l'influx nerveux ou s'il est le contre-coup d'un acte positif, d'un effort de concentration dirigé sur un autre objet. De toute manière c'est un phénomène de dissociation ou d'inhibition, comme on en rencontre fréquemment dans l'étude des réflexes cérébraux.

En résumé, de notre point de vue, le rêve serait le retour d'une impression restée sans décharge. Cette formule répond tout à fait aux rêves relativement simples qui se rencontrent dans l'enfance. Chez l'enfant, il suffit qu'un désir se heurte à quelques obstacles pour qu'il se reproduise sous forme d'un rêve. L'inhibition interne suffit pour lui donner la force du retour. Chez l'adulte, par suite de l'usure de l'appareil sensoriel, les impressions sont beaucoup moins vives. L'inhibition seule ne suffit déjà pas. Il leur faut, comme nous l'avons vu, un renforcement par quelque impression antérieure et, comme on voit maintenant, une dissociation préalable du « moi ».

Ces deux conditions sont-elles indispensables pour chaque rêve ? Nous ne saurions l'affirmer d'une manière catégorique. Tout dépend, en fin de compte, de l'intensité des phénomènes sensoriels. Une impression renforcée par des souvenirs infantiles, semble pouvoir se reproduire sans avoir été expulsée de la conscience. En d'autres cas où le renforcement est plus faible, la dissociation peut devenir une condition « sine qua non ». Nous sommes pour tout cela bien moins catégoriques que Freud et, nous contentant de saisir les indications générales sur le mécanisme du rêve, ne prétendons pas encore fixer tous les moments de sa formation.

De ces formules générales revenons maintenant aux matériaux amassés par Freud et voyons la position qu'il prend vis-à-vis des énigmes du rêve. Jusqu'à présent nous n'avons examiné que des rêves relativement clairs, ceux qu'on pourrait appeler « à l'appui des conclusions de Freud ». Arrêtons-nous maintenant aux rêves d'un caractère opposé, qui semblent parler contre sa théorie et que l'auteur explique comme ayant un sens déguisé. Tels sont les rêves pénibles, les rêves contraires au sens moral, comme, par exemple, ceux qui représentent la mort des parents ou des proches, et enfin les rêves, très nombreux, de pure imagination, qui semblent sans rapport avec la vie réelle.

Les rêves pénibles sont bien fréquents ; ils s'accompagnent d'un sentiment d'angoisse connu de tout le monde. En voici quelques exemples. Une jeune fille, traitée par Freud, avait été très affectée par la mort de son petit neveu, le fils de sa sœur, qu'elle aimait beaucoup et avait, pour ainsi dire, élevé. Un jour elle voit en rêve *l'autre petit neveu également mort, couché dans le cercueil et entouré de bougies allumées comme l'avait été le petit Otto*. Elle accourut chez Freud toute émue, lui demandant si elle pouvait avoir un désir aussi monstrueux. De question en question celui-ci est arrivé à établir que la jeune fille avait eu un roman dans la maison de sa sœur qui, pour une raison ou une autre, avait fait rater le mariage. Depuis lors son amoureux évitait d'y retourner et ne le faisait que dans de grandes circonstances. Ainsi, elle l'avait vu à l'enterrement du petit Otto. Ce récit fait conclure à Freud que malgré le caractère pénible du rêve, celui-ci répondait à un désir caché, peut-être même inconscient : de revoir le jeune homme, fût-ce dans une circonstance analogue.

Autre exemple. Une jeune femme rêve qu'elle *veut préparer à souper, mais ne trouve chez elle qu'un peu de saumon fumé. Elle veut descendre pour acheter quelque chose, mais se rappelle qu'il est dimanche et que les marchands doivent être fermés. Elle veut téléphoner à quelqu'un, mais s'aperçoit que le téléphone ne fonctionne pas*. Il en résulte naturellement une sensation de vive contrariété. Ici l'interrogatoire donne les résultats suivants. Le mari de la jeune femme, un vigoureux et corpulent boucher, lui avait déclaré la veille qu'il engraissait trop et se mettrait dorénavant au régime. D'autre part une amie qui sollicitait une invitation à souper avait provoqué cette pensée : pas de sitôt, pour que tu te remplumes encore davantage et achèves de séduire mon mari. Enfin, elle-même qui était friande de petits pains au caviar, défendait à son mari de lui en donner.

De ces multiples refus de nourriture Freud conclut que le rêve répondait aussi aux désirs de la jeune femme.

Enfin, voici un troisième exemple où le désir semble venir d'encore plus loin.

Un ami de Freud, avocat de profession, rêve qu'*il rentre chez lui avec une dame à son bras. A sa porte, il remarque une voiture fermée. Un homme sort de cette voiture, se présente comme agent de police et montre un mandat d'arrêt contre lui. Il répond en demandant la permission de mettre ses affaires en ordre*. A la question quel pouvait être le motif de son arrestation, l'avocat répond que dans le mandat il était accusé d'infanticide. Questionné plus loin sur la manière dont il avait passé la soirée, il convient avoir été chez sa maîtresse, une femme mariée dont le mari était absent. Il aurait même passé toute la nuit auprès d'elle et aurait eu ce rêve le matin après avoir pratiqué plusieurs fois le « coïtus interruptus ». « Vous craigniez naturellement de lui faire un enfant », dit Freud, et il conclut tout de suite que le rêve réalise le désir de supprimer l'enfant, le présentant comme un fait accompli.

Voilà, pour des rêves simplement pénibles. On conviendra facilement que le désir se manifeste ici d'une manière bien contournée. Jamais à l'état de veille la pensée de l'avocat, comme aussi celle de la jeune fille, n'aurait pris une direction aussi peu en harmonie avec le motif principal, n'aurait cherché la réalisation du désir dans une scène de mort ou dans la ruine de toute l'existence. Si c'est l'effet d'un travail cérébral déterminé par le désir, ce travail nous paraît bien compliqué.

Dans une autre catégorie de rêves où l'impression pénible s'accentue jusqu'à l'épouvante, Freud renonce à chercher la réalisation d'un désir immédiat, les rattachant aux premières manifestations du désir sexuel. Ainsi, par exemple, un jeune homme de 27 ans atteint d'une grave névrose, lui raconte qu'entre l'âge de 11 et 13 ans il avait plusieurs fois rêvé d'*un homme qui le poursuivait avec une hache. Il voulait fuir, mais se trouvait comme paralysé avec la sensation*, si caractéristique pour le rêve, *de rester collé sur place*. L'analyse révéla le souvenir d'une agression qui avait été racontée par l'oncle de l'enfant et paraissait avoir fortement frappé celui-ci. Mais Freud ne s'en tint pas là. Ayant questionné le malade sur les violences qu'il pouvait se reprocher vis-à-vis de son frère et sur les actes de même nature dont il pouvait avoir été témoin, il conclut que ce dernier avait intercepté une visite nocturne du père dans le lit conjugal et affirme que le rêve répondait au désir naissant de réaliser une situation sexuelle.

Ce cas-là ainsi que le précédent servent bien à illustrer la vue générale de Freud sur les rêves d'épouvante. Il les considère, en général, comme ayant une origine sexuelle : chez les enfants, comme le résultat des premiers éveils de l'instinct, chez les adultes, comme une conséquence des altérations de celui-ci, principalement du coït interrompu. La sensation d'angoisse qui fait partie du mécanisme sexuel, aurait une tendance à se reproduire dans les images qui ont une valeur affective analogue. Ce serait donc la réalisation d'un désir inconscient ou, du moins, tout à fait confus.

Dans la catégorie suivante on passe des désirs inconscients aux désirs complètement oubliés et qui paraissent monstrueux ou impossibles. Nous parlons des rêves qui représentent la mort des parents ou des proches. Ces derniers sont trop communs pour qu'il soit nécessaire de citer des exemples. Dans cette catégorie là Freud distingue deux groupes : les rêves où la mort n'intervient que d'une manière accessoire, servant à l'expression d'un désir tout différent, comme, par exemple, dans le cas de la jeune fille qui avait vu son petit neveu couché dans un cercueil, et ceux où rien d'analogue ne peut être découvert et l'image macabre semble avoir une détermination bien à elle.

Les premiers sont généralement caractérisés par l'absence de toute émotion douloureuse : on assiste à l'événement, comme si c'était une scène quelconque et s'étonne même parfois de sa propre indifférence. Les seconds s'accompagnent par contre, de sensations poignantes, de gémissements, de larmes, et semblent répondre mille fois plus à un souci ou à une crainte du dormeur, qu'à un désir de sa part.

Eh bien, même ces rêves-là, Freud les considère comme

étant la réalisation d'un désir. Il affirme que l'homme peut garder de sa première enfance des désirs naïvement égoïstes visant la disparition de ses proches. Pour l'enfant, dit-il, la mort a un sens très peu profond, celui d'une simple disparition. Aussi, voit-on souvent les enfants souhaiter la mort d'un petit frère ou d'une petite sœur qui vient leur faire concurrence. Ils sont de même à l'égard des parents, parlant de leur mort comme si c'était une absence momentanée. De ces observations il conclut à la reviviscence des désirs infantiles, sans se demander d'où viennent alors les émotions douloureuses qui les accompagnent dans le rêve, ni comment un désir aussi confus peut trouver l'expression plastique conforme à la mentalité d'un adulte. On comprend notamment qu'une image récente ou familière trouve un renforcement dans les souvenirs obscurs de l'enfance, mais non pas qu'un souvenir obscur s'épanouisse de lui-même en une image nouvelle. N'est-il pas plus simple d'y voir, au lieu d'un désir infantile, une préoccupation actuelle renforcée de souvenirs plus ou moins éloignés ?

Là encore l'explication de Freud nous paraît trop artificielle.

Jetons enfin un coup d'œil sur les rêves qui semblent éloignés de tout désir, parce qu'ils se développent presque sans rapport avec la réalité. N'est-ce pas même les plus curieux, les plus caractéristiques des rêves, ceux qui permettent le plus de les attribuer à une fonction spéciale du cerveau ? Revivre le passé d'une manière plus intense même déformé, ne serait pas un phénomène bien distinct de la mémoire. Mais entrer dans une vie imaginaire, agir dans un cadre inconnu ou accomplir des actes fantastiques, suppose une faculté différente et vraiment mystérieuse. Ici l'interprétation de Freud devient tout à fait arbitraire, car il considère la plupart de ces images comme des données symboliques, tout en ramenant le schéma général du rêve à la réalisation d'un désir.

De ces rêves-là, son étude nous donne des exemples bien curieux.

Dans un cas le dormeur voit *entre deux beaux palais, dans un renfoncement, une petite maison dont la porte est fermée. Sa femme le conduit jusque-là, appuie un peu sur la porte, et il se sent glisser rapidement dans l'intérieur par une courette à pente très escarpée.* Ici, dit Freud, la symbolique est nettement sexuelle. Quiconque a un peu d'expérience dans l'analyse des rêves, reconnaîtra tout de suite que la pénétration dans un espace étroit entre deux beaux édifices, avec pression sur une porte fermée, présente l'essai d'un coït anal. Cette hypothèse se confirme par l'aveu du dormeur qu'une jeune fille entrée la veille à son service, avait éveillé chez lui une idée de ce genre. Relevons, à côté de cela que la jeune fille était de Prague et que la petite maison entre deux palais fait aussi penser au Hradschin qui se trouve dans cette ville.

L'interprétation sexuelle devient du reste de règle dès qu'il s'agit d'images symboliques. Les désirs sexuels, dit Freud sont ceux qui se trouvent le plus souvent expulsés ou réprimés et qui reviennent le plus fréquemment sous une forme symbolique. Certains symboles prennent même une signification permanente. Ainsi, d'après lui, le fait de s'arracher une dent dans un rêve doit être interprété comme une impulsion à l'onanisme. Ce cas-là peut être illustré par l'exemple suivant.

Un malade de Freud *se voit à l'Opéra, à une représentation de Fidelio. Il est assis près de L. qui lui est très sympathique, dont il voudrait même se faire un ami. Soudainement, il s'envole, traverse tout l'orchestre comme une flèche et, une fois arrivé au bout, s'arrache deux dents avec la main.*

Le dormeur en question avait des tendances homosexuelles prononcées, mais fortement réprimées. Le vol à travers l'orchestre symbolise, d'après Freud, l'idée qu'il va être repoussé et même jeté dehors. Alors, de désespoir il se met à onaniser, comme cela lui est déjà arrivé dans un cas analogue.

Voici un rêve d'un symbolisme plus complexe. *Le dormeur se voit arriver en grande compagnie dans une rue bien connue où se trouve une modeste auberge* (ce qui n'est pas vrai). *Dans cette auberge a lieu une représentation théâtrale ; il est tantôt public, tantôt acteur. Finalement on dit qu'il faut changer de costume pour rentrer en ville. Une partie du personnel est envoyée au premier, tandis que l'autre reste à s'habiller en bas. Il se produit une querelle. Ceux qui sont en haut, se montrent furieux de ce que les autres ne sont pas prêts et ne les laissent pas descendre. Son frère est en haut, tandis que lui-même est en bas et il rage contre ce frère d'être ainsi pressé*. La suite devient confuse et ne s'éclaircit qu'au moment où *il est dans la rue en train de la remonter tout seul vers la ville. Il monte péniblement et avance à peine. Un vieux monsieur se joint à lui et se met à jurer contre le roi d'Italie. Vers la fin de la montée il marche de nouveau beaucoup plus facilement.*

La sensation de l'effort avait été tellement vive que le narrateur affirmait l'avoir ressentie même après le réveil.

La rue et la représentation théâtrale avaient un certain rapport avec la réalité, car le dormeur avait eu une liaison avec une femme de théâtre qui habitait dans cette rue, mais tout le reste, y compris l'auberge, était un produit de sa fantaisie. Le rêve pouvant avoir une détermination multiple, c'est-à-dire pouvant présenter plusieurs images fondues en une seule, Freud croit discerner, dans la montée de la rue, l'image du fardeau qu'était devenu cette liaison (analogie avec la montée de l'escalier dans « Sapho » d'Alphonse Daudet), dans l'occupation simultanée des gens « en haut » et « en bas », l'image des rapports lesbiens, dans la situation réciproque des deux frères l'allusion au fait que l'un d'eux était déchu de son rang, etc., etc.

Le pivot de cet enchevêtrement était pour lui le désir de se débarrasser de la liaison.

Voici, enfin, un rêve dont le cadre est emprunté à la vie réelle, mais où l'action prend un caractère tout à fait fantastique. « Je me vois, dit Freud, car c'est lui-même qui l'a eu, *la nuit dans le laboratoire de Brucke. On frappe légèrement à la porte, je l'ouvre et laisse entrer le professeur Fleischl* (décédé) *avec plusieurs inconnus. Fleischl me dit quelques mots et prend place à sa table habituelle.* Ici se produit une interruption, puis *je vois mon ami F. dans une rue de Vienne en conversation avec un autre ami P.* (lui aussi décédé). *Je me joins à eux et nous nous asseyons tous les trois, dans un local incertain, à une petite table, mes deux amis se faisant vis-à-vis et moi, du côté étroit de la table. F. parle de sa sœur et dit : « Au bout de trois quarts d'heure elle était morte ». Puis il ajoute quelque chose comme : « Cela, c'était la limite ». Comme P. ne le comprend pas, F. se tourne vers moi et me demande à quel point je l'ai mis au courant de ces histoires. Là-dessus moi-même, pris d'une émotion très particulière et voulant dire que P. ne peut rien savoir parce qu'il n'est plus en vie, réponds à F. : « Non vixit. » En le disant je suis parfaitement conscient de l'erreur qu'il y a à employer ici le passé, mais la phrase s'impose d'une manière irrésistible. Puis je regarde P. d'une manière pénétrante, je le vois pâlir, je vois ses traits s'effacer, ses yeux devenir d'un bleu transparent, et il disparaît comme de la fumée. Je me rappelle alors que Fleischl n'était également qu'une apparition et me réjouis à la pensée qu'un revenant peut être écarté par la volonté du vivant.*

Ici la trame du rêve présente un curieux mélange d'actions symboliques, de reminiscences et de jugements intercalés. Commençons par dire qu'au moment de ce rêve, Freud était justement préoccupé de la santé de l'ami F. Ce dernier venait de subir à Berlin une grave opération et les premières nouvelles étaient de telle sorte qu'il n'aurait pas hésité à le rejoindre s'il n'était retenu par ses propres douleurs qui rendaient le voyage impossible. La sœur unique de F. était morte après une courte maladie et comme sa santé à lui ne paraissait guère plus résistante, on pouvait craindre pour lui une issue analogue. Ajoutons à ceci que dans les nouvelles envoyées à Freud, il y avait une recommandation qui l'avait pas mal agacé : de n'en parler à personne. Il la jugeait d'autant plus blessante qu'elle paraissait justifiée, car il s'était jadis rendu coupable d'une indiscrétion. Les paroles de F. dans le rêve concernant l'issue de la maladie (chez sa sœur) et les renseignements qu'il aurait donnés à P. étaient donc en rapport direct avec ses préoccupations de la veille. L'action la plus fantastique du rêve, l'anéantissement de ce pauvre P. avait trait à un souvenir plus ancien. De même qu'un regard de Freud avait suffi pour anéantir P., de même il avait été jadis anéanti (mais au figuré) par un regard du vieux Brucke. Ce dernier avait eu vent que Freud venait en retard au laboratoire et l'ayant un jour guetté, l'avait foudroyé du regard inoubliable de ses yeux en courroux. Maintenant, ce passage du rêve ne relevait pas seulement d'une reminiscence. Etant dirigé contre P., il prenait une valeur symbolique. P. avait été très ami de Freud, mais il lui était arrivé un jour de soulever son ressentiment, notamment en souhaitant la mort d'un collègue dont il attendait la place, à côté de Freud, dans le même laboratoire. Freud ajoute même à ce sujet qu'il y avait pensé quelques jours auparavant, en assistant à l'inauguration du buste de Fleischl sous les arcades de l'Université. Il s'était dit à cette occasion que P. y aurait eu aussi sa place, s'il n'était pas mort si jeune, et que cette mort l'avait puni de l'avoir souhaitée à un autre. Ce raisonnement lui rappelait celui de Brutus sur le tombeau de César dans le drame de Shakespeare : « Comme César m'aimait, je le pleure ; comme il était brave, j'honore sa mémoire ; mais comme il était ambitieux, je l'ai assassiné ».

Comme Brutus, dont il avait du reste joué un jour le rôle, Freud foudroie P. pour ses mauvais désirs.

Une réminiscence tout à fait inattendue se rattache aux mots : « Non vixit ». Freud s'était longtemps creusé la tête pour savoir pourquoi il avait dit « non vixit » au lieu de « non vivit », se rendant du reste compte de l'erreur qu'il commettait. Finalement il s'est rappelé avoir été frappé par ces mots sur le monument de l'empereur Joseph II. On y voit notamment cette belle inscription : *Saluti patriæ vixit non diu, sed totus.*

Arrêtons-nous ici dans l'analyse de ce rêve. Ce qui a déjà été dit, suffit amplement pour illustrer l'activité créatrice de celui-ci. Nous reconnaissons parfaitement que la régression produit ici des résultats tout à fait nouveaux. Quant à la conclusion finale de Freud que le rôle du moteur appartient à un désir inconscient, dans l'espèce, au désir d'affirmer sa propre existence vis-à-vis des collègues disparus, elle paraît aussi conventionnelle et arbitraire que dans les cas précédents. Nous ne voulons pas dire qu'elle ne soit pas possible ! Elle paraît simplement peu prouvée et tout en reconnaissant que n'importe quel rêve peut être rattaché à un désir aussi général, trouvé après coup, nous constatons qu'une détermination de ce genre ne ressort pas de l'analyse.

La conclusion qui s'impose à nous est même directement opposée à celle-ci. Les rêves que nous venons d'exposer nous frappent surtout par la variété de leur contenu et la synthèse de Freud nous paraît bien étroite à cet égard. Nous y voyons une raison non pas de les réduire à un schéma unique, comme celui du désir, mais d'admettre les formes les plus variées de la régression sensorielle, depuis la régression du désir, comme on l'observe chez les enfants, jusqu'à la régression des images les plus fugitives sous le seul effet d'un renforcement fonctionnel.

Pour le comprendre il faut se rappeler les conditions générales de l'établissement des réflexes et les rapprocher de certains faits d'observation. Il faut se rappeler le fait que certains mots et certaines images d'une importance tout à fait secondaire s'imprégnent dans la mémoire et se conservent pendant des années, tandis que d'autres, qui nous seraient très utiles, ne peuvent pas être retenus. Ce fait qui longtemps a paru inexplicable, trouve son explication dans les conditions physiologiques de fonctionnement des réflexes. Un réflexe qui s'opère, consolide la voie par laquelle il passe et facilite la reproduction des vibrations du même rythme. Ceci se rapporte non seulement aux réactions produites par le même excitant, mais encore à toutes celles qui leur sont analogues. Ce qui les rapproche a beau être subjectivement peu marqué, cela n'empêche pas que la réaction ultérieure éveille les traces des réactions précédentes et se trouve, dans une certaine mesure, *renforcée* par celles-ci.

Dans les premières années de l'enfant les images s'imprègnent selon leur propre force, c'est-à-dire selon leur puissance émotionnelle ou la fréquence de leur présentation. Mais un jour on s'aperçoit qu'il n'en est plus de même. On constate notamment que cela dépend bien plus du terrain sur lequel elles tombent. Du reste, à y réfléchir un peu, on trouvera cela tout naturel. Chez l'adolescent, le système nerveux du cerveau n'est plus ce qu'il était auparavant. Des milliers de réflexes y ont déjà laissé leurs traces et ceux qui se produisent après, trouvent les centres nerveux diversement préparés. Certaines images trouvent des renforcements inattendus, tandis que d'autres ont moins de prise que jadis. C'est que l'effet des répétitions est diminué par la fatigue, et la puissance émotive s'émousse dans le courant ininterrompu des sensations. Le monde extérieur frappe beaucoup moins notre sensibilité, tandis que des faits insignifiants éveillent les traces des réactions antérieures. Chez l'adulte, ces phénomènes ne font que s'accentuer. Les impressions qu'il reçoit sont de moins en moins vives, les résidus de l'expérience antérieure de plus en plus nombreux. Peu d'images semblent entièrement neuves, peu de faits vraiment émouvants. La plupart ne se conservent dans la mémoire que dans la mesure où ils se raccrochent au passé. Le renforcement fonctionnel, notons-le bien, n'est pas toujours, subjectivement, aussi saillant. La ressemblance échappe souvent à notre sens interne ou ne s'indique que d'une manière bien vague. On ne sait pas pourquoi tel nom semble bizarre, plaisant ou disgracieux, pourquoi telle chose fait penser à telle autre, pourquoi telle image produit l'impression du déjà vu. Le rapprochement qui se trouve à la base de ces phénomènes est souvent inconscient, mais cela n'en diminue pas la portée et n'empêche pas qu'il soit la source de la symbolique qui marque, de divers côtés, le développement de la pensée humaine. Freud a fort justement relevé l'intérêt psychologique du bon mot, de la plaisanterie, qui généralement repose sur des rapprochements inconscients [1]. Parmi ses adeptes, Riklin [2], Abraham [3], Rank [4] et Maeder [5] ont fait des recherches analogues sur la psychologie des fables et des légendes. Ils concluent notamment que certaines images qui chez tous les peuples ont le même sens, proviennent d'un rapprochement de ce genre.

Ainsi, par exemple, le serpent qui, à commencer par l'histoire biblique d'Adam et Eve, se rencontre dans un nombre infini de fables et de légendes, symboliserait partout le membre viril. Le héros qui se trouve doué de toutes les qualités et sort vainqueur de mille aventures, symboliserait la notion naïve du « moi ». Sans aller aussi loin, ni affirmer que les produits de l'imagination populaire sont entièrement dus à un processus inconscient, nous ne pouvons

1. Freud. *Der Witz und seine Beziehung zum Unbewussten*, Wien, Deuticke, 1905.

2. Riklin. *Wunscherfüllung und Symbolik im Märchen*, Schriften zur angewandten Seelenkunde herausgegeben von Prof. S. Freud, Deuticke, Heft. II.

3. Abraham. *Traum und Mythus, ibid.*, Heft. IV.

4. Rank. *Der Mythus von der Geburt des Helden, ibid.*, Heft. IV.

5. Maeder. *Die Symbolik in den Legenden, Märchen, Gebräuchen und Träumen. Psycho-Neurol. Wochenschr.*, n°s 6, 7.

nous empêcher de reconnaître que certaines images ont un double sens qui peut en avoir déterminé le choix. En effet, comme l'observe fort justement Freud, les objets tirés en longueur : bâtons, branches d'arbres, clefs qui ouvrent toutes les serrures, etc., font penser au membre viril; toutes les ouvertures, boîtes ou coffrets, font penser à l'organe génital de la femme. Prenons d'autres exemples, en dehors de la symbolique sexuelle. La laideur physique produit un effet analogue à celui de la laideur morale; c'est pourquoi les sorcières sont toujours vieilles et laides, les gnomes et les géants généralement des êtres malfaisants. L'hésitation entre deux actes ressemble à celle qu'on éprouve entre deux routes; c'est pourquoi le héros est souvent représenté pensif à la croisée de deux chemins. Quelque considérable que soit l'apport de la création personnelle, certaines images reviennent chez tous les peuples de la terre. Elles s'imposent au conteur par le seul effet du renforcement fonctionnel, de même que plus tard, dans la poésie lyrique, s'imposent les métaphores et, dans la conversation courante, les mots d'esprit et les quolibets.

Bechterew prend, comme nous l'avons vu, pour signe distinctif du psychisme la modification du réflexe par l'expérience antérieure du sujet. Ce phénomène a un sens très large. Il va de la reviviscence pleine et entière d'un processus antérieur jusqu'à la reproduction fugitive d'une partie de ce dernier et subjectivement cela doit correspondre à des degrés très différents de l'évocation mnésique. On peut reconnaître un individu ou un objet pour les avoir déjà vus, on peut les juger simplement comme appartenant à une catégorie logique, mais on peut aussi, entre ces deux extrêmes, éprouver une série de sensations imprécises résultant d'un rapprochement de ce genre. Chez un homme cultivé ce dernier prend les formes les plus variées.

Supposons qu'on rencontre un rapin à la mode de Montmartre ou du quartier Latin avec un chapeau à bords plats et une culotte de velours. La réaction, si elle ne comprend pas la reviviscence d'un complexus individuel (« C'est Paul ou c'est Jacques »), peut comprendre la reproduction de certains fragments, se traduisant par les mots : « Bizarre, pittoresque, Murger, prix de Rome, 1840, etc., etc. » Il y aura là pour l'impression nouvelle des renforcements bien imprécis et fugitifs, mais dont la portée fonctionnelle ne saurait être mise en doute. Si quelques heures plus tard on repense à la promenade, l'image de cet individu a quelque chance de surgir dans la mémoire, tandis que des apparitions plus imposantes, mais d'une estimation simplement générique, de superbes automobiles, des hommes importants et cossus, des immeubles palatiaux se seront évanouis sans retour. Parmi les femmes qu'on aura rencontrées, s'il en revient une dans la mémoire, ce ne sera pas toujours la plus jolie, mais de nouveau une qui aura touché quelque fibre secrète de la sensibilité. Elle aura éveillé soit un résidu des sensations esthétiques, soit le souvenir d'une sensation particulière qui a une portée émotive, voire sexuelle. Le paysage même, pour produire un effet durable, devra éveiller les traces des impressions passées. Il devra paraître romantique, sentimental ou bien pénétré d'une harmonie qui mette en jeu les facultés esthétiques de l'œil. Certes, un grand spectacle de la nature comme la Jungfrau ou la chute du Rhin, frappera sans éveiller aucun souvenir, de même qu'un visage d'une beauté toute nouvelle peut se graver d'une manière immédiate, mais de telles impressions sont rares, tandis que notre conscience est peuplée d'images insignifiantes qui se montrent presque aussi tenaces grâce au renforcement précité.

Si telle est l'importance du renforcement fonctionnel dans la vie mentale à l'état de veille, s'il agit d'une manière aussi directe sur le cours de nos pensées, sur notre mémoire et notre imagination, on devine quelle doit en être l'action sur la régression sensorielle qui se produit dans le rêve. Elle doit être telle que, chez l'adulte, nous n'hésiterons pas à la placer au même rang que les facteurs affectifs. C'est-à-dire, à la thèse de Freud que le rêve présente la régression d'un désir renforcé par des souvenirs infantiles, nous substituons cette autre beaucoup plus large : *dans les cas où le rêve ne présente pas la régression d'un état affectif, il se forme aussi facilement d'images ramenées au hasard du renforcement fonctionnel.*

Chez l'adulte, les désirs ne sont pas moins vifs que chez l'enfant, mais ils se perdent dans le remous des sensations et des idées. Il en est de même pour d'autres états affectifs. Un événement peut le frapper de douleur ou d'admiration bien plus qu'un enfant, mais il réagit aussi plus fortement là contre, il raisonne beaucoup plus et son cerveau se trouve chargé d'un bien plus grand nombre d'impressions. C'est ce qui explique le fait qu'un homme qui toute la journée s'est occupé de la réalisation de son désir, disons, par exemple, de son mariage ou d'une affaire qu'il est en train de conclure, rêve la nuit de choses tout à fait futiles et incohérentes. Pour que le désir revienne dans le rêve comme chez l'enfant, il faut que la mentalité du sujet soit relativement simple. Les femmes qui sont des impulsives et s'adonnent à un intérêt momentané à l'exclusion de tous les autres, présentent souvent de ces cas-là. Il leur arrive plus souvent de rêver aux chapeaux ou aux robes qu'elles ont essayé dans la journée, qu'il n'arrive à un homme de rêver à l'œuvre qui absorbe toutes ses forces ! C'est que le désir de ce dernier n'est presque jamais simple. Il traîne après lui tout un cortège de doutes, d'obstacles, de prévisions pessimistes qui peuvent en empêcher la reproduction et donner l'avantage à une image quelconque renforcée au hasard d'un rapprochement accidentel.

La reconnaissance de ce fait : de la régression mécanique des images, indépendamment de tout facteur affectif, change naturellement beaucoup la conception générale du rêve. La recherche du désir déguisé perd, sinon toute signification, du moins la plus grande partie de son intérêt.

Qu'importe, dans un rêve aussi complexe que le dernier ou l'avant-dernier, l'intervention d'un désir plus ou moins confus ? Les éléments représentatifs de ces rêves sont à ce point autonomes qu'ils ne peuvent, certes, pas avoir cette seule et unique origine. Admettons, pour l'instant, que le rêve qui a pour sujet la représentation théâtrale à l'auberge, a quelque rapport avec le désir déjà ancien du dormeur de se libérer de sa liaison. L'arrivée dans la rue où se trouve l'auberge, les scènes qui se passent à l'intérieur tantôt dans le public, tantôt parmi les acteurs, la côte qu'il monte ensuite accompagné du vieux monsieur qui jure contre le roi d'Italie, ces images-là ne se rattachent pas au mécanisme du désir. Ce n'est pas comme dans le cas cité par Freud, où un de ses enfants, n'ayant pas pu aller jusqu'à la montagne qui était le but de leur excursion, en avait rêvé dans la nuit, ni comme il arrive aux femmes de rêver à un chapeau qu'elles avaient essayé la veille. Les images qui forment ici la plus grande partie du rêve, présentent le retour de quelques impressions renforcées par des souvenirs inconscients. Qui sait, le sujet était peut-être passé dans une rue qui ressemblait à celle où avait habité sa maîtresse? Cette rue revient deux fois dans son rêve, au commencement et à la fin. Le souvenir de sa maîtresse était naturellement associé à celui des représentations théâtrales, car elle était une femme de théâtre. L'altercation entre les gens d'en haut et ceux d'en bas a évidemment un sens symbolique. Elle évoque quelque scène qui se rapproche mystérieusement de quelque survivance du passé. A-t-elle trait à la différence dans la position sociale des deux frères ou bien, comme le pense Freud, à l'évocation des rapports lesbiens ? Nous ne saurions nous prononcer là-dessus. En tout cas l'image du fardeau qui symbolise le désir de se libérer de la liaison, ne vient qu'après tout cela et tout porte à croire que l'évocation de ce désir a été une conséquence d'évocations précédentes, et non pas la cause efficiente du rêve. Autrement dit, ce dernier se présente comme une série de régressions sensorielles dues à des renforcements psychiques et simplement nuancées de la reviviscence d'un désir.

Il en est de même pour le rêve qui commence au laboratoire de Brucke. Un certain désir s'y manifeste, peut-être, vers la fin, notamment d'affirmer sa propre existence vis-à-vis des collègues disparus, mais ce désir est plutôt un produit du rêve que le produit de ce dernier. Ce désir naît des visions précédentes du rêve. La première, la scène du laboratoire de Brucke, est le produit de quelque souvenir relatif à Fleischl. Freud avait-il vu quelque portrait de celui-ci, quelqu'un qui ressemblait à lui et qui travaillait comme lui au laboratoire? La seconde résultait évidemment des préoccupations que lui causait la santé de F. Ici nous reconnaissons nettement la reproduction d'un état affectif. La scène où ils sont assis à une petite table est quelque souvenir de café. Enfin, l'anéantissement de P., d'un effet si opposé aux sentiments de Freud à son égard, est probablement le résultat de la représentation plastique qui, parfois, dans le rêve, produit des effets si surprenants. Telles sont les scènes où on s'envole dans les airs, où on parle à des morts, etc., etc. Au bout de cette série de régressions naît un désir assez confus, qui certainement ne peut être pris pour le principal moteur de rêve.

Nous dirions la même chose de celui que Freud considère comme étant l'expression la plus claire de sa théorie, du rêve qui a pour sujet la maladie d'Irma. La réponse ironique de son ami Otto et le travail d'anamnèse qu'il avait fait ensuite, avaient probablement préparé l'apparition d'Irma dans son rêve. Celle-ci une fois parue, la scène de l'auscultation s'en suivait tout naturellement, étant une de celles qui sont les plus familières au médecin. Du reste, Freud signale lui-même les renforcements qu'elle pouvait trouver dans les souvenirs qui se rapportent à d'autres maladies. Les jugements qu'il attribue aux autres médecins représentent bien la conviction d'avoir raison vis-à-vis des autres, mais conclure de là que cette conviction se montait jusqu'à un désir et que ce dernier avait actionné tout le cours du rêve, nous paraît tout à fait injustifié.

Du reste, la logique du rêve semble trop limitée pour cela. Freud lui-même a très bien reconnu que le rêve ne reproduit jamais un fait comme possible, ni comme attendu, mais comme actuellement donné. Le désir ne peut y figurer que sous une forme déjà réalisée. C'est pourquoi nous ne saurions voir une expression directe de désir que dans les rêves relativement simples, comme ceux que nous avons signalés chez les enfants. Une succession d'images ne peut être ramenée à ce schéma.

Si on se tourne maintenant vers les traits généraux du rêve qui ont été relevés au début de cette étude, on verra que le changement introduit dans la formule de Freud n'enlève rien de leur valeur. La condensation des données psychiques, le changement de leur valeur pour l'individu et le changement de leur forme dans le sens d'une représentation plastique, loin d'être en contradiction avec le rôle que nous attribuons au renforcement des données sensorielles, y trouvent une base encore plus étendue. Les phénomènes de condensation et de représentation plastique reposent sur le principe même d'un tel renforcement. Si, dans le rêve, deux physionomies se fondent en une seule, c'est que l'une a évoqué le souvenir de l'autre et s'est trouvée renforcée par celle-là. Si une notion générale et vague comme celle d'une perversion sexuelle a trouvé son expression symbolique (p. 129), c'est qu'elle a été renforcée par un rapprochement inconscient. Quant au changement de valeur pour le sujet, il y trouve aussi sa vraie raison d'être. Il n'y a que la formation automatique du rêve qui puisse faire comprendre le relief d'un détail insignifiant, comme celui de la barbe blonde dans le second rêve de Freud.

En résumé, du point de vue de la psychologie objective l'œuvre si inégale de Freud prend une signification toute nouvelle. Les défauts qu'on peut lui reprocher : la naïveté du schéma linéaire, le parti pris de ramener tous les rêves à la régression d'un désir, et l'arbitraire d'une foule de conclusions qui en résultent dans les analyses particulières, s'effacent maintenant devant l'importance du fait capital qui a été reconnu par lui : du processus d'une régression sensorielle. Ce dernier trouve dans la psychologie objective, c'est-à-dire dans les conditions du fonctionnement des réflexes, une base physiologique qui répond à toutes les variétés du rêve. Les renforcements que reçoivent les réflexes dans chaque cerveau quelque peu développé, expliquent toutes les constellations de ce dernier. L'hypothèse accessoire du désir et les conclusions arbitraires qui s'y rattachent, tombent d'elles-mêmes, tandis que le fait d'avoir reconnu ce phénomène par les moyens de l'introspection et de l'analyse des états mentaux reste le mérite incontestable de Freud.

Voilà donc le domaine si troublant et mystérieux des rêves qui se rattache, à son tour, au mécanisme cérébral de la pensée. Là, aussi, malgré les tendances diamétralement opposées de l'étude, on trouve des indications favorables à la conception motrice des phénomènes mentaux. Ajoutons à cela, que les observations plus anciennes en date sur l'influence des facteurs physiques, tels que les sons, les odeurs, ou, d'autre part, les digestions difficiles pendant le sommeil, ne sont pas en contradiction avec le schéma objectif. Les réflexes, se reproduisant au gré des renforcements cérébraux, doivent donner prise à toutes les impulsions motrices, aussi bien externes qu'internes et semblent s'offrir par là, d'une manière particulièrement intéressante, aux efforts de la psychologie objective.

CHAPITRE V

RECHERCHES SUR LE MÉCANISME DE L'IMAGINATION

Application de la psycho-analyse à l'étude de l'imagination normale et morbide. — L'essai de Freud. — Evocation des complexus psychiques servant à compenser les insuffisances de la vie. — Les expériences de C. G. Jung. — L'analyse du délire. — Les recherches de Maeder sur deux cas de démence précoce. — Développement de ces complexus dans les états pathologiques.

L'application de la psycho-analyse à l'imagination remonte de nouveau à Freud lui-même, mais s'est particulièrement développée chez les adeptes qu'ils a faits à l'étranger, surtout en Allemagne et en Suisse. Dans ses études sur l'hystérie il avait déjà relevé le rapport entre les symptômes morbides et le jeu normal de l'imagination. Il avait constaté que l'habitude de s'adonner aux rêveries et de cultiver son imagination prédispose le névrosé aux conversions morbides. Il avait d'autre part reconnu que cette habitude est largement répandue et joue un rôle considérable dans la vie de chacun. De là à l'étudier pour elle-même, dans son essor et sa portée biologique il n'y avait qu'un pas. C'est ce que nous trouvons réalisé dans une petite étude : « Le Poète et l'Imagination[1]. »

Se demandant d'où vient chez le poète cette richesse de l'imagination qui frappe souvent le lecteur, il conclut qu'elle a sa source dans le phénomène précité de la rêverie. Ce dernier a, d'après lui, des racines très profondes dans l'organisme. Il remplace chez l'adolescent le plaisir

1. S. Freud. *Der Dichter u. das Phastasieren*. Sammlung kleiner Schriften zur Neurosenlehre, Zweite Folge, Deuticke, Wien, 1909.

que lui procuraient les jeux de l'enfance et compense les désillusions que lui apporte la vie réelle. La faculté de l'imagination ne serait donc pas quelque chose de superflu ; elle aurait un sens biologique très profond.

L'intérêt de ce rapprochement n'échappera à personne. Il est basé sur des observations très justes et explique bien des choses qui jusqu'à présent défiaient toute explication. L'auteur remarque, d'une manière très intéresssnte que « l'homme heureux » ne rêve pas. Le terme n'est, peut-être, pas tout à fait juste. Nous dirions plutôt : l'homme à peu près équilibré. Rêver est le fait de quelqu'un qui est, sinon malheureux, du moins pas satisfait. Cette notion est naturellement très relative. Un homme de condition modeste peut être parfaitement content de son sort, tandis qu'un homme riche et puissant sera tourmenté de désirs. Ce manque d'équilibre a pour conséquence de le détacher du milieu ambiant, de le faire vivre sur lui-même. *Chaque homme*, dit Freud, *a une ou plusieurs constellations d'idées sur lesquelles il peut se replier* et l'observation montre qu'il *peut les développer selon ses capacités intellectuelles.*

Chez l'homme fruste ce sera simplement quelque souvenir qu'il se plaira à ressasser, chez l'homme cultivé et actif, quelque projet où il aura placé son ambition, chez une jeune femme, quelque image sentimentale ou érotique.

Et cela, pour des raisons très variées. On le fait pour échapper à un chagrin ou une préoccupation, par simple délassement, lorsqu'un travail paraît fatigant ou ennuyeux, enfin, pour trouver un excitant dans le cours monotone de la vie. Le poète le fait de même avec des facultés d'association et de mémoire autrement plus grandes. Au lieu d'évoquer simplement l'image d'une femme désirable, il évoque différentes situations d'amour qui lui paraissent plus intéressantes que la réalité.

Cela se rapporte non seulement à la poésie lyrique, mais à toutes les œuvres d'imagination, même à celles qui ont un caractère objectif comme les épopées nationales. C'est que la satisfaction peut consister non seulement à être acteur, mais aussi à être spectateur d'une scène intéressante. Le développement du complexus psychique prend, par suite, des formes très variées. Prenons, par exemple, dit Freud, le roman feuilleton du bon vieux temps. Lorsqu'à la fin d'un chapitre je vois le héros tomber sans connaissance, perdant le sang de plusieurs blessures et, dans le chapitre suivant, je le retrouve soigné, en voie de guérison, lorsque la description d'une tempête se termine par un naufrage et, quelques pages plus loin, j'assiste au sauvetage miraculeux du héros, dans l'immunité de sa personne je reconnais l'attribut infaillible de Sa Majesté le « Moi », centre de tous nos rêves. Suivre toutes ces péripéties, c'est faire revivre en des circonstances imaginaires le complexus affectif du « moi ». Dans le roman psychologique la combinaison est tout autre. Là, le « moi » ne se trouve plus au centre de l'action. Celle-ci se déroule à l'aide de complexus secondaires vis-à-vis desquels le « moi » n'a que le rôle de spectateur. Mais des éléments partiels de « moi » s'y trouvent parfois incorporés. Autrement dit, la trame du roman est fournie par l'observation externe, mais la solution de certains conflits se fait selon l'expérience propre de l'auteur. Dans tel personnage, dans telle situation reparaît une partie de complexus personnel. Le roman descriptif, comme, par exemple, certaines œuvres de Zola, réalise, d'après Freud, le type opposé à la production « egocentrique ». L'inspiration s'y réduit à faire revivre les complexus secondaires selon le plaisir que peut y trouver un simple spectateur.

Naturellement, de nos jours, le travail de l'imagination n'est pas toujours aussi naturel que cela. Le romancier ne crée pas seulement en réponse à un besoin organique. Il produit d'une manière forcée, parce que cette production est son gagne-pain. Mais, somme toute, par l'effort de sa volonté il se place dans les conditions d'une production spontanée, il cherche à étaler les produits alambiqués de sa pensée comme s'ils répondaient à un besoin réel d'expansion.

Dans cet acte de création, indépendamment de l'utilisation des complexus secondaires, Freud croit découvrir un processus spécifique qui rapproche l'écrivain du rêveur ordinaire. Comme type de ce dernier, il prend un orphelin qu'on envoie chez quelque patron pour chercher du travail. Si l'envoyé se met à rêver, dit-il, il s'imagine certainement qu'il est déjà dans la maison, qu'on l'apprécie beaucoup, qu'on l'invite dans la famille du patron, que ce dernier a une fille ravissante, qu'il finit par l'épouser et par devenir l'associé de la maison. Cette rêverie, dit-il, a rapport, à la fois, au présent et à l'avenir. Elle part d'une donnée actuelle, la transforme sur un modèle emprunté au passé et la projette dans l'avenir. La situation actuelle vis-à-vis du patron se transforme d'après le type de ce qu'il avait chez ses parents, lui promettant dans l'avenir un foyer et une affection. Le romancier, dit Freud, agit à peu près de même. Une impression nouvelle éveille un résidu de l'expérience antérieure, la plupart des fois même infantile, et se développe sous forme d'un désir. *La psycho-analyse doit découvir ces divers éléments dans toute œuvre littéraire.*

Cette affirmation va, peut-être, un peu trop loin. Que tel soit le schéma de bon nombre d'œuvres lyriques ou de récits de courte haleine, personne ne pourra le contester. A un vrai poète, à un écrivain de race, n'importe quel objet peut inspirer une fiction où se traduira involontairement son expérience antérieure. Mais un roman ne part pas toujours d'une impression actuelle. Généralement, ce n'est pas le présent qui s'y montre évocateur du passé, mais une expérience depuis longtemps mûrie y trouve une expression nouvelle. Celle-ci peut s'étayer sur des impressions toutes récentes, comme il arrive lorsque l'auteur va voir le pays où il place son action. Le schéma de Freud est donc trop généralisé. La création littéraire, de nos jours surtout, a une marche plus variée que la rêverie, comme le montreront plus loin nos propres recherches.

L'application directe de la psycho-analyse est ici presque impossible, car elle demande beaucoup de temps et on trouverait difficilement un auteur de quelque talent qui se prêterait à des recherches de ce genre. Aussi voyons-nous que la plupart des adeptes de Freud se sont bornés à faire des recherches indirectes à l'aide de documents littéraires ou par l'étude comparée de plusieurs œuvres. Ce procédé nous a paru insuffisant et nous avons cherché à le compléter par l'interrogatoire direct des auteurs qui sans aller jusqu'à la psycho-analyse, a tout de même donné des résultats très intéressants. Mais avant d'aborder cette catégorie de recherches il importe de signaler une autre qui a permis de préciser la notion des complexus psychiques dans le sens de la psychologie objective. Nous parlons des recherches de Jung et du groupe suisse qui se rattache à la clinique psychiatrique de Zurich.

On connaît en France certains travaux de Bleuler, Bezzola, Maeder, Riklin et surtout de C.-G. Jung, mais on ne se rend pas compte de l'importance que prend ce mouvement. On ne voit pas qu'ils sont en train de projeter sur le mécanisme des troubles mentaux une lumière qui va grandement servir la cause de la psychologie objective et transformer d'autre part la base même de la psychiatrie.

Ce fait n'apparaît du reste pas encore aux promoteurs mêmes du mouvement. Ils marchent un peu à l'aveugle. Leurs efforts sont multiples et variés. Cependant, il suffit de les envisager du point de vue de la psychologie objective pour leur reconnaître le sens dont nous parlons et nous n'aurons aucune difficulté à le mettre ici en lumière. Le point de départ est marqué par les « Associations-experimente » de Jung. Rappelons en quelques mots quelle en était l'origine. Nous avons déjà dit que la psycho-analyse s'est montrée d'un emploi difficile surtout en ce que le médecin ne voyait pas à quoi la rattacher au début. On a beau dire qu'il faut laisser le malade parler librement de tout ce qui lui passe par la tête : les cas où il dit quelque chose de significatif, qui donne l'éveil au médecin, sont relativement rares. D'habitude, il commence par tâtonner, par dire des choses si éloignées et si vagues qu'il faut une sagacité particulière pour saisir le lien qui les unit. Pour obvier à ce défaut Jung avait proposé de faire faire un travail mécanique d'association, d'après un tableau fixé d'avance, en tenant compte aussi bien du contenu des réponses que du temps de ces dernières. Les réponses qui s'écartaient de la moyenne des temps de réaction du sujet, devaient provenir d'une association anormale et pouvaient servir à indiquer les « complexus affectifs » qui appelaient la psycho-analyse.

Comme moyen de diagnostic et de traitememt, ce procédé s'est montré à peine supérieur à celui de l'idéation libre. Pour obtenir un tableau d'une cinquantaine de réactions il fallait un temps et une patience considérables ; pour y faire ressortir celles qui révélaient une association anormale, et deviner le complexus auquel elles appartenaient il fallait un examen très minutieux. Du point de vue de la pratique médicale ce procédé laissait encore bien à désirer. Mais pour la théorie psychologique, pour la conception générale des phénomènes mentaux il donnait un résultat tout à fait inattendu. Il permettait de constater qu'indépendamment des influences vraiment morbides, notre idéation n'est presque jamais libre de facteurs déterminants qui guident le cours des réactions. *Chaque homme*, dit Jung, *a un ou plusieurs complexus psychiques qui se manifestent dans ses associations*[1].

Qu'entend-il sous le terme « complexus » ? Pour lui c'est quelque chose de tout à fait réel, mais ne relevant que du

1. C. G. Jung. Psychoanalyse u. Associations-experiment in *Diagn. Ass. Studien*, Bd. I, 1906, p. 260.

sens interne et échappant à toute définition objective. C'est un résidu des impressions antérieures plus ou moins nuancé de souvenirs affectifs. Du point de vue de la psychologie objective ce phénomène prend un sens beaucoup plus complet : le résidu des impressions antérieures se rattache à la modification des voies nerveuses par les réflexes précédents. Nous savons que les réflexes consolident les voies par lesquelles ils passent en raison de leur intensité sensorielle et de la fréquence de leur répétition. Il va donc de soi qu'une impression quelque peu vive qui revient dans la mémoire avec des idées associées, laisse, dans le système nerveux du cerveau, un ensemble de dispositions motrices agissant sur le cours ultérieur des réactions.

De ce point de vue on conçoit aussi bien l'existence du complexus principal du « moi », que la formation des complexus secondaires plus ou moins indépendants de celui-ci. Le premier, on le conçoit comme un résidu des sensations internes, se renouvelant par l'apport ininterrompu de la vie végétative de l'organisme. Les autres, comme des résidus plus ou moins durables de la vie sensorielle, entrant en connexion avec le premier ou se conservant à l'état isolé. C'est ceux-ci qui ont été mis en lumière par les expériences de Jung.

Une étude faite avec Riklin, a montré que des complexus de ce genre existent aussi bien chez les sujets normaux et se manifestent soit d'une manière directe, soit sous une forme déguisée[1]. Le second cas aurait lieu lorsque le sujet réprime le complexus en question ou s'efforce de le cacher aux autres. Admettons, par exemple, disent les auteurs, qu'il a un amour malheureux ou caché. S'il n'est pas assez maître de lui-même, ce sentiment se trahira dans ses associations. Si, par contre, il se possède assez, il réprimera les réponses suggérées par son état d'âme et en fera

1. Jung u. Riklin. Experimentelle Untersuchungen über Associationen Gesunder in *Jung's Diagnost. Assoc.-Studien*. Barth, Leipzig, Bd. I, 1906.

d'autres au hasard d'un détour de sa pensée. Dans un cas comme dans l'autre, ce processus doit être marqué par une prolongation des temps d'association et les résultats de leurs expériences confirment pleinement cette manière de voir.

Cela fait que l'existence des complexus psychiques admis par Freud comme noyaux de l'imagination créatrice a reçu dans le groupe de Jung une confirmation expérimentale. Mais celui-ci ne s'en est pas tenu à cela. Il a essayé de poursuivre le développement de ces complexus jusque dans les aliénations mentales et a obtenu des résultats qui constituent de nouveau une contribution très précieuse à l'étude objective de la pensée.

Dans une conférence faite à Zurich le 16 janvier 1908 et publiée sous le titre « Le contenu des psychoses » il a exprimé la conviction que les trois quarts des maladies mentales ne sont pas de nature organique, mais de nature fonctionnelle, et que pour celles-là la vraie voie de psychiatrie n'est pas une voie anatomique, mais une voie psychologique [1]. Il appuyait sa thèse sur une statistique très intéressante de l'asile cantonal de Zurich où l'on voit que sur 1.325 malades entrés au cours de quatre années, 29 p. 100 seulement se sont montrés atteints de lésions organiques, tandis que 71 p. 100 souffraient de troubles fonctionnels et, parmi ces derniers, 45 p. 100 appartenaient à la catégorie des déments précoces. Dans son étude précédente sur la démence précoce il avait déjà essayé d'établir un parallèle entre celle-ci et l'hystérie [2]. Il avait conclu que toutes les deux sont d'origine fonctionnelle, mais tandis que dans l'hystérie on trouve un complexus morbide encore susceptible de régulation, dans la démence précoce celui-ci se montre indéracinable. Le malade, même s'il revient à lui, reste mentalement affaibli et toujours menacé d'une rechute. Dans la suite de

1. C. G. Jung. *Der Inhalt der Psychose*, Deuticke, Wien, 1908.

2. C. G. Jung. *Ueber die Psychologie der Dementia praecox*, Marhold, Halle, 1907.

sa conférence il examine quelques cas de démence précoce et montre que le délire le plus extravagant y est déterminé par le développement d'un complexus psychique.

Dans un cas il s'agissait d'un archéologue étranger, esprit distingué et de grand savoir, qui au cours d'un voyage de vacances, se trouvant dans la ville universitaire où il avait fait ses études, fut pris d'un accès de démence. Il resta plusieurs semaines délirant et agressif, de sorte que les gardiens pouvaient à peine le maîtriser, puis commença à se calmer et un jour revint à lui, comme se réveillant d'un cauchemar. Il retourna chez lui, reprit ses travaux, fit même paraître plusieurs ouvrages remarquables, mais au bout de six ans, se trouvant de passage dans la même ville où l'attiraient les souvenirs de sa jeunesse, retomba de nouveau malade. Dans son délire il faisait une gymnastique violente, sautait par-dessus les meubles ou se mettait à déclamer et à chanter. Avec cela, il vantait ses muscles athlétiques et sa belle taille ou assurait avoir découvert une loi de la nature qui lui permettait de déployer une admirable voix. Il se disait un grand chanteur, un artiste unique, composant en même temps les paroles et la mélodie. Tout cela faisait tristement contraste avec la réalité, car il était petit, maigre, laid et n'était doué ni pour la musique, ni pour la parole. Puis il se calma de nouveau, resta des heures entières le regard fixé dans l'espace ou chantant à mi-voix une complainte amoureuse, et finalement recouvrit encore une fois la raison.

Profitant de la valeur intellectuelle du malade, Jung essaya de reconstituer son état mental pendant ces deux crises et obtint, à peu près, le tableau suivant. La première fois il était entré dans un rêve d'une violence extrême. Il voyait une mer de sang et de feu, l'univers rempli de cataclysmes, partout des incendies, des éruptions volcaniques, des tremblements de terre ; puis vinrent des batailles formidables, des chocs prodigieux de nations, où il luttait lui-même, supportant des fatigues et des douleurs inouïes, mais fortifié par la pensée que la femme aimée le voyait de loin. C'était la période où les gardiens avaient tant de peine à le maîtriser. Il sentait ses forces grandir, il se voyait à la tête des armées, il était vainqueur et allait recevoir le prix de la victoire des mains de l'aimée. C'est à ce moment qu'il revint à lui.

La seconde fois il ne perdit pas contact avec la réalité, mais se sentit entraîné à une activité exaspérée. Il faisait de la gymnastique pour augmenter ses forces ; puis vint le déploiement des facultés musicales et poétiques. Il se sentit un grand artiste, capable de conquérir l'aimée par son art. Puis vint une période où il se sentait sur la limite de deux mondes, ne sachant pas de quel côté était la réalité. On me disait qu'elle est mariée, raconte-t-il, mais je ne le croyais pas. Je sentais qu'elle m'attend toujours. Il me semblait qu'elle n'était pas mariée et que je pouvais encore réussir. Finalement la sensation de la réalité avait pris le dessus et la porte du rêve s'était fermée, mais, ajoute Jung, le malade avait gardé une expression de stupeur et la conscience de quelque chose d'obscur qui semblait river sa pensée [1].

Ces deux états rapprochés l'un de l'autre révèlent une systématisation très précise. Dans sa jeunesse le malade avait connu une étudiante et était tombé amoureux d'elle, mais sa timidité naturelle, augmentée par le bégayement, l'avait empêché de se déclarer. Du reste, il était pauvre et ne pouvait lui offrir que des espérances. Ses études terminées, elle partit, sans en avoir rien su et lui se plongea, avec acharnement, dans le travail. Il voulait travailler pour elle, gardant son image dans son cœur. Mais un jour il apprit qu'elle était mariée. Au cours du voyage de vacances, devant passer par la ville qu'elle habitait, il avait cru l'apercevoir dans un jardin avec un petit enfant sur les bras. Là-dessus il se retrouva dans la ville où ils s'étaient connus, sentit remonter tous les souvenirs et en même temps

1. Jung. *Der Inhalt der Psychose*, p. 16.

les complexus affectifs qu'il avait si longtemps réprimés par l'étude : le désir de lutter, de surmonter tous les obstacles pour la conquérir et aussi celui d'être fort, séduisant et éloquent. *Ces complexus, on les retrouve dans le contenu de son délire.*

Le cas que nous venons d'exposer, est un beau cas de démence, car outre que le malade, ayant retrouvé la raison, nous aide à déchiffrer son délire, ce dernier se trouve enrichi de son érudition et prend une forme presque artistique. Tel est du moins le caractère de la première crise remplie de luttes homériques. Généralement, il n'en est pas ainsi. La plupart des malades ne reviennent pas à la raison et leur délire reste très difficile à déchiffrer. Ils le masquent d'un mutisme absolu ou le déchargent en un flot de paroles où il est très difficile de saisir le sens.

Malgré cela Jung affirme que si on rapporte leurs paroles et leurs gestes aux circonstances qui ont amené leur internement, on y découvre un complexus psychique, se répétant comme une histoire qui les aurait fascinés pour le reste de leur vie. Une malade internée depuis trente-cinq ans à l'asile de Zurich ne sortait presque jamais de son lit, où elle restait assise la tête un peu penchée en avant, le dos courbé, les genoux ramassés, faisant avec les mains un drôle de mouvement. Le pouce et les doigts de la main droite étaient rapprochés comme pour tenir une aiguille et le mouvement ressemblait à celui qu'on fait en tirant un fil. Personne à l'asile ne se rappelait l'avoir vue dans une autre position. On disait seulement que jadis les mouvements qu'elle faisait étaient plus larges et plus rapides, ce qui faisait dire aux gens qu'elle « brossait des chaussures ». De son vivant Jung ne put obtenir aucune autre indication, mais à sa mort il vit arriver son frère âgé de quatre-vingts ans, qui lui raconta qu'elle était tombée malade à la suite d'une histoire d'amour. Et qui était l'amoureux? demanda Jung. « C'était un *cordonnier* », fut la réponse. Il en conclut que la pauvre fille avait vécu trente-cinq ans sur le même complexus qui l'avait totalement retranchée du monde réel. Dans un autre cas les indices n'étaient que trop nombreux, mais, sans le concours de l'analyse, ne présentaient aucun sens. La malade avait été couturière. Sa sœur unique avait glissé assez tôt dans la prostitution, tandis qu'elle-même avait mené jusqu'à l'âge de trente-neuf ans une vie laborieuse et retirée. Puis tout d'un coup elle fut prise d'idées délirantes et d'hallucinations qui la plongèrent bien vite dans un état de confusion mentale. Elle se plaignait, par exemple, que « la nuit on lui arrachait la moelle épinière » ; que « les douleurs dans le dos étaient produites par des substances qui traversent les murs et se trouvent douées d'une force magnétique » ; que « ses souffrances étaient un monopole, n'étant ni dans le corps, ni dans l'air qui flotte autour ». A côté de cela, elle semblait prise de la folie des grandeurs, s'appliquant les épithètes les plus extravagantes. Elle s'appelait « reine des orphelins », « monopole des banknotes », « propriétaire de l'asile de Burghölzli » ou bien Socrate, Marie Stuart, Loreley; elle disait : « Naples et moi devons pourvoir l'univers avec les nouilles », ou bien « Je suis l'arche de Noé, la planche de salut et l'estime du monde. » Ce motif variait à l'infini, elle disait : « Je suis la Suisse, je suis la clef principale, je suis la Cloche de Schiller », etc., etc. Malgré toute l'extravagance de ce verbiage on y voit apparaître deux complexus : le complexus de la souffrance physique et celui de la grandeur morale. Comme couturière elle devait bien avoir des courbatures dans le dos ; comme femme confinée dans une vie modeste et retirée, elle devait croire qu'elle n'est pas appréciée à sa juste valeur. Ces deux complexus s'expriment dans son délire avec toutes les associations que pouvait lui fournir sa mémoire. Socrate était un sage, un grand savant; on l'avait calomnié et enfermé contre toute justice. Elle est une grande couturière; on la méconnaît comme lui et la fait injustement enfermer ; c'est pourquoi elle est Socrate. « La cloche » de

Schiller est la meilleure œuvre du maître; elle est la femme qui travaille le mieux ; c'est pourquoi elle est « La Cloche » de Schiller. La chanson de la Loreley commence par ces mots : « Je ne sais pas ce que cela veut dire ». Elle ne sait pas pourquoi on la fait enfermer ; c'est pourquoi elle est la Loreley.

Quelque rapide que soit cet exposé, il ne manque pas d'être instructif. Il montre quelle richesse de formes ce processus peut atteindre. Qu'on pense seulement que tout cela se produit dans le cerveau d'une simple couturière ! Elle utilise les souvenirs les plus fugitifs, les associations les plus éloignées pour fortifier son complexus. La Suisse est libre; donc elle est la Suisse. Le monopole des banknotes est source de la plus grande richesse ; donc elle est le monopole. Elle a perdu ses parents très jeune; donc, elle est la reine des orphelins. Et l'image consolatrice prend une plasticité extraordinaire. Elle ajoute comme « monopole des banknotes » et « comme reine des orphelins » : « Chez moi les parents sont bien vêtus ; ma mère si éprouvée, si riche en misères, je la vois assise à ma table et ma table est couverte de tout en profusion[1] ».

Jung conclut d'une manière très intéressante que, dans la démence précoce, le fonctionnement du cerveau se trouve faussé par la prédominance des complexus morbides qui le font travailler sans relâche sur les mêmes impulsions.

Des recherches encore plus précises dans le même ordre d'idées ont été faites par Maeder[1]. Celui-ci expose deux cas de démence précoce étudiés non seulement par les moyens de la psycho-analyse, mais aussi à l'aide des expériences d'associations préconisées par Jung. Les résultats obtenus par lui ne sont guère simples, mais semblent con-

1. Jung, *ibid.*. p. 23.

2. Maeder. Psychologische Untersuchungen an Dementia-praecox Kranken, *Jahrb. f. psycho-analyt. u. psycho-path. Forschungen*, Bd. I, Wien, 1910.

tenir de si grandes promesses pour l'avenir que nous croyons nécessaire de les reproduire en détail.

Dans le premier cas le malade était chef comptable d'une maison de commerce. Né en 1869 d'une famille de tisserands sans indices d'une hérédité quelque peu chargée, il avait très bien appris et s'est fait par la suite une assez bonne situation. Simple tisserand au début, il prit part à la fondation d'une coopérative de consommateurs, en devint secrétaire et passa ensuite dans la comptabilité d'une maison de commerce. Le chef qu'il avait là-bas, spéculait et commit un détournement de fonds. En 1897 il fut nommé à sa place. Cette élévation lui causa pas mal de soucis, mais somme toute, il se montra à la hauteur de son poste. Membre du conseil de la commune, des sociétés de gymnastique et de tir, il était généralement aimé et considéré.

En 1900 il commença à se montrer surmené et à se renfermer en lui-même. Un an plus tard, il y eut un vol avec effraction dans son bureau. On vola 1.800 francs dans la caisse. Il s'inquiéta beaucoup, craignant qu'on ne le soupçonnât d'y avoir participé. Le soir il inspectait tout l'appartement pour voir si on n'avait pas introduit chez lui la somme volée. Il devint indifférent à la vie politique et sociale, irrégulier dans son travail et se plaignit beaucoup de maux de tête.

En été il fit une cure de repos à Churwalden et en octobre de la même année se rendit sur le conseil du médecin à Lugano. Là il se fit remarquer par quelques excentricités, dépensant pas mal d'argent et parlant d'acheter une villa qui n'était pas en rapport avec ses moyens.

A son retour les excentricités s'aggravèrent. Il passa plusieurs nuits dans un hôtel très cher. Il fit remplacer les pierres tombales de ses parents par d'autres, d'un prix exagéré. Il devint très étrange vis-à-vis de sa famille. Sa femme qui avait été une simple ouvrière et qu'il avait épousée par amour, lui devint tout d'un coup insupportable. Il parla de séparation « sur un ordre supérieur ».

En mars 1902 il écrivit à la reine Wilhelmine de Hollande pour lui demander une place. Ce fut le commencement de son délire. Interné à l'asile de Zurich avec mention de paralysie générale, il manifesta des idées de grandeur disant qu'il était l'époux morganatique de la reine et, d'autre part, qu'il appartenait à la famille d'Orléans. Il disait aussi qu'il était fils de Napoléon Ier et que sa femme appartenait à la maison royale de Belgique. Il avait des illusions sensorielles, croyant entendre des voix de femmes et sentir la présence physique de la reine Wilhelmine. Mais comme, sauf sur ce point, son raisonnement était juste et comme il se montrait parfaitement orienté dans l'espace et le temps, on ne crut pas devoir le garder et il fut remis aux siens avec mention d'une démence précoce (juillet 1909). A la maison il resta inoccupé, la plupart du temps dans sa chambre avec les volets fermés. En mars 1903 il commença à se plaindre qu'on voulait l'empoisonner. Il devint grossier et violent envers sa femme, disant qu'elle avait une liaison, qu'elle avait eu un accouchement clandestin et qu'il voulait demander le divorce. En juillet 1903 la famille obtint un second internement.

Le diagnostic portait de nouveau paralysie générale. Sauf la différence pupillaire, le malade n'avait aucun symptôme physique. Par contre, les idées de grandeur et de persécution se développaient d'une manière extraordinaire, comme on le verra plus loin. Le malade ne voulait pas travailler. Il restait des heures entières près de la fenêtre, parlant de ses enfants qu'il jugeait persécutés comme lui, et des médecins qui, d'après lui, formaient une bande noire (« eine Feme »). Puis vinrent des imaginations judiciaires. Il disait avoir trouvé, dans le bureau du médecin en chef, un tribunal qui l'avait jugé. Le directeur de l'asile avait mené l'instruction. Une autre fois c'était un jury qui l'avait condamné pour homosexualité. En janvier 1904 il affirma avoir vu une réunion des médecins du canton, qui auraient jugé le Dr W... et l'auraient exclu de l'asile.

Il aurait également entendu que son fils devait être fusillé.

En janvier 1905 il revient aux idées d'empoisonnement. Il se plaint qu'on lui injecte différents poisons; que les injections de chloridine doivent lui faire perdre « l'éclat de ses yeux » qui est un signe de la race supérieure à laquelle il appartient. Il désigne cette race sous le nom de « gens ulpia ». Il affirme qu'on veut lui tirer dans les yeux et pour se préserver là-contre, cache sa tête sous les couvertures. Sous l'empire de ces idées il devient de plus en plus violent. On le transfère dans la section des agités et le met quelquefois en cellule.

Par la suite l'agitation baisse. On arrive à le sortir et faire travailler dans les champs. En janvier 1908 il travaille huit heures par jour. Il devient de nouveau plus accessible aux médecins. Mais le délire ne diminue point. Dans les moments de repos il reste debout dans un coin, la casquette enfoncée sur les yeux. Il parle de la manière accoutumée, rit ou fait une gymnastique particulière. Cet état est noté à l'asile comme étant la forme paranoïde de la démence.

Tel est le tableau général de la maladie. A le juger superficiellement, on n'y verrait qu'incohérence et confusion. A ne tenir compte que des lambeaux de pensées qui échappent au malade on ne saisirait aucun lien logique. Maeder ne s'en est pas tenu là. Il a fait parler le malade longuement et librement, comme on le fait dans les expériences de psychoanalyse; il lui a fait faire des expériences d'association d'après la méthode de Jung; et il a constaté, au sein de ce délire, un développement remarquablement riche et cohérent de certains complexus psychiques.

Ces complexus, il les voit au nombre de deux : le complexus de la sensualité et le complexus de la descendance. Division purement conventionnelle, car, nous le verrons plus loin, ils ne sont pas strictement délimités. Se développant parallèlement l'un à l'autre et se compliquant des mêmes idées de persécution, ils arrivent souvent à se mêler, mais, au point de vue de l'origine, restent tout de même distincts et justifient la division proposée. Voici la succession des images délirantes, comme elle a été établie par l'auteur avec une patience remarquable. On y reconnaîtra des associations et des développements logiques qui se rapprochent tout à fait du travail de l'imagination créatrice.

I. *Complexus de la sexualité.* — « Les brunes sont difficiles à rassasier, dit-il en parlant de sa femme ; elles ont un tempérament très chaud. » C'est pourquoi il doit épouser une autre, une femme blonde (premier indice de l'impotence, dit Maeder), Comme forme transitive de cette aversion, il exprime l'idée que, du reste, elle l'avait trompé et s'était fait clandestinement avorter. Comme confirmation de la crainte de l'impotence, on trouve une incertitude bien curieuse sur le nombre de ses enfants. Il dit parfois cinq, parfois, toute une masse ; il assure avoir eu chaque fois des jumeaux et il n'en avait que trois. Puis il passe aux affirmations directes, disant qu'on « veut le ruiner, le rendre totalement impotent ». Il serait en butte à des persécutions sexuelles, à des tentatives d'empoisonnement par injection de poisons dans les yeux, dans l'abdomen et même dans l'anus ; ce poison aurait pour effet de détruire l' « admirable éclat » de ses yeux et, en même temps, d'épuiser ses glandes sexuelles. Des libertins, hommes et femmes, se glisseraient la nuit en cachette pour abuser de lui ; on trouverait dans sa semence les traces du poison vert. Certains de ces attentats ont, comme on le voit, un caractère vraiment homosexuel. Il convient du reste tout de suite que ses ennemis l'ont bien tâté de ce côté-là. A l'époque où il était encore à la maison et se trouvait couché dans son lit, des libertins avaient produit chez lui une érection et avaient induit sa femme à pousser un de ses garçons dans son lit. Plus tard ils ont fait courir le bruit que ses enfants avaient des éruptions syphilitiques aux yeux et à l'anus, parce qu'il en avait abusé. A l'asile même on avait fait d'autres tentatives. On avait fait entrer des hommes nus dans la chambre où il prenait son bain. On voulait voir si son membre devenait raide, mais c'est plutôt le contraire qui se produisit. D'autre part, l'idée de l'empoisonnement prend un développement particulier. On le trouve s'administrant des lavements acharnés dans les yeux : avec de l'eau simple, du lait et même de la limonade. Il les frotte au point d'avoir une conjonctivite. Il réclame aussi chaque jour le bain et se frotte énergiquement avec du savon pour « faire partir les substances vertes ». Parfois il se met à boire de l'eau par litres et se laisse aller à onaniser, dans le même but d'élimination. Et, malgré cela il voit partout du vert : dans ses urines, dans sa semence, même dans l'air autour de lui. Lorsqu'il regarde dans un tube formé par la main, il croit voir des « rayons verts » qui sortent de ses yeux ! Son corps en est infecté, surtout le côté gauche. Du reste, ce n'est pas étonnant, on lui injecte le poison de mille manières. Il aurait même vu un surveillant apporter la bouteille verte dans la section. Ses ennemis se servent pour cela de toutes sortes d'instruments : de couteaux, de poignards, d'épingles, de revolvers, etc. Ils visent les yeux, l'abdomen et surtout l'anus. Il sent quelquefois comme un serpent ou un ver dans l'anus et ces supplices se terminent par des pollutions.

L'empoisonnement a pour but de le rendre impotent, ce qui serait un grand malheur non seulement pour lui, mais pour toute l'humanité. Toute la virilité de l'univers périrait avec lui. On remarque déjà que la natalité diminue en France, que les vignes produisent moins, surtout de vin rouge qui, pour lui, est spécifiquement viril. C'est que la puissance créatrice émane de son corps à lui. Ses yeux sont comme deux pôles magnétiques, ils dardent des rayons fertiles qui sont en même temps des rayons d'amour. Bien des femmes en ont été atteintes, surtout les blondes; entre autres, aussi, la reine de Hollande. Ces rayons agissent également sur les hommes, stimulant chez eux la production de la semence. Plus encore : toute la nature subit son action. La terre qui le porte, attire le soleil : on en voit la preuve dans le fait que les Alpes n'ont de la neige qu'aux sommets, c'est-à-dire là où elles sont plus éloignées de lui. Les phénomènes cosmiques : les éruptions, les cyclones, les inondations dépendent étroitement de l'état de son corps.

Ces rapports il les voit partout. A l'âge de quinze ans il avait reçu une boule de neige dans l'œil droit et vers la même époque s'étaient produites en Europe de violentes inondations : c'était une conséquence du « torrent de larmes » qu'il avait versé. Dernièrement le dirigeable de Zeppelin a péri pendant le raid de Mayence : c'était la suite d'un attentat dirigé contre son fils Jean. Pleut-il, le matin ? C'est le résultat des injections qu'on lui a faites, la nuit, dans les yeux. Il se considère positivement comme une puissance cosmique, qui anime et fertilise tout. Il dit, par exmple, que les horloges de tout l'univers marquent les battements de son cœur.

La puissance cosmique n'appartient, du reste, pas à lui seul, mais à toute sa race qu'il appelle « Urgens » ou « Gens Ulpia ». Celle-ci comprend sa mère, quelques-unes de ses filles et quelques autres femmes, par exemple la reine Wilhelmine (évidemment les femmes blondes avec des yeux bleus). Quant à lui-même il est le représentant mâle de cette race. En lui s'incarne toute la virilité.

II. *Complexus de la descendance.* — De même que le premier complexus se développe à la suite des querelles avec sa femme, le second se rattache au choc produit par l'effraction dans son bureau. Dès cette époque il commença à voir partout des ennemis. Interrogé à ce sujet, il répond que ces derniers forment deux groupes : les rouges et les noirs. Les premiers, ce sont les « capitalistes » et les « spéculateurs », « insatiables dans le manger et dans le commerce sexuel ». Rappelons, pour expliquer cette animosité, que le malade lui-même avait été un membre actif du parti socialiste et secrétaire d'une coopérative. Les seconds, ce sont les « jésuites » et les conservateurs, avares, envieux et ne se permettant pas même de manger. Là-dessus il arrive tout de suite à parler de son père et de sa femme qu'il confond dans une même antipathie. « Ils sont bruns, ils ont des yeux noirs, ils sont avares, envieux et phtisiques », dit-il avec emportement. Lui-même, comme sa mère et comme les enfants « de sa race », est blond avec des yeux bleus. Il en conclut que son père n'était qu'un père adoptif et y rattache les idées les plus fantastiques sur sa véritable origine.

Sa mère, née *Kündig*, n'est personne autre que la reine Anna (*Königin* Anna). Son père était le roi Louis-Philippe d'Orléans. Il est un descendant des Bourbons-Bonaparte-Orléans. « La preuve en est que son grand-père maternel avait rapporté de Paris une épée de noblesse. » Il était membre de la famille régnante, mais on n'osait pas le dire à cause des persécutions. Sa famille porte aussi le nom de Saint-Jean. Elle se rattache à la famille d'Orléans par Jeanne d'Arc. L'ancêtre de toute sa race était l'archange Gabriel qui habitait l'Himalaya. S'étant transporté au Caucase, il y est apparu sous les traits de Prométhée ; puis il est allé en Grèce où il a engendré Zeus et Apollon, en Palestine où naquit Saint Jean-Baptiste qui était le vrai mari de la Sainte Vierge et le père de Jésus ; continuant plus loin vers l'ouest il est venu en France (les Orléans), en Angleterre (« le pays des anges »), etc. La bande noire tire son origine de Kaïn, tandis que le premier blond, le premier « Saint-Jean » était Abel. Parmi ses enfants ceux qui ressemblent à sa femme et ont des cheveux noirs, ne sont pas de lui. Il ne reconnaît que le dernier, Jean, qui est un blond et qui a, dans les yeux, l' « éclat merveilleux de sa race ». C'est le signe de la « gens ulpia ». Les rayons qui en émanent, ont une puissance cosmique, ils fertilisent l'univers, etc., etc. Ici nous retombons dans les développements du premier complexus. Le tableau ainsi présenté est évidemment incomplet. La pensée d'un dément est plus riche en déviations de toutes sortes et plus enchevêtrée. Mais le fait qu'on pourrait y découvrir une succession d'idées comme celle-ci est déjà très significatif. Elle révèle un travail soutenu et systématique du cerveau sur une impulsion qui devient fixe et qui semble un contre-coup de la réalité. Le complexus sexuel se développe comme un moyen d'échapper à la crainte de l'impotence, le complexus de la descendance, comme un moyen de se consoler des insuccès professionnels.

Si on se tourne maintenant vers le tableau des associations annexé à cette analyse, on y verra, parmi les réponses indifférentes, quelques-unes qui révèlent l'action des deux complexus. Nous avons déjà dit que celles-ci sont généralement marquées par une prolongation de temps de réaction. Outre cela l'auteur s'est servi d'un moyen de contrôle qui consiste à répéter l'expérience : la reproduction est généralement marquée dans ces cas-là par une erreur ou une altération de la réponse.

La moyenne des temps de réaction était de 14/5es de seconde. Les associations normales se faisaient sur le type suivant :

EXCITANT VERBAL	RÉPONSE	TEMPS EN CINQUIÈMES DE SECONDE	REPRODUCTION
tête	cou	11	cou
long	court	6	court
payer	dettes	11	dettes

A côté de cela il y en a d'autres qui ressortent d'une manière très nette.

vert	bleu	12	*jaune, peindre*

Le temps est normal, mais la reproduction est marquée par une erreur qui s'explique, du reste, facilement lorsqu'on pense au rôle que jouent les couleurs.

EXCITANT VERBAL	RÉPONSE	TEMPS EN CINQUIÈMES DE SECONDE	REPRODUCTION
eau	feu	17	« porter », puis se reprenant : « flic ». Etre comme eau et feu quand on est *ennemi*.

EXCITANT VERBAL	RÉPONSE	TEMPS EN CINQUIÈMES DE SECONDE	REPRODUCTION
tige	grossir	17	« *Bâton de sucre* » puis, avec un sourire: « *verge* ».
épingle	piquer	27	piquer.
riche	être ou faire	25	*devenir* (rapport aux idées de grandeur).
mépriser	avec un mouvement d'inquiétude dans les mains : personne		« *seulement les ennemis* ».
usage	mœurs	24	« *tout ce qu'on peut faire à quelqu'un* » (rapport aux attentats sexuels).
piquer	répète la question, puis : oui, avec le machin ! éviter	88	éviter.

En eux-mêmes ces résultats ne sont pas très marquants, mais comme complément de la psycho-analyse, ils présentent un intérêt incontestable. Ils prouvent que les complexus révélés par la psycho-analyse ne sont pas un produit de celle-ci, mais quelque chose d'inhérent au cerveau, même lorsque la pensée est dirigée dans un tout autre sens.

Dans le second cas l'état mental était encore plus confus.

Le malade était un serrurier de Zurich avec une hérédité très chargée. Son grand-père maternel avait été un « original », sa mère avait passé huit années dans un asile. Ses oncles étaient des névropathes, son frère et sa sœur se sentaient « une vocation supérieure ».

Lui-même avait rapidement appris à parler et marcher, mais dès l'école primaire avait manifesté une certaine débilité qui le força d'abandonner les études et entrer comme apprenti chez un jardinier. Un an plus tard il changea de métier et entra chez un serrurier. A cet âge il se montrait déjà bien irritable, se querellait tout le temps et allait jusqu'à battre sa belle-mère.

A l'âge de 19 ans, en 1888, il voulut voyager. Il traversa la Suisse, l'Allemagne du Sud, essaya de se rendre avec 25 francs à Paris, mais ne dépassa pas même la frontière et finalement rentra à la maison. Il ne s'était plu nulle part, se montrant incapable d'entreprendre quelque chose pour son propre compte et se querellant partout avec les patrons.

Ensuite il resta près de deux ans à la maison aidant à l'un ou à l'autre, mais on s'aperçut peu à peu qu'il avait l'esprit dérangé. Il avait des colères incoercibles, jetant le couteau ou la fourchette au visage des proches, se livrait à la boisson, se mettait dans cet état à gesticuler et à parler d'une manière absurde. Il réclamait l'argent que « sa mère lui aurait laissé », disait que « la maison ne pouvait pas marcher sans lui » et qu'il devait épouser une femme riche « avec une maladie de cœur ». Il affirmait que Dieu le lui avait annoncé un vendredi saint, mais que les hommes avaient formé contre lui une alliance.

Le 23 mars 1895 il fut interné à l'asile avec mention de démence paronoïde.

La psycho-analyse révèle ici un tout autre tableau. Invité à parler, le malade commence par déclarer qu'il avait des aspirations supérieures vers la culture et la poésie, qu'il regrettait d'avoir choisi le métier de serrurier et aurait mieux aimé être paysan. Depuis quelque temps il avait réfléchi là-dessus et s'était fait un plan, mais ses projets étaient contrariés par des voix qui le narguaient, l'agaçaient, lui faisaient sentir des coups d'épingles et des pinçons. Ces voix qui depuis neuf mois résonnent à son oreille, claires comme des voix d'enfants, c'est l' « alliance de ses ennemis ». Ce sont des nobles, des capitalistes, des gens qui habitent rue de la Gare. Il croit les avoir aperçus lorsqu'ils s'introduisaient la nuit dans sa chambre; il avait même allumé une lumière, mais tout était déjà disparu.

A cette première série de plaintes s'ajoutent d'autres, sur son état de santé. Il dit que Satan lui a enlevé les « organes conducteurs » et les a remplacés par les siens. Ceux-ci sont galvanisés et produisent des courants dans tout son corps. Le sang circule plus vite et devient plus chaud ; partout il sent des morsures, des piqûres et des chatouillements. « Satan m'agace profondément ou bien de manière à me faire rire, dit-il dans un langage beaucoup plus incohérent que chez le premier malade ; il ne veut pas être poli avec ma petite excellence de Jérémie. » D'autre fois il se plaint qu'on lui a enlevé quelque chose dans la tête. D'après lui, c'est un nerf qu'il désigne sous le nom de « Konfessivnerv » et qui a pour fonction de « régler les besoins de la vie journalière ». Il en résulte des troubles de circulation, de pression et aussi de la faculté de compter. Pour y remédier il faudrait le remplacer par un organe nouveau, en le prenant dans « la boîte de l'optique des positions ». L'optique est pour lui le symbole de la science, de la justice et du pouvoir supérieur. Elle est entre les mains du Juste et d'une compagnie de sages qui sont des médecins.

En opposition à l' « optique » nous voyons se préciser la notion de ses ennemis. C'est d'abord Satan lui-même, qui est fait d'une autre chair que nous et possède une puissance galvanique et magnétique. Il saute après lui, pince, tire la « clochette » et veut prendre le « machin » dans sa main (allusions sexuelles). Ensuite ce sont des diablesses qui portent « la partie honteuse » sur le côté ; ce sont aussi tous les envieux qui ne peuvent supporter sa supériorité. Il est appelé à quelque chose de supérieur, à être « Emmanuel, Tsar et Napoléon de France ». Ils ne peuvent pas l'admettre et ont formé une alliance contre lui, l'alliance des « nobles » contre un homme issu du peuple. D'autre fois, ce ne sont pas les nobles, mais les forts, les athlètes, les hommes qui ont les manches retroussées, jeunes, frais et beaux. Ils le piquent et l'égratignent avec de petits couteaux pour n'avoir pas voulu les servir « dans les temps d'agitation ».

Nous avons déjà dit que le malade était de condition très simple. Son père avait été maître d'école, sa bellemère tenait un petit restaurant anti-alcoolique. Ajoutons maintenant qu'il était petit, chétif et très laid. C'était plus que suffisant pour expliquer le développement du complexus de persécution. Maintenant, comme contre-coup de celui-ci, nous trouvons un complexus encore plus riche d'idées de grandeur. Le malade se dit prince de la maison de Gappeli, possédant plusieurs résidences en France, en Italie et en Russie. Il affirme avoir eu d'autres dignités également élevées, des dignités princières et royales; avoir été « Emmanuel, Tsar et Napoléon de France ». D'autre part, comme cela se produit souvent dans les psychoses, il se dit en même temps « juge de paix, membre du grand Conseil, du Conseil Fédéral, ou officier de génie de la 8e division ». Puis, sautant d'un domaine de faits dans un autre, il se nomme « fils du Seigneur », « Privat-docent » ou « Bankdoctor ». A les voir de plus près, chacun de ces termes a sa raison d'être. Prenons, par exemple, les derniers qui semblent les plus bizarres. Le terme « Privat-docent » peut être complété par des nombreuses allusions à l'école, à la science et aux personnages savants, qui se rencontrent dans ses discours. Si on pense qu'il était fils et frère d'un maître d'école, on comprend l'importance qu'il devait y attribuer et la raison pourquoi « Privat-docent » pouvait venir à la suite de « Prince » et de « fils du Seigneur ». Le titre « Bankdoctor » comprend, à la fois, un élément de science et un élément de richesse. Il dit que cela signifie : un homme de la finance, « ein divisiver Herr ». « Je possède l'affaire du Grand-Winterthur, les fabriques qui sont là-bas, toutes les grandes affaires passent par moi », ajoute-t-il à titre d'explication. Les autres termes présentent ce qu'il voyait de plus brillant autour de lui. Enfin, la grandeur sexuelle ne lui fait pas, non plus, défaut. « Ma femme est reine d'Italie, dit-il en substance ; elle est jeune et belle ; du reste j'en ai encore d'autres, des Italiennes, des Suissesses et des Françaises. Dans chacun de ces États j'ai une dame de cœur ; ce sont des personnes de qualité, « telles que les maîtresses d'école et des gouvernantes d'Excellences ». Enfin, comme dernier complexus, nous trouvons une anatomie *sui generis*, construite avec les données de la serrurerie et se projetant au dehors, en un système cosmique. Nous avons déjà vu, dans les plaintes sur son état de santé, que certaines notions étaient chez lui empruntées à la mécanique. Il parlait notamment d'organes conducteurs qui étaient « galvanisés ». A le suivre dans cette voie, on découvre toute une anatomie qu'il s'était faite avec ses connaissances professionnelles. L'appareil circulatoire et l'appareil nerveux se présentaient à lui comme des systèmes de tuyaux complétés de leviers, de transmissions et autres rouages du même genre. Outre cela il admettait l'existence de certains nerfs dotés de fonctions toutes spéciales. Dans le cerveau il plaçait un « nerf scieur » (« Sägenerf ») ayant pour objet de « trancher les difficultés en les départageant ». Les « stellina » étaient, d'après lui, des nerfs et des veines assurant la conduction du sang « de l'intelligence et du calcul ». Ce dernier s'appelait aussi « sang du savoir » et s'opposait au « sang de la force » qui assurait les fonctions physiques de l'organisme. Le « Konfessivnerv » avait pour fonction, comme nous l'avons déjà vu, de « régler les besoins de la vie journalière ». Le nerf « de l'examen du sang » (« Blutexaminiernerv ») réglait la distillation de celui-ci et assurait le « cours normal » de la circulation. L' « Olgenerv » était sensé prévenir les suppurations et l'effet du frottement aux jointures, comme le fait l'huile dans la machine.

Sitôt qu'un organe était usé, il fallait le dévisser et le remplacer par un autre. Au dire du malade, la tête tout entière et jusqu'à la moitié du corps pouvaient être remplacés. Les parties de rechange se conservaient dans la fameuse boîte « de l'optique de positions ». Il y en avait 8.000, quelques-unes « spécialement pour le dimanche ». L'art du médecin consistait avant tout à choisir les parties appropriées. La maladie était d'habitude l'effet de quelque erreur :

si on mettait deux robinets ou deux leviers au lieu d'un seul, cela retentissait sur la circulation ; le tirage devenait trop fort ; c'est ainsi qu'il avait eu lui-même un affaiblissement de la tête.

Mais ceci n'était pas encore tout. Comme encouragé par ces constructions logiques, le malade les projetait tout à coup dans l'univers tout entier. A cette boîte d'organes de rechange il donnait un pendant dans le « réservoir du sang » qu'il croyait être au ciel. Des tuyaux invisibles devaient le rattacher à l'humanité, communiquant à cette dernière la force et la santé. Comme preuve de ce qu'il disait, il indiquait les conduites de gaz et d'eau qu'on voyait dans sa section, ajoutant que dans la cave on en trouvait encore plus et que c'était « l'œuvre de la vie ».

D'autre part, rattachant son propre corps au reste de l'univers, il affirmait ressentir tout dommage qui est causé à cette œuvre. Avait-il des douleurs nerveuses, c'est qu'on avait gratté les tuyaux, avait-il des maux d'estomac, c'est qu'on les avait changés de place, embrouillés, etc,, etc.

La psycho-analyse était d'autant plus difficile que le malade s'était forgé une langue à lui et ne parlait, comme tout le monde, que de choses tout à fait indifférentes. Dès qu'un complexus morbide intervenait dans sa pensée, les néologismes la rendaient tout à fait incompréhensible. L'auteur n'est arrivé à la déchiffrer qu'après une étude systématique qui avait duré plus de dix-huit mois. Il conclut qu'elle a un caractère bien prononcé de mégalomanie : elle est emphatique, prétentieuse, et tire toujours soit sur le français, soit sur le langage savant. Du reste, le malade la désigne lui-même comme « langue des Excellences ».

Nous n'entrerons pas dans l'examen de ce vocabulaire qui nous entraînerait trop loin. Disons seulement que l'exégèse s'est montrée d'autant plus fertile qu'à travers le charabia des réponses on a reconnu non seulement le développement de certains complexus, cohérents et systématiques, mais encore des raisonnements adaptés à la réalité.

Certaines fables racontées au malade ont été résumées par lui d'une manière tout à fait correcte. Les images qu'on lui montrait, ont été commentées d'une manière très intéressante, parfois a des trouvailles d'imagination. Ainsi, par exemple, une reproduction du « Jeu des vagues » de Bocklin a été commentée en termes suivants : « Une *sybille* de la mer et des poissons d'*optique* (c'est-à-dire d'une espèce noble). Ils ont jadis vécu, ces êtres-là, mais ils n'étaient pas purs, ni sains dans leurs corps, ni dans leur figure ; ils ont péché et sont devenus noirs. Ils nagent comme des poissons. L'image est gaie et, aussi, imposante. Des êtres comme cela ne pouvaient pas bien vivre sur la terre ; ils devaient avoir toutes sortes d'épidémies, la petite vérole, la syphilis... L'homme est décoré avec des fleurs... C'est *une image de l'époque romantique*, *une partie de natation*, *une conversation avec des plaisanteries*. » Un tableau symbolique, représentant une femme assise sur le globe terrestre, une harpe dans les mains, a été décrit de la manière suivante : « C'est un globe, un symbole, une personne féminine dessus ; elle joue de la harpe ; c'est un signe de gaieté, une saison de l'année, peut-être un changement de saison. »

Ceci amène la conclusion principale de l'auteur notamment que *l'affaiblissement mental n'est pas aussi profond chez ces malades que pourrait le faire croire un examen superficiel*. L'essor de la pensée, loin d'être affaibli, y est même renforcé, mais *il n'est plus contrôlé par le contact avec le monde réel*. C'est un moteur qui marche dans le vide. Ceci concorde parfaitement avec les conclusions de Binet et Simon dans leur dernière étude sur la démence[1]. Ayant comparé l'idéation des imbéciles avec celle des déments, ils ont conclu que si les premiers ont un défaut bien prononcé de développement intellectuel, il n'en est pas de même chez les autres qui n'ont qu'un défaut de fonc-

1. Binet et Simon. Nouvelle théorie de la démence, *Ann. psych.*, 1909.

tionnement. Ceux-ci restent capables de répondre à des questions assez complexes. Si leur pensée s'égare et se perd en des termes baroques, ce n'est pas un signe de faiblesse, mais de défaut de direction. Elle travaille dans un sens erroné. Malheureusement MM. Binet et Simon se sont attachés à des formes de démence où cet essor est affaibli par d'autres facteurs : par l'âge ou la maladie. Ils ont limité leurs recherches à la démence sénile et la démence paralytique. L'étude de Maeder ayant pour objet la démence précoce, est bien plus instructive à cet égard. Elle découvre des envolées bien plus puissantes avec des systématisations fort étendues et permet d'en tirer quelques lois complémentaires.

Ainsi, s'arrêtant d'abord aux idées de persécution que nous avons vues chez l'un et l'autre malade, Maeder nous fait observer qu'elles ont pour point de départ un obstacle rencontré dans la vie réelle et transformé par l'imagination en une force active. Il prend comme exemple le premier malade et rappelle que son délire s'était tout d'abord manifesté sur un refus de sa femme de consentir à la séparation. Il se sentait impotent à son égard et, en même temps, vaguement tourmenté de désirs homosexuels. Dans le délire on trouve le contraire. Il l'accuse, elle, d'être infidèle, et d'autres hommes, de le poursuivre d'attentats sexuels. Maeder croit y voir un procédé analogue à celui des enfants et des peuples primitifs. « Un enfant qui s'est cogné la tête contre une table, dit-il, lui donne un coup en s'écriant : « La méchante table ! » D'autre part nous savons de l'histoire que Xerxès avait fait fouetter la mer avec des chaînes. Ce n'est pas seulement un procédé infantile, mais, en général, un procédé primitif. Chez les Grecs un objet qui avait causé, par lui-même, la mort d'un homme, était banni du pays. L'indien mord la pierre à laquelle il s'est cogné, comme le font aussi, quelquefois les animaux... Il y a donc là un type de réaction assez répandu et commun à tous les êtres primitifs. Il doit même avoir un sens biologique, servant à la défense de l'individu. Dans le second cas nous trouvons aussi quelque chose d'analogue. Le malade ne s'est plu nulle part, n'a pu rester chez aucun patron : il accuse « les capitalistes, les nobles, les gens de la rue de la Gare » d'avoir formé un complot contre lui. Ses capacités intellectuelles lui font défaut : il accuse le diable d'avoir changé quelque chose dans sa tête. Le procédé est emprunté à l'expérience enfantine, mais, chez le dément, il trouve une application bien plus étendue. Tous ceux qui ressemblent au prétendu ennemi et peuvent assumer la même responsabilité, viennent grossir la bande des persécuteurs.

Les idées de grandeur ont aussi leur raison d'être et leur explication biologique. Nous savons, dit Maeder, que le dément, sauf en ce qui concerne le rapport précité, se trouve comme retranché du monde ambiant. Il le néglige, on ne lui trouve aucun intérêt. Il doit en résulter, par contre-coup, un renforcement du complexus du « moi ». Pour cela, il trouve aussi des précédents dans l'expérience antérieure. Qui n'a pas eu un idéal dans la personne des parents ou des proches? Qui n'a pas rêvé être fort, brillant, séduisant ? Toutes ces aspirations, tous ces désirs viennent renforcer le complexus du « moi » avec des extensions que n'arrête plus le sens de la réalité. Le malade ne se croit pas seulement beau, il a une séduction « dans les yeux » à laquelle personne ne peut résister ; il est non seulement noble, il est d'une race supérieure, de la « gens ulpia » qui est l'espoir de l'humanité ; comme tel il est apparenté aux maisons régnantes, aux Bourbons-Bonaparte-Orléans. Dans l'autre cas il est non seulement savant, mais encore « Privat-Docent », « Bankdoktor », « membre du Grand Conseil », « prince de la maison de Gappeli », « Emmanuel », « Tsar », « Napoléon de France » et « fils du Seigneur ». Et ce n'est pas encore tout. Le « moi », grandi aux yeux du malade jusqu'à effacer le reste de l'univers, finit par se confondre avec celui-ci. Il devient une puissance cosmique et, tour à tour, subit l'effet des phénomènes les plus éloignés ou exerce sur l'univers sa propre action.

L'auteur conclut d'une manière très intéressante que *dans la démence précoce l'affaiblissement mental n'est qu'apparent*. La maladie consiste surtout en ce que *la pensée n'est plus contrôlée par la réalité*. Quant à travailler, elle travaille toujours avec autant d'intensité et non pas, comme on pourrait croire, dans un sens indéterminé, mais sur les résidus de l'expérience antérieure. *La psychose*, dit-il, *ne crée pas son propre mécanisme, mais se rattache aux complexus déjà formés*.

On comprend l'importance de ce fait pour le diagnostic et le traitement des maladies mentales. Jusqu'à présent l'effet curatif n'a pas pu être poussé bien loin. L'auteur constate seulement, au sujet du premier malade, que pendant l'application de la psycho-analyse son état s'est tellement amélioré qu'il a pu être transféré de la section des agités dans celle des plus tranquilles et même, comme nous l'avons vu, autorisé à travailler dans les champs. La décharge verbo-motrice avait produit un effet bienfaisant, analogue à celui que nous avons reconnu dans les névroses. Arrivera-t-on un jour, par un procédé analogue — de gymnastique mentale — à rétablir d'une manière plus complète l'adaptation des malades au milieu ambiant? C'est une question qui appartient à l'avenir. En tout cas, Maeder conclut avec raison que la psychiatrie « y a trouvé une voie très importante et qu'elle est en train de devenir une science explicative de descriptive qu'elle avait été jusqu'à présent ». Nous trouvons, pour notre part, qu'au point de vue du mécanisme général des phénomènes mentaux ces recherches sont aussi très significatives. Elles ont montré quelle peut être la richesse en réactions verbales d'un cerveau, même lorsqu'il est atteint par la maladie. Pour l'étude de l'imagination cela a une importance capitale, car c'est là-dessus que doivent vivre et se développer les complexus psychiques considérés par Freud comme étant les pivots de l'imagination. Par le fait nous venons d'observer plusieurs cas où l'individu se replie sur des complexus, comme l'auteur sur le sujet de son roman, mais malheureusement sans retour à la vie réelle.

CHAPITRE VI

RECHERCHES SUR LE MÉCANISME DE L'INSPIRATION POÉTIQUE

L'étude de M. J. de Gourmont. — Notre enquête auprès des poètes contemporains. — M. Haraucourt. — Type visuel. — Enchaînement des réactions verbales sur des impulsions très variées, aussi bien émotionnelles que spéculatives. — M. Fernand Gregh. — Type auditif. — Enchaînement des réactions verbales guidé par le sens musical. — M. Abel Bonnard. — Prédominance des facteurs affectifs. — Création poétique sous forme d'une décharge verbale. — Mme de Noailles. — Double aspect de son inspiration : exaltée et douloureuse. — Décharge verbale dépassant le choc émotionnel. — Décharge verbale sur des impulsions purement intellectuelles. — M. R. de Montesquiou. — Sensibilité exclusive pour l'art. — Décharge verbale par la suggestion. — Conclusion de l'enquête. — Diversité des impulsions. — Existence d'un mécanisme préformé de réactions verbales.

Encouragés par le déterminisme qui se révélait ainsi dans le jeu de l'imagination — jusque dans le délire des malades — nous avons entrepris de l'étudier dans sa forme la plus intéressante chez les poètes et les romanciers. C'est là un des plus grands mystères de la vie psychique. Si la littérature *naturaliste* peut être comprise comme un reflet de la vie, on s'est toujours demandé avec étonnement d'où viennent chez le poète les images qui forment un monde nouveau, à côté du monde réel, et le matérialisme psychologique ne s'est jamais haussé jusqu'à résoudre ce problème.

Un essai d'envisager l'inspiration poétique comme un phénomène naturel, ayant une fonction vitale, a été fait dernièrement par M. J. de Gourmont [1], mais d'une manière

1. J. de Gourmont. *Les Muses*, essai de physiologie poétique. *Mercure de France*, 1910.

bien incomplète. Il n'a fait ressortir que les facteurs émotionnels du problème, la partie proprement idéative échappant tout à fait à son analyse. Ainsi, tout en reconnaissant que le poète est un « désharmonisé », il ne conçoit qu'une forme de désharmonie : le désaccord du sentiment avec la réalité de la vie, et semble négliger une source également féconde que présente le désaccord de la pensée. Dans le domaine même du sentiment il ne relève que les données les plus grossières, de nature nettement sensuelle. Toute vraie poésie, dit-il, est sensuelle et même sexuelle... Chez les poètes, le langage est l'expression directe de leur sensibilité ; ils ne raisonnent pas, ils parlent et font la roue, comme le paon, devant leur Muse, symbole de leur désir perpétuel de la femme. Chez la femme poète il comprend l'inspiration un peu autrement. D'après lui, ce n'est pas le désir de l'homme qui est le facteur déterminant, mais « la nécessité d'une vibration eurythmique qui régularise son équilibre nerveux ». « La vie physiologique de la femme est dominée par cette recherche de l'eurythmie nerveuse, dit-il, et l'amour normal la lui procure rarement. »

Cette manière de voir est très intéressante parce qu'elle fait rentrer la poésie dans le cycle des fonctions vitales, mais on reconnait facilement ce qu'elle a d'étroit et d'incomplet. On n'a qu'à ouvrir un volume de Victor Hugo pour trouver des élans admirables de poésie qui n'ont rien de sensuel. Le schéma de M. J. de Gourmont n'est vrai que pour un mode particulier d'inspiration poétique, pour la poésie dionysiaque, et, du reste, il limite son étude aux œuvres de la muse féminine de notre époque, qui ont toutes ce caractère.

A côté de cela la conception de Freud paraît embrasser un bien plus grand nombre de phénomènes[1]. Pour lui l'évocation des complexus psychiques répond aux besoins

1. S. Freud. *Der Dichter und das Phantasieren*, voir plus haut, p. 144.

les plus variés. Elle sert à compenser toutes sortes d'insuffisances aussi bien de volupté, que d'esthétique et même de simple perception.

Du point de vue de la psychologie objective, cela correspond à quelque chose de tout à fait précis, à la faculté qui distingue l'homme de toutes les espèces inférieures : d'utiliser ses réactions en passant à un autre ordre d'activité. Chez les individus des espèces inférieures les réactions sont bien plus directes. L'homme est le seul qui ait développé à un tel degré la faculté de réaction indirecte : par la parole parlée ou pensée. Des impressions qu'il reçoit, bien peu aboutissent à leur terme normal, à une réaction externe. La plupart restent inhibées et semblent se perdre en lui. Cela est d'observation courante. En réalité, elles s'évoquent ensuite avec d'autres pour produire une action combinée en se déchargeant en réactions verbo-motrices. Mais cette faculté d'inhibition lui permet aussi de passer, le cas échéant, à un autre ordre d'activité, d'évoquer les réactions sthéniques ou autrement favorables à l'organisme. C'est ce qui correspond au fait relevé par Freud, de reproduire les réflexes désignés sous le nom de rêveries. Cette faculté joue, d'après lui, dans la vie de l'homme moderne, un rôle considérable. D'une part, elle atteint souvent un développement anormal et devient source de maladies mentales. Parmi les malades on trouve quelques-uns qui parlent de leurs rêveries comme d'un « théâtre à eux » et avouent avoir pris un plaisir extrême à s'y absorber. Qu'il survienne alors un choc émotionnel et ces rêveries deviennent facilement des obsessions. Mais, de même que les obsessions peuvent se former chez des êtres très pauvres en images mentales, les rêveries, quelque riches qu'elles soient, peuvent être parfaitement dominées et ne présentent alors aucun danger pour l'équilibre mental de l'organisme. C'est ce qu'on observe chez bon nombre de poètes qui ne sont ni « déséquilibrés » ni même organiquement « désharmonisés », mais simplement capables d'emmagasiner un grand nombre d'impressions et les décharger ensuite au gré de leur tempérament.

La faculté d'emmagasiner les réflexes et les décharger ensuite, non seulement sous la poussée de l'émotion et de la sensualité, mais encore « pour le plaisir », comme jouent les enfants, voilà ce qui explique la diversité des tempéraments poétiques.

Malheureusement, dans l'analyse du contenu de l'inspiration, Freud s'est montré bien plus pauvre de vues. D'après lui, les névrosés mis à part, les jeunes garçons font toujours des rêves d'ambition ou des rêves érotiques, les jeunes filles, presque exclusivement de cette dernière catégorie, y compris naturellement les tendances sentimentales qui, pour lui, sont toujours entachées d'érotisme. Le sujet en est toujours un désir inexaucé. Et le développement de l'inspiration se fait d'après lui sur le modèle cité plus haut de la rêverie d'un orphelin en quête de travail. Le tableau se forme selon les données de son expérience personnelle. Une impression actuelle, dit Freud, éveille des souvenirs datant quelquefois même de l'enfance, et fait naître un désir qui se réalise dans la création littéraire [1].

Pas besoin d'insister sur ce que ce schéma a d'étroit et d'insuffisant ! Il ne répond à peu près qu'à certains contes ou romans qui ont un caractère égocentrique, et reste bien loin de tout essor de vraie poésie. On se l'explique en voyant plus loin que Freud l'a tiré d'une étude superficielle du roman d'aventures et du roman soi-disant psychologique. Sur l'inspiration proprement poétique les documents font chez lui tout à fait défaut.

Pour compléter cette lacune nous avons fait appel à quelques-uns parmi les poètes les plus en vue de nos jours. Nous ne comptions pas obtenir des résultats aussi précis que ceux de la psycho-analyse. Nous voulions simplement faire quelques travaux d'approche, amasser quelques docu-

1. *L. cit.*, p. 105.

ments susceptibles d'éclairer de ce côté-là l'étude objective de la pensée. Le résultat a dépassé nos espérances. Les poètes qui ont bien voulu contribuer à nos recherches se sont montrés si différents de sensibilité et d'action que nous croyons avoir saisi en eux les types les plus essentiels de la création poétique. Ce sont, dans l'ordre de leurs affinités non pas esthétiques, ni intellectuelles, mais simplement prosodiques : Edmond Haraucourt, Fernand Gregh, le comte Robert de Montesquiou, Abel Bonnard et la comtesse Mathieu de Noailles.

Nous avons demandé à chacun d'eux comment s'est manifestée et développée son imagination poétique, comment il travaille aujourd'hui et ce qu'il entend par l'inspiration.

Le premier qui répondit à notre appel était M. Haraucourt. L'auteur de l' « Ame nue » et des « Ages » nous a reçu dans son cabinet de travail de l'Hôtel de Cluny qui répond on ne peut mieux au caractère philosophique et humanitaire de son inspiration. Après avoir dit quelques mots sur le travail de l'imagination dans le roman qui est pour lui la forme la plus simple de l'inspiration littéraire, se ramenant tout droit à la décharge de l'expérience antérieure, il répondit en termes suivants au sujet de l'inspiration poétique.

« Ce qui la distingue de l'autre, dit-il, c'est que les mots définitifs jaillissent en même temps que l'idée. Du moins, un vers ou deux. Le point de départ est le même : une impression reçue du dehors, une rencontre, une conversation, une lecture... La réaction est ici en coup de poing, avec ou sans émotion. Chez moi, c'est presque toujours le dernier vers qui jaillit ainsi spontanément, ou bien le vers principal; puis, les vers qui forment des étapes. Ensuite il s'agit de les relier, de développer l'idée ou de faire un tableau. Il est rare que cela se fasse le jour même. Généralement, je note ce qui est venu et laisse la note dans mes papiers. Puis, un jour, en les feuilletant, je choisis ce qui me plaît et me mets à travailler. »

Ici, une parenthèse. M. Haraucourt nous rappelle qu'il est un visuel ; même plus, il est peintre et d'une telle sensibilité visuelle qu'il souffre de voir certaines lignes illogiquement brisées. Il prend un vieux cadre en bois sculpté, travail allemand du XVIe siècle, et montre les courbes qui, d'après lui, ne sont pas naturelles.

« Rien de tel dans la nature, dit-il. Prenez une feuille d'arbre. Quelque compliqué que soit le réseau de ces veines, vous n'y trouverez aucune ligne fausse. La peinture moderne en est pleine et je souffre souvent à la regarder, de même que j'ai une jouissance physique à suivre une ligne vraiment belle. »

Cette hypertrophie du sens visuel s'accompagne chez lui d'un véritable négativisme en musique. Au concert, il a les mains et les pieds crispés.

Maintenant, on comprendra mieux sa manière de travailler. Il dit notamment que les notes une fois retrouvées, il cherche à en tirer un tableau en s'aidant non seulement de mots qui le retracent, mais encore d'un rythme adapté à cet effet. Voici, par exemple, un sonnet, un des plus travaillés de son œuvre, intitulé « Le cheval de fiacre ».

Origine : nuit d'hiver, verglas. Il passe devant une station de voitures et se trouve frappé par l'aspect misérable d'un cheval de fiacre. Sentiment de révolte. Réaction sous forme d'un vers : « Nous en ferions un saint, si Dieu l'avait fait homme. » L'idée une fois reprise fait naître un tableau où le rythme doit traduire l'impression de lassitude, d'essoufflement, que produit le malheureux animal. « Je choisis pour la première strophe le rythme suivant, dit-il :

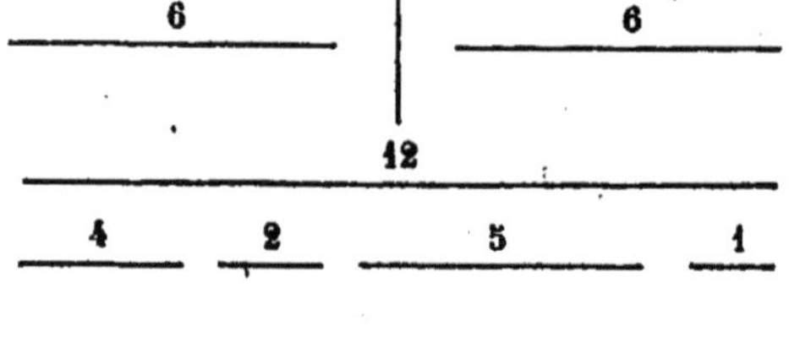

2 2 2 | 6
6 | 6
12
4 2 5 1

Deux syllabes, deux syllabes, encore deux, puis six ; six et six ; puis douze ; l'effort est épuisé, il baisse à quatre puis à deux ; encore un effort de cinq et la fin, en une seule syllabe.

« Le jour, la nuit, partout, trottant sous le verglas,
Suant sous le soleil, ruisselant sous l'averse,
Tendant avec effort son nez que le vent gerce,
Trottant sa vie, il souffle, éternellement las. »

Une seconde strophe sert à achever le tableau.

D'autres fois, quand c'est un poème plus long qui doit naître, ce n'est pas un seul vers, mais plusieurs qui jaillissent en même temps. Plusieurs vers, qui forment des étapes. Ainsi, par exemple, pour le poème « Sur un berceau » :

« Crois en Dieu si tu peux, crois en toi si tu veux. »

. . . .

« Et souviens-toi d'aller, sans faillir jusqu'au bout »

. . . .

Tout cela se retrouve à la fin des strophes.

Mais pour le commencement, c'est le même procédé. « Je veux donner l'impression de quelque chose de petit, de faible, de chétif, et je trouve :

2 2 2 1 1 1 1 1 1

« Enfant, pauvre petit qui tends tes deux poings roses... »

Voilà, en résumé, ce que M. Haraucourt considère comme étant la forme caractéristique de son inspiration. On voit que ce n'est pas, à proprement parler, de la rêverie. C'est une pensée qui prend dès l'abord une forme cadencée, eurythmique, et se développe ensuite en tableau. L'auteur a un sentiment presque optique du rythme, qui pour lui est suggestif de lignes, de grandeurs, de contacts, comme pour d'autres il est suggestif de sons, d'intervalles, etc. C'est une manière de renforcer la profondeur ou le relief du tableau, mais l'origine de ce dernier est une réaction concise, brève, verbale. Ce n'est pas de la rêverie, c'est une pensée. A ceci il ajoute les remarques suivantes. D'abord, qu'on aurait tort de croire que cette inspiration, habituellement désignée par le terme « parnassienne », est dépourvue d'émotion. La pensée originaire peut très bien être douloureuse ou enthousiaste, le développement seul doit être subordonné à la froide raison. Et ceci n'a souvent pour résultat que de renforcer la transmission du sentiment. Ensuite, que les règles prosodiques en question ne doivent pas être considérées comme étant inventées par les parnassiens. « Tout cela, dit M. Haraucourt, a été instinctivement pratiqué par nos grands classiques; tout cela se retrouve dans Racine. Les parnassiens n'ont fait que préconiser un emploi plus conscient de ces procédés. »

Quelle différence non seulement avec la conception de M. J. de Gourmont, mais aussi avec celle de Freud ! Quel écart non seulement de l'expression d'un désir sexuel, mais encore de l'évocation d'un désir quelconque ! Et cependant certains poèmes de M. Haraucourt sont incontestablement des réflexes produits en compensation des réalités de la vie.

M. Fernand Gregh est verlainien et, en plus, doué d'une très grande sensibilité musicale. Ce que, pour M. Haraucourt, est le sens visuel, pour lui c'est le sens musical. Fils de musicien, il a dès son enfance improvisé en musique et maintenant toute production musicale s'accompagne, chez lui, d'un flux d'images mnésiques. Voilà un trait bien intéressant à noter. Nous ne voudrions pourtant pas entrer plus loin dans l'antithèse qu'il présente, en cela, à M. Haraucourt, car somme toute, le sens visuel et le sens musical ne jouent ici qu'un rôle auxiliaire. Voyons d'abord quelle est sa manière de travailler.

Elle est bien différente de celle de M. Haraucourt et se rapproche bien plus de ce que nous appelons rêverie. Ce qui jaillit chez lui, ce n'est pas un vers résumant son impression, mais un ensemble encore imprécis où ressortent les mots évocateurs. Il trouve des mots qui répondent bien à son état d'âme et semblent suggestifs de sonorités verbales; voilà le point de départ de son inspiration. Se donner à cette impulsion, retrouver la suite de cet enchaînement, voilà le procédé technique. On le jugera mieux d'après l'exemple suivant :

« As you like it » — poème composé au sortir d'une représentation de Shakespeare à Londres.

Voici ce que présente le premier jet de ce poème :

« Comme il vous plaira... Certes il nous plaît, ton beau songe,
Ton songe d'un matin de printemps dans les bois
Plein de jeunes amours... danses au son des restifs hautbois
... Où soudain un rayon de réel plonge.
Musiques, chansons, jeux, baisers, déguisements,
Rires, pleurs, mots profonds et paroles légères
. . . . dans les fougères
La ronde joyeuse. . . . . des amants.
Beau rêve profond et vain comme la vie
. . . .
. . . .
. . . .
O Shakespeare . . . .
. . . .
. . . .
. . . .
Orlando, Siegfried . . . .
. . . .
. . . .
Montaigne hors des livres
Et pour le sens, d'ailleurs, c'est comme il vous plaira ! »

Ici, en opposition directe à M. Haraucourt, pas de pensée précise. Elle se formera plus tard. Pour commencer, quelques impressions suggestives, évocatrices. Certes, il nous plaît... il est frais comme le printemps, il est beau et vain comme la vie... il est multiple et vibrant... musiques, chansons, jeux, baisers, déguisements... Voilà de ces nuances « où l'indécis au précis se joint » et qui, au dire de Verlaine, « seules fiancent le rêve au rêve, la flûte au cor »... Ces notes une fois reprises, la première strophe s'achève ainsi :

Ton songe d'un matin de printemps dans les bois
Brouillard d'or enchanté
D'argent bercé d'harmonieux hautbois
. . . . De rustiques . . . . . .
Brouillard d'argent bercé d'invisibles hautbois
Mais où soudain un trait du réel vibre et plonge !

La seconde se complète de vers suivants :

« Eglogue que couronne au milieu de fougères
La ronde fraternelle et folle des amants. »

« Fraternelle » n'est pas bien. Il cherche... « frénétique et tendre »... « Que couronne la ronde heureuse... » Non, voici le mot : « la ronde entrecroisée et tendre des amants ».

Dans la troisième strophe le rêve « doux et vain » appelle les images suivantes :

« Ah ! loin des cours, loin de la haine et de l'envie,
. . . . . . Arcadie. . . . . et féodal Eden
Paradis retrouvé dans la forêt d'Arden
Beau rêve, étrange, doux et vain comme la vie !

Le second vers est changé plusieurs fois :

« Bocagère Arcadie et féodal Eden. »
« Arcadie éternelle et nostalgique Eden. »
. . . .

Enfin :

« Arcadie ingénue et romanesque Eden »

Le second jet s'arrête là. C'est toujours une succession d'images d'où la pensée tarde à se dégager. Dans le troisième brouillon on voit s'esquisser l'antithèse d'où jaillira le jugement de poète.

D'une part :

« O Shakespeare, Empereur de l'Ombre, Roi du Sort.
Tes spectres noirs, tes clameurs de fous et tes chocs d'armes
M'emplissent d'une horreur sacrée. . . . .
. . . .

D'autre part :

« Mais le jeune Orlando. . . . la fière Rosalinde

. . . .

Mais Touchstone à la grosse Audrey parlant d'amour,

. . . .

Et enfin le jugement :

« O Shakespeare, jamais mieux mon goût (*français*) ne t'admira. »

Mais cela paraît évidemment trop lourd, trop terre-à-terre, et au lieu d'exprimer ainsi sa préférence pour le côté fantastique et féerique de l'œuvre, le poète se contente de la suggérer par les épithètes suivantes : « Rabelais attendri, Montaigne hors des livres... » Et la dernière strophe prend la forme suivante :

« Ces héros de ton fol et féerique opéra
Comme on les sent du vin de la Renaissance ivres
Comme tu ris en eux, Shakespeare, et te délivres,
Rabelais sensitif, Montaigne hors les livres !
Et pour le sens, d'ailleurs, c'est comme il vous plaira ! »

En résumé, l'impulsion extérieure fait naître, chez M. Gregh, une suite d'images qui s'appellent l'une l'autre, s'harmonisent, se fondent, amplifient l'impression première et finissent par dégager une pensée sous une forme également imagée.

Ses manuscrits portent la trace d'un aussi laborieux effort que celui de M. Haraucourt, mais dirigé dans un autre sens. On dirait qu'il se guide plus par la musique que par la structure des mots. Il change dix fois d'attribut pour en trouver un plus mélodieux. Ainsi, dans la première strophe, pour le « brouillard d'argent », il met, tour à tour « enchanté, traversé, résonnant, bercé... d'invisibles hautbois ». Plus loin on trouve noté au crayon : « nostalgique, mélancolique, chevaleresque, romanesque » Eden, Rabelais « attendri, sérieux, rêveur, sensitif », etc. Et ainsi dans chaque vers. Ses brouillons sont couverts, comme d'une toile d'araignée, de lignes rayonnantes dans tous les sens, ajoutées au crayon, à l'encre bleue, violette, etc., de sa fine et légère écriture.

Naturellement ce n'est pas là sa seule manière d'écrire, mais c'est celle qu'il considère comme étant la plus à lui, la plus caractéristique. Nous n'avons pas la prétention de résumer ici, en quelques pages, toute l'œuvre des poètes qui nous ont prêté leur concours. Les inspirations les plus dissemblables peuvent se rapprocher accidentellement. Ainsi trouve-t-on, chez M. Haraucourt, des morceaux lyriques, d'un seul jet, comme par exemple son fameux rondel de l' « Adieu », écrit en une demi-heure dans le train qui l'emportait de Contrexéville. M. Gregh nous a signalé deux poèmes : « A Victor Hugo » et « Vision », qui reproduisent simplement des rêves qu'il avait eus dans la nuit. Mais ni pour l'un, ni pour l'autre ce ne sont des morceaux représentatifs de leur inspiration. Pour un vrai poète tout est poésie, tout peut se traduire en poésie. Néanmoins, il y a une manière qui domine sur les autres et c'est celle-là que nous avons voulu saisir chez chacun d'eux.

En résumé, M. Gregh est aussi très loin d'une poésie dionysiaque ou couveuse de désirs inconscients. Ce qui le fait poète, ce n'est pas le trop-plein du sentiment, mais la richesse de sa sensibilité, le fait d'avoir emmagasiné un grand nombre d'impressions esthétiques et de pouvoir les évoquer de manière à vibrer de nouveau et à faire vibrer les autres. Il n'y a en lui rien de déséquilibré. S'il est plus émotif qu'un parnassien, cela tient à la finesse de ses sens et non pas au manque d'équilibre. Il reconnaît lui-même qu'une fois, à la suite d'une intoxication par le tabac, il était devenu neurasthénique ; que ses rêveries étaient devenues des obsessions allant jusqu'à la perte du sentiment de la réalité ; mais qu'il avait suivi un traitement chez Dubois, à Berne, et en a été complètement guéri. Par conséquent, chez lui aussi, comme chez M. Haraucourt, la poésie est un jeu de réflexes cérébraux qui agit sur la sphère émotionnelle, mais n'est pas dominé par celle-ci.

Maintenant nous devrions parler de M. Robert de Montesquiou, car, chez lui, la recherche des images prend une forme encore toute différente et d'une rare originalité, mais, d'autre part, on reconnaît, chez lui aussi, le procédé familier à M. Bonnard et à Mme de Noailles, et comme il les pousse l'un et l'autre jusqu'à l'extrême, nous aimons mieux en parler en dernier lieu.

M. Bonnard nous révèle, avec la franchise et la conviction de son âge, un tout autre type d'inspiration. « Chez moi, dit-il, rien de pareil à ce que vous dites. Tous les mots accourent à la fois. J'ai l'impression que si j'avais mille voix, je les dirais tous en même temps. Au lieu de chercher à ajouter, je m'efforce d'éliminer, de ne retenir que ce qui est réellement nécessaire. »

Comme source d'inspiration il reconnaît avant tout un sentiment très vif de la nature. Il se rappelle avoir fait ses premiers vers à l'âge de neuf ans, à la campagne, sous la poussée des sentiments qu'elle faisait naître en lui. C'était comme un besoin de les décharger en paroles. Depuis, la sensation de s'en débarrasser s'est doublée, chez lui, d'une autre : de les posséder davantage. Il se décharge du trop-plein de l'émotion pour la goûter plus profondément. A côté de cela, il voit une autre source, plus profonde, dans la connaissance des êtres et des choses. Certaines impressions l'émeuvent profondément. Telle est, par exemple, la sensation d'avoir trouvé quelque chose de vrai ou de beau. Cela détermine également une poussée d'images et de mots, poussée qui ne s'affaiblit que vers la fin et ne laisse que là des vides à combler. Interrogé sur l'époque d'où daterait, chez lui, une telle abondance, il a répondu qu'il se rappelait avoir fait, à l'âge de douze, treize et quatorze ans, des quantités de vers et qu'il en avait lu des quantités auparavant. A l'âge de onze ans il avait dévoré les « Orientales ». Cette précocité est bien à retenir, ainsi que le fait qu'il était doté d'une excellente mémoire.

Du reste, tout cela se confirme par l'examen de quelques brouillons de ses poèmes.

En voici un, qui en ce moment était encore inachevé, provisoirement intitulé : « Nature morte ».

« Elle est partie et seuls dans la chambre fidèle
Les objets délicats semblent des restes d'elle.
L'ombre du soir se met sur les vagues métaux.
Le feu rose et soyeux, comme un de ses manteaux,
Est tombé sous la cendre où nul tison ne cligne.
Le froid semble, dehors, amincir chaque ligne
Et le fer d'un balcon, sous le ciel épuré,
Se tord tout noir, ainsi qu'un serpent sur le pré.
Mais dans la chambre heureuse, où les moments sont tendres,
Le soir mauve et. . , ... mille méandres. »

Voilà la première lacune, et encore provient-elle plutôt de l'impossibilité d'utiliser les mots que de leur absence, car au-dessus on trouve notée une autre image : «... le crépuscule gris vient par mille méandres ». Puis le flot d'images reprend un nouvel essor :

« On dirait qu'un tableau déborde sur le mur,
Et rêveur, se laissant voiler par l'air obscur,
Près du miroir qui semble un grand morceau de nacre
L'amant que par tous ses baisers elle consacre
N'ose rien remuer de ce qu'elle touchait
Et, tout plein d'elle encor, comme on passe un archet
Sur l'instrument vibrant dont le son se recèle,
Il fait traîner sur lui tous ses souvenirs d'elle. »

M. Bonnard est un visuel. Il le dit, et on le devinerait, du reste, d'après le morceau que nous venons de citer. Mais il ne se sert pas de ce don comme M. Haraucourt. Il ne cherche pas à composer un tableau, mais s'empare simplement de ce que lui suggère la mémoire visuelle ou, pour être plus exact, l'enchaînement inconscient des souvenirs. Et cela dure ainsi jusqu'à ce que l'association directe soit épuisée. Voyez comme son inspiration commence subitement à fléchir! Il disait donc «... tous ces souvenirs d'elle », et reprend :

« Il retrouve en son cœur, comme un trésor secret,
Ses visages d'un jour dont il fit des portraits
Ses poses d'un instant dont il fit des statues. »

Puis viennent cinq lignes inachevées et aussitôt biffées :

Et compte, redoutant
Les dangers, l'avenir et sa vague teneur
Il sourit et se sent fragile de bonheur
Il sent
Qu'il la regrette encore et qu'il l'attend déjà.

Que cherche-t-il? Compléter le tableau? Non pas. Retrouver un excitant qui lui permette de diriger l'association dans une voie nouvelle. Le voilà trouvé! Après le bonheur de se rappeler, voilà un autre bonheur mélangé de crainte :

« Et trop heureux, pâmé d'extase et de tendresse,
Mais craignant, malgré lui, l'existence traîtresse,
Les choses, l'avenir et sa vague teneur
Il sourit et se sent fragile de bonheur. »

Nous offrant, avec la bonne grâce et le désintéressement qui le caractérise, cette œuvre encore inédite, M. Bonnard ajoutait qu'il avait la sensation de quelque chose d'inépuisable. « Quand une chose m'émeut, dit-il, les images viennent indéfiniment; il suffit de changer de point de vue, de l'envisager sous un aspect différent. » Vous rappelez-vous les appels au soleil dans le « Chant des Coqs à l'Aurore »?

« O loyal, o royal, o soleil qui recrées
Les fleuves triomphants et les routes dorées
Viens qu'à nouveau par toi l'univers soit pétri
. . . .
. . . . O toi, visage
Insoutenable, ô vin dont l'ivresse rend sage,
Toi qui brises d'un coup les terreurs, les erreurs,
Et qui viens te graver au front des laboureurs,
. . . .

Toi dont chaque couchant est comme une récolte,
Toi qui dans les marais croules avec révolte,
Et poursuis les ruisseaux fuyants comme un gibier,
Toi qui frises la source et grêles le bourbier,
Vainqueur perpétuel, toi qui fleuris les plaies
Et qui rends les lutteurs vermeils comme des haies,
Ouvrier du repos enflammé, compagnon
Qui tresses sur l'étang tes feux comme un chignon,
Qui te brises sur l'eau comme un soleil de verre

. . . .

Soleil des fleurs, soleil englué dans le miel,
Toujours épars sur l'herbe et massif dans le ciel,

. . . .

Nous te halons, sceau lourd, rond et comble et vermeil
Et tu parais au bout de nos cris, ô Soleil ! »

Il est évident que cette inspiration est due, en partie, à une profonde émotion devant la beauté de la nature, mais la décharge verbale la dépasse certainement en étendue et ne peut s'expliquer que par le plaisir de la renouveler... Et, somme toute, il n'y a pas d'équivalence entre l'émotion et la réaction. C'est ce qui explique aussi qu'en d'autres cas l'émotion peut être légère, presque purement intellectuelle. Dans le poème précédent, c'est une émotion telle qu'on la ressent ou peut la ressentir *après la volupté*, qui donne l'essor à l'inspiration. Et, malgré l'écart apparent, nous voilà ramenés au même schéma que chez M. Haraucourt et M. Gregh. C'est, avant tout, un jeu de réflexes cérébraux. Plus spontané, plus naturel chez M. Bonnard ; avec plus d'art, chez les autres. Mais, pas même chez M. Bonnard, ce n'est un équivalent de la seule émotion. Il ne serait jamais devenu ce qu'il est, s'il n'avait à sa disposition une grande richesse de mémoire, visuelle et verbale, qui lui permet de prolonger l'émotion, de la renouveler et de la communiquer aux autres.

Le mécanisme de l'inspiration peut varier à l'infini, même réduit à un simple jeu de réactions verbales. En voici la preuve :

Ce que nous avons reconnu chez M. Bonnard, nous aurons le plaisir de le retrouver, sous une forme différente et toute personnelle chez Mme de Noailles. Elle aussi parle de son inspiration comme d'une décharge de l'émotion. Elle prétend ne pas pouvoir faire un sonnet, ne pouvant enfermer son émotion dans un cadre aussi étroit. A la voir si mince, si vibrante, avec ses beaux yeux ardents et la fièvre perpétuelle de ses gestes, on croirait plus que jamais à la présence d'un feu intérieur, tout sensoriel et sensuel. Et cependant, à l'écouter un peu, on se convainc bien vite que, chez elle aussi, l'émotion n'est que le point de départ et le stimulus intermittent d'une cérébration autonome.

Mme de Noailles nous dit avoir été d'une sensibilité très précoce. Elle affirme avoir eu conscience d'elle-même dès l'âge de 18 mois-2 ans. Elle se rappelle notamment avoir eu, dès cette époque, une mélancolie toute spontanée, interne, et un sentiment d'admiration devant le monde extérieur. Dans la suite, elle distingue trois époques de son évolution intellectuelle. La première, où elle était nourrie de contes de fées par des bonnes allemandes ; la seconde, caractérisée par la découverte du génie français (elle lisait Racine dès l'âge de 9 ans !) ; et la troisième, vers l'âge de 16-17 ans, où l'anthologie des poètes anciens lui a révélé le génie grec. Voilà une autobiographie qui révèle bien l'enrichissement progressif du cerveau en réactions esthétiques ! Elle ajoute à cela être douée d'une mémoire étonnante, se rappeler presque tout ce qu'elle a vu ou entendu, et avoir la pensée en travail presque sans interruption pendant la nuit.

Si on se tourne maintenant vers son œuvre, on reconnaîtra que l'enchaînement des images dépasse de beaucoup la portée du choc émotionnel. Les brouillons qu'elle nous montre rappellent ceux de M. Bonnard avec quelque chose de plus fébrile. La plupart sont d'un seul jet, mais avec plus de lacunes. Elle commence une strophe, l'esquisse en deux vers et l'abandonne pour passer à la suivante, amplifiant sa pensée avec une abondance extraordinaire. Ce sont là les œuvres qu'elle préfère. Celles qui sont plus travaillées, remontent, d'après elle, à une époque où elle avait fait violence à son inspiration en la fixant volontairement sur les impressions et les souvenirs d'Orient.

Voici le brouillon d'un poème récemment paru qu'elle considère comme étant caractéristique pour son inspiration[1] :

« Le silence et les bruits, soudain, dans l'air humide
Ont ce soir un accent plus vaste et plus ardent.
Dans les airs recueillis, Février fuit ! rapide,
Quelqu'un revient, je sens qu'il vient, c'est le Printemps. »

Cette première strophe est presque sans ratures. Elle n'y change, plus tard, que « Dans les airs recueillis... », en mettant à la place : « Sur le vent aminci... Février fuit, rapide... »

La seconde jaillit de même :

« Hôte mystérieux, il est là, sous la terre,
Il est près du branchage éploré des forêts
Il monte, il (se répand) s'est risqué, il ne peut pas se taire
Et son premier frisson répand tous ses secrets. »

Il n'y a qu'une rature, pour éviter la répétition du mot « répand »,

« Il passe, mais personne encore sur la route
Ne peut le soupçonner, je regarde, j'écoute. »

Puis commence une invocation pareille, dans son essor et dans ses renouvellements, à celle que nous avons vue chez Bonnard, mais entrecoupée de lacunes et comme emportée dans une course d'images qui se dépassent l'une l'autre vers un but indéterminé.

« Oui, je t'ai reconnu, sublime dépouillé,
Sordide vagabond, sans fleurs et sans feuillage,
Ton souffle est devant toi . . . . et mouillé
Et rôdes sans abri. . . . . courage.

1. Chant du Printemps. *La Revue hebdomadaire*, 25 mars 1911.

La même image revient dans la strophe suivante :

« Oui, je t'ai reconnu ! ton souffle est devant toi,
Comme un tiède horizon où flotteront des graines. »

Encore deux vers simplement indiqués par les rimes « force » et « écorce », et elle passe à une nouvelle image :

« Oui, je t'ai reconnu à ce trouble du cœur
Qui arrête ma vie et la rend palpitante
Comme un oiseau. . . . . par le chasseur
Je tombe. . . . . blessée et courante. »

Ces deux vers sont devenus dans la suite :

« Je suis la chasseresse ayant surpris l'odeur
De la jeune antilope étourdie et courante. »

Puis, la transition a une nouvelle série :

« Ah ! qui me tromperait, Printemps terrible et doux
Sur ton subtil arome et sur ta ressemblance
Je sais ton nom secret que les lis et les loups
. . . . lance.
Je sais ton nom puissant, chuchoté, recouvert,
Mystérieux, sournois, débordant, formidable,
. . . . les airs
. . . . able
C'est toi l'Eros antique au rire frémissant
Le jeune homme à qui Pan. . . . . .
Sur la flûte aux sept . . . .
. . . .
C'est toi le renouveau, toi par qui l'aujourd'hui
Est différent d'hier, comme le jour de l'ombre,
. . . .
Ont des éclairs et des appels sans nombre. »

Là-dessus, se développent deux nouvelles strophes sur le motif : « Je te suivrai, printemps,.. » et puis vient le revirement de la pensée qui donne à la fin de ce beau poème un accent si pathétique.

« Mais quoi ! ce n'est pas le neuf et séduisant bonheur
Qui ce soir me. . . . . sortilège
Ces espoirs, ces désirs . . . . . ces langueurs
Hélas, c'est le passé. . . . . long arpège.

C'est une ivresse, incontestablement, qui emplit les dernières strophes, mais une ivresse toute cérébrale. La pensée qui s'y développe n'était nullement comprise dans l'émotion du début. Elle aurait dû couper l'essor de l'inspiration, si celle-ci se confondait avec l'émotion, car elle tarit la source de cette dernière. En réalité, c'est le contraire qui se produit. Les dernières strophes jaillissent encore plus fiévreuses, hérissées de ratures, de corrections et, à la fin, presque tout entières d'un seul jet.

« Hélas, c'est le passé, ce courage ingénu,
Le sublime désir de mourir et de vivre
Que ma jeunesse avait quand je vous ai connu
Vous, qui fûtes la page insigne dans le livre. »

Un rappel à peine indiqué :

« Hélas, c'est le passé. . . ces grelots de voitures,
. . . .

Et les deux dernières strophes d'une lucidité et d'une plénitude étonnantes :

« Ainsi, je me croyais mêlée au renouveau,
Je ne suis que l'ardente et grave prisonnière
Qui sur ses membres las sent le poids des anneaux
Qui s'arrête en chemin et regarde en arrière.
Hélas ! c'est le passé que je cherche toujours,
C'est vers lui que j'allais, comme s'il était possible
De retrouver le sacre unique de l'amour
Et d'aborder encore à cette île sensible
. . . un roc qui désormais n'a plus de barques alentour
Et luit sur l'onde. . . . . inaccessible
Où des archers courants nous ont choisis pour cible. »

L'œuvre de Mme de Noailles semble avoir deux faces : l'une exaltée, l'autre douloureuse. Elle-même croit les distinguer, en disant : « Chez moi, le côté lyrique n'est pas pareil au côté plaintif. Au fond, j'ai deux sources d'inspiration : la joie de vivre et la souffrance de penser. Il y a des pensées auxquelles je ne peux pas me faire. Ainsi, par exemple, la pensée de la mort, de la décomposition des êtres dans lesquels nous mettons tout le prix de la vie... » En réalité, chez elle, l'impulsion sensorielle est toujours la même : une émotion positive devant la vie. Dans ses œuvres les plus sombres rien de pareil à la révolte, au ricanement d'un Baudelaire. On sent toujours l'admiration de la vie, tamisant ses plus amers regrets. Voyez « Nocturne » :

« Je rêvais sous l'arceau de la nuit claire et lisse
La Mort m'a pris le bras
Elle m'a dit : Tu bois la vie et ses délices
Et pourtant tu mourras... »

Voyez « Douleur » :

« Je souffre. Le soir est léger
Il est comme dans mon enfance,
Mais toute l'humaine souffrance
Fane le monde et le verger... »

Le sentiment est toujours attendri, mais il éveille tantôt une pensée exaltée, tantôt une pensée pessimiste. C'est ce qui prouve encore une fois que l'inspiration ne se confond pas avec l'émotion qui la fait naître. Nous l'avons vue, chez Bonnard, dépasser l'impulsion émotionnelle, nous la voyons maintenant en contradiction avec celle-ci, et cela seul peut expliquer l'envolée de la création poétique. Si la poésie n'était qu'une décharge de l'émotion, elle aurait été bien moins complexe qu'elle n'est. En réalité, le choc émotionnel trouve, chez le poète, des mécanismes cérébraux préformés : par l'étude, par la méditation, par la vie. Ce sont des enchaînements de réflexes qui ne se conservent pas dans le cerveau, mais dont les voies sont tracées et qui se reproduisent facilement. Chez un poète, ces reproductions-là sont particulièrement faciles et les enchaînements très nombreux. Les réflexes cérébraux, s'enchaînant au gré de connexions imprévisibles, l'entraînent bien au delà de l'impulsion émotionnelle. Nous l'avons vu aussi bien chez M. Bonnard que chez Mme de Noailles et devons reconnaître maintenant que ceci les rapproche bien plus de M. Gregh et de M. Haraucourt qu'on ne l'aurait crû de prime abord.

En effet, qu'importe l'étendue et la puissance de l'émotion, puisque le principal n'est pas là, mais dans l'enchaînement des réflexes cérébraux et que celui-ci peut naître d'une impulsion toute cérébrale ?

Dans l'œuvre même de Mme de Noailles, la rêverie si douce de « Constantinople » ne vaut-elle pas les morceaux les plus lyriques, les plus enivrés des « Eblouissements » ?

Ceci nous oblige à reconnaître enfin que l'inspiration poétique a *deux sources : la sensibilité du poète* et *le mécanisme préformé des réactions verbales*. Ces dernières, nous les comprenons dans le sens le plus large du mot, avec les images auxquelles elles se rattachent, comme aussi avec les qualités toutes précises de rythme et d'harmonie vocale. Un grand poète se fait reconnaître non seulement à ce qu'il est sensitif et vibrant, mais encore aux qualités toutes personnelles de ce mécanisme. Et ce n'est pas un simple mot. Les qualités personnelles consistent à évoquer des impressions qui ne sont pas banales et à les exprimer avec un rythme et des sonorités particulières.

Cette formule nous paraît très importante, surtout pour notre époque où il y a tant de bons poètes et si peu de grands poètes !

Il est temps d'établir nettement, aux yeux de la critique littéraire, que, pour être un vrai poète, il ne suffit pas d'avoir l'émotivité, la fièvre intérieure, ni même une certaine richesse d'images cérébrales, il faut encore avoir un don personnel de décharge verbo-motrice. Pour la psychologie objective, cela présente quelque chose de tout à fait précis, les images mentales étant des réflexes cérébraux directement associés à ceux de l'ouïe et du langage[1]. Cette association n'est pas innée ; elle se forme peu à peu, dès les premières années de la vie. Ce qui doit être inné, chez le poète, c'est une certaine finesse des organes sensoriels.

1. Voir Ossip-Lourié. Langage et Verbomanie, Paris, 1912, Alcan.

Voyant et entendant autant que d'autres enfants, il doit retenir plus et des impressions plus choisies. Chacune de celles-ci trace la voie d'un réflexe, les réflexes visuels et auditifs s'associent aux réactions verbales, et à l'heure où son système nerveux devient assez riche pour produire des décharges sensorielles, il se trouve déjà doué de ce que nous venons de désigner comme « mécanisme préformé des réactions verbales ».

Des faits objectifs très curieux peuvent être cités à l'appui de cette conception. Et, tout d'abord, ce fait qui nous a beaucoup frappé dans la biographie des poètes : qu'ils étaient de très précoces liseurs et lisaient des livres fort au-dessus de leur âge. Lamartine, élevé par une mère dont on connaît les hautes qualités d'esprit et de cœur, apprit à lire dans la Bible et la « Jérusalem Délivrée ». Victor Hugo, à l'âge de 6 ans, avait déniché, au grenier du couvent des Feuillantines, une vieille Bible qui fit ses délices, ainsi que ceux de ses frères. A l'âge de 11 ans, il piochait le latin et attaquait Virgile. Alfred de Vigny, en guise de devoirs scolaires, traduisit Homère en anglais. De telles lectures témoignent, d'une part, d'une rare sensibilité pour le grand et le beau, et d'autre part, font conclure à un très précoce enrichissement du cerveau en réactions verbales. Et, dans la suite, les poètes ne cessent pas de s'enrichir aussi bien en impressions pouvant être utilisées dans leurs œuvres, que tout bonnement en locutions ayant une valeur prosodique. L'étude récemment parue de M. Paul Berret sur les sources de Victor Hugo le prouve d'une manière très intéressante[1]. Ayant entrepris, dans un but purement littéraire, de rechercher les sources de la « Légende des Siècles », l'auteur a découvert des faits d'un très grand intérêt pour la psychologie. Il a trouvé, notamment, que Victor Hugo ne dédaignait pas d'enrichir son vocabulaire poétique par la lecture d'un dictionnaire ou d'ouvrages

1. Paul Berret, *Le Moyen Age dans « La Légende des siècles » et les sources de V. Hugo*. Paris, 1911.

ayant un caractère de vulgarisation. Pour la « Légende des Siècles », une de ses principales sources a été le « Grand Dictionnaire historique » de Moreri[1]. Il lisait Moreri pour se documenter sur telle époque ou tel personnage historique et, chemin faisant, notait les noms, les faits et les actes qui lui semblaient avoir une valeur poétique.

L'étude de ces notes nous permettra dans la suite d'aller encore beaucoup plus loin que nous n'aurions cru : de saisir le mécanisme d'un génie dans toute l'étendue de son travail. Revenons pour le moment au problème plus restreint de la simple inspiration. Celle-ci comprend donc, à côté d'une décharge verbale de l'émotion, un enchaînement de réactions cérébrales portant l'empreinte du goût, du choix et, d'une manière générale, de l'expérience antérieure du poète. C'est là que le mécanisme de l'inspiration peut varier à l'infini. Cela fait que l'émoi le plus léger, même purement intellectuel, philosophique, vaut autant que la plus profonde ivresse. Mme de Noailles n'aurait jamais été ce qu'elle est, si elle ne savait que s'émouvoir. Ce qui la fait elle, c'est le choix si personnel d'images et de mots qu'elle a emmagasinés et qui s'évoquent chez elle à la suite de cette émotion. Ce sont les « trente jardins de lis et de verveines » qu'elle a toujours devant les yeux, ce sont tous les noms de fleurs, de fruits, de parfums et de couleurs qui montent à ses lèvres ! C'est sa manière toute païenne de sentir la vie et de parler d'elle ! Il en est de même pour chaque poète qui est un vrai créateur et non pas un simple écho de l'harmonie poétique du monde.

Nous avons gardé pour la fin le poète qui, aux yeux du grand public, apparaît plus compliqué, plus inaccessible et, par suite, plus mystérieux que tous les autres : M. Robert de Montesquiou. Devant certaines de ses œuvres, l'opinion publique, ne voyant dans la poésie qu'une décharge de l'émotion, s'est prononcée d'une manière tout à fait néga-

1. Moreri. *Le Grand Dictionnaire historique ou le mélange curieux de l'histoire sacrée et profane*. Lyon, Jean Girin, 1683, 4 vol, in-fol.

tive. On l'a accusé de manquer d'inspiration, de la remplacer par l'artifice. Vous rappelez-vous la pièce si caractéristique au commencement des « Chauves-Souris »?

« Les toilettes des étoiles
Les étoiles de la nuit,
Les étoffes et les toiles
De l'aile à qui le jour nuit,
Les crêpes des crépuscules
Brochés au nom de Tanit [1], etc., etc.

. . . .

Mais avant d'expliquer son inspiration, laissons la parole au poète lui-même, comme nous l'avons laissée aux autres. « Dans mon œuvre, dit M. de Montesquiou, je distingue deux phases : la première est représentée par mes cinq premiers volumes *qui m'ont fait ce que je suis ;* la seconde, par les deux derniers, les « Perles Rouges » et les « Prières pour tous » *que j'ai faits, à mon tour.* » Ce début était très suggestif. On sentait dans ces paroles deux manières très différentes de concevoir la création poétique, mais il fallait laisser le poète les préciser un peu et cela ne s'est pas fait tout de suite. Après avoir rappelé la complexité de la première phase et la difficulté de la caractériser en quelques mots, M. de Montesquiou s'est arrêté à un fait qui, d'après lui, devait être très significatif. « J'avais depuis longtemps l'idée de reviser mon œuvre, de lui donner une forme définitive, dit-il, mais cela me semblait au-dessus de mes forces. Je ne me sentais pas le courage de l'entreprendre, ni la sûreté de main pour l'exécuter, lorsqu'un événement extérieur m'y décida brusquement : la mort d'une amie, d'une femme admirable dont le nom se trouve en tête de mon volume des *Chauves-Souris*. Sous le coup de cette émotion, je vis subitement clair ; je sentis ce qui devait être modifié, ce qui devait être changé de place, et c'est ainsi que parurent, coup

1. *Zaïmph, Chauves-souris,* I.

sur coup, dans leur forme définitive, « Les Hortensias Bleus », « Les Chauves-souris », « Le Chef des Parfums suaves », « Les Paons », et « Le Parcours du Rêve au Souvenir ».

« Du reste, reprit le poète, une impulsion de ce genre, indépendante de ma volonté, je la ressentis plus d'une fois. Ainsi, par exemple, j'ai été séduit, à un moment donné, par la tragique figure de Louis II de Bavière. Je suis allé à Munich, j'ai visité ses châteaux, j'ai rapporté des documents relatifs à sa personne — et l'inspiration ne venait pas. Enfin, un jour, à Paris, marchant dans la rue, je sens jaillir dans ma pensée, comme un torrent de mots :

> « Oh, ce Roi Louis II, incohérente image :
> Demi-roi, demi-dieu, demi-fou, demi-mage ;
> Autocrate égaré dans nos modernités !
> Goutte de sang César, etc., etc. »
> (Treizième César, *Les Chauves-Souris, CIII.*)

C'était le jour anniversaire de la mort de Louis II ! Je me rappelle avoir marché jusqu'à la Muette, m'asseyant où je pouvais pour noter les strophes qui venaient l'une après l'autre jusqu'à la fin du poème. »

Autre fait du même genre. « J'ai habité Versailles à plusieurs reprises depuis mon enfance, je l'admirais beaucoup et cependant je n'y avais jamais puisé que des inspirations passagères. Un jour, je m'en aperçois avec étonnement et décide de consacrer à Versailles une série de sonnets : 93, chiffre qui s'est imposé à moi comme un emblème tragique de son histoire. C'étaient les « Perles Rouges ». J'habitais à ce moment-là la dernière maison de l'Avenue de Paris, c'est-à-dire trop loin du Palais. Je m'installe tout à côté, dans un rez-de-chaussée obligeamment cédé par M° Cléry, je m'entoure de documents, j'en fais venir d'autres qui me manquaient. Mais avant qu'ils fussent arrivés, l'inspiration vient et je fais un sonnet après l'autre. J'approche du nombre fixé d'avance et me dis : « Qu'importe ! avec les documents qui viendront je ferai cent et même plus. » Eh bien ! le croiriez-vous ? Les documents sont venus, très intéressants, mais le nombre de 93 une fois atteint, tout ce que j'ai fait après n'était que de la rhétorique. J'ai dû le retrancher, et mon collier de sonnets n'a que 93 pièces ! »

Insensiblement nous étions passés de la première à la seconde phase de sa production, mais le trait nouveau avait évidemment une portée générale et effaçait déjà la première division. Il s'harmonisait, du reste, étonnamment avec la vie même du poète. Cette action d'un nombre, d'une date, d'un fait extérieur, mais c'est de la suggestion, disions-nous. La suggestion dans le sens étroit, pathologique du mot. Evidemment, toute inspiration comprend un élément de suggestion en ce sens qu'elle suppose un rétrécissement du champ de la conscience avec fixation de celle-ci sur l'objet choisi. Un élément de suggestion se retrouve dans tous nos états émotionnels, dans tout ce qui nous frappe et nous plaît. Mais, ici, dans les faits cités par le poète, on sentait quelque chose de plus : outre le rétrécissement du champ de la conscience, l'association à un signe extérieur comme on l'observe dans la suggestion ou l'auto-suggestion pathologique. On sentait là quelque chose d'analogue au commandement de l'hypnotiseur : « A telle date, telle heure, ou lorsque tu verras telle chose, tu iras dans tel endroit et accompliras tel acte. » Phénomène encore bien mystérieux, mais, somme toute, nullement impossible. Pour le comprendre il suffit d'admettre une disposition organique à la suggestion, et toute la vie de M. de Montesquiou parle en ce sens. Le ravissant Palais Rose où il nous a reçus, sa résidence suburbaine qui remplace le Pavillon des Muses, en porte les traces à chaque pas. Qu'est-ce, sinon de la suggestion ou de l'hypnose, cette manie de l'ordre qui fait que le râteau du jardinier efface continuellement les pas des promeneurs dans les allées de son beau jardin à la française ? Qu'est-ce, sinon de la suggestion, cette recherche dans la disposition des moindres objets qui fait que les pièces les plus intimes ressemblent plutôt à un musée qu'à un home ? Et l'aveu spontané du maître qu'il n'accepte jamais d'invitation à demeure ne pouvant se sentir à l'aise dans un cadre qui n'est pas fait par lui ? Et l'exclamation poussée sur le ton aigu et violent que connaissent bien les intimes du poète : « Car la moindre chose a son importance et peut avoir une très grande importance, Monsieur ! » Cela fait penser, d'autre part, à ses études critiques où le mot, simple symbole, sonore, mélodieux ou comique, prend parfois une place disproportionnée jusqu'à obscurcir l'idée de l'auteur, où le penseur semble souvent dominé par l'artiste, s'arrêtant ébloui devant un détail de forme. En effet, M. de Montesquiou a été toute sa vie un hypnotisé. Il porte le fardeau d'un très riche atavisme et de goûts très raffinés qui se sont formés avec sa personnalité. Cela fait chez lui un fond très complexe de sensibilité qui le prédispose à certaines sensations et le rend tout à fait réfractaire à d'autres. C'est là une base tout à fait analogue à celle qu'on crée artificiellement pour exercer une suggestion. Les premières, il les subit jusqu'à en être esclave ; les autres, il y reste tout à fait indifférent. Et voilà un tempérament artistique qui vaut les formes les plus diverses de l'émotivité, car le choc ici est également puissant, tandis que la réaction est empreinte d'un caractère tout personnel. Étant à la fois longuement mûrie et déchargée d'une manière presque involontaire, elle peut allier la recherche des formes à l'impétuosité d'un élan tout lyrique. Voici des strophes qui nous semblent très caractéristiques à cet égard :

« Je voudrais faire un vers que n'a tenté personne »

Voilà la suggestion, le signal qui entraîne tout un flot d'images :

« Un vers mystérieux et bizarre et qui sonne
Un timbre déroutant, au trébuchet des purs
Esprits initiés, des critériums sûrs »

Cette première image est suivie d'autres, mystérieuses, chatoyantes, jaillissant d'un fond secret où elles semblent avoir été longuement caressées par le poète :

« On y verra, sous une atmosphère endormie,
Et comme une rousseur stagnante, une accalmie
De nuances, de tons et de sons assoupis
Dans la mousse laineuse et sourde des tapis,
Où chatoie et poudroie, où rougeoie et miroite
Le sable d'or du laque ; ou l'élégance droite
De la buire persane aux parterres émaux ;
Où des objets vivants semblent sortir des mots. »
(Transfusion. *Hortensias Bleus, LXVI.*)

Voilà la manière la plus personnelle de M. de Montesquiou. A côté de cela, naturellement, il en a d'autres. Et, d'abord, la suggestion n'est pas toujours assez profonde pour entraîner tout un torrent d'images. La recherche domine quelquefois sur l'impulsion et produit alors un sonnet. Mais ce qu'il lui faut dans l'un comme dans l'autre cas, pour trouver un enchaînement de strophes comme pour faire jaillir des vers isolés, c'est une prise de possession de son cerveau par le sujet. Voilà une pièce où il le reconnaît lui-même, en termes tout à fait frappants :

« L'endroit où je fais bien du vers très ouvragé
C'est un coin de la pièce obscurci, ombragé
Par un grand parasol japonais où circule
Sous une éblouissante et chaude canicule
Une procession de personnages bleus
Et roses, diaprés, naturels, fabuleux.
— De l'ensorcellement de la chambre ambiante
S'essore peu à peu l'influence qui hante... »
(Angle docte. *Hort. Bleus*, LXVIII.)

Ici on ne trouve comme point de départ ni impression violente, ni tendance à la rêverie, ni état émotionnel, mais le résultat est le même : la mise en mouvement d'un mécanisme préformé de réactions verbales. Ce qui le met en mouvement, c'est la décharge d'une concentration nerveuse analogue à l'état de suggestion. Ce qui fait que M. de

Montesquiou est un vrai poète et même un grand poète, ce n'est pas la violence de l'impulsion, mais la richesse et le caractère tout personnel de cette décharge. Ce n'est pas ce qu'il ressent au moment de créer, mais tout ce qu'il a emmagasiné avant, sa profonde connaissance de la langue française et le choix si personnel des images mentales, ce choix qui lui fait dire avec un juste orgueil pour expliquer l'ensorcellement qui se dégage de la chambre préférée :

« Car je me sens toujours me faire plus artiste
A regarder fleurir mes roses de batiste. »

Ces deux vers résument admirablement ce qu'il y a de tout à fait personnel et de rare dans le talent de M. de Montesquiou : une sensibilité exclusivement vouée à l'artificiel. Nous avons dit que son « moi » le prédispose à certaines sensations et le rend tout à fait réfractaire à d'autres. Nous pouvons préciser maintenant : il est exclusivement sensible à ce qui est art ; autrement dit, synthèse, choix, convention, et cela à un degré qui le place à part parmi les poètes de tous les pays et de tous les temps. Personne n'a senti comme lui le charme de l'intérieur, des bibelots, des étoffes, parce que personne n'a été à ce point détourné de la nature. Oui, nous n'hésitons pas à le dire : il ne sent la nature que là où elle présente un choix, une synthèse comparable à une œuvre d'art. Il n'admire les jardins que lorsqu'ils sont taillés à la française, il ne chante les hortensias que lorsqu'ils ont une couleur artificielle. On nous objectera, peut-être, son admiration passionnée pour l'Engadine, mais cela ne nous déconcerte aucunement. La Haute-Engadine est le pays qui se rapproche le plus d'une œuvre d'art. Son extraordinaire altitude fait que ses paysages se composent d'éléments rares et purs de tout mélange. Les habitations ne s'y voient qu'au fond des vallées ; pas une maison ne fait tache sur les flancs des montagnes où le vert tendre des pâturages alterne uniquement avec le vert foncé des forêts de sapins. Les trois vallées principales forment d'admirables panoramas où se répète la lente descente des sapins vers les flots écumeux des torrents ou la surface d'émeraude des grands lacs. Un décorateur de génie n'aurait pas imaginé un paysage mieux stylisé. Dans la passion de M. de Montesquiou pour l'Engadine le sentiment de la nature ne joue aucun rôle; c'est encore une manière d'admirer la synthèse artistique, d'autant plus rare qu'elle est ici un produit de la sélection naturelle.

Maintenant, ce qui fait de lui un grand artiste et un grand poète, c'est que, chez lui, ce tempérament n'est pas resté inactif. Loin d'avoir ce caractère de quiétude qui tient l'homme enfermé en lui-même, il l'a poussé à prendre contact avec les choses et les gens, à rechercher le Rare et l'Extrême aussi bien dans les impressions que dans l'expression verbale du perçu. Ses volumes de prose « Roseaux pensants », « Autels privilégiés », « Altesses Sérénissimes » etc., reflètent bien ce grand désir de connaître et en même temps cette passion du verbe. Nous l'avons déjà indiqué plus haut et revenons encore une fois à ce trait caractéristique de sa personnalité. Ce qui fait le défaut de ces études en tant qu'œuvres d'érudition et de critique, la prépondérance de la forme sur le fond, du sentiment esthétique sur le développement logique, les enthousiasmes devant une image ou un mot qui l'obligent de s'arrêter en contemplation, au risque de faire perdre au lecteur la suite de ses idées, cela même nous fait comprendre la richesse de ses dons poétiques. C'est un collectionneur d'images et de symboles verbaux, et cette passion exercée dans la vie fait la richesse de son œuvre! Car, d'autre part, ces mêmes études témoignent d'une curiosité insatiable qui l'a rapproché des artistes les plus divers et l'a fait pénétrer dans les arcanes de l'art des pays les plus éloignés.

M. de Montesquiou est le seul sur lequel nous nous

soyons permis de porter un jugement aussi catégorique. Nous l'avons fait parce qu'il était intéressant de pousser notre théorie jusqu'au bout, de montrer l'application pratique du critérium que nous avons essayé d'établir, et aussi, parce que, chez lui, le mécanisme préformé des réactions verbales est très développé, très personnel, et, par suite, facile à saisir. Qu'on n'en induise pourtant rien dans le sens d'une supériorité ou d'une préférence personnelle. D'autres tempéraments peuvent avoir pour résultat un mécanisme tout autre, mais également précieux. Nous ne voulons pas même dire que le vocabulaire du poète doive nécessairement avoir un caractère recherché ou savant. Les mots les plus simples peuvent produire autant d'effet lorsqu'ils sont choisis et assemblés avec un goût personnel. C'est ce qu'on voit, par exemple, chez Verlaine. Son vocabulaire est l'opposé même de celui de Montesquiou. L'un est un chercheur de mots rares et précis, l'autre proclame que le choix ne doit pas aller « sans quelque méprise », car, pour lui,

« Rien n'est plus cher que la chanson grise
Où l'Indécis au Précis se joint, »

Mais ce choix, guidé par un sens musical très raffiné, fait de lui un très grand poète. Il en est de même pour les images qu'on trouve dans l'œuvre de Verlaine. Le mélange si curieux de sensualité et de religion, d'aristocratisme et de bohême, qui fait le fond de son caractère, se retrouve aussi dans le choix de ses images et en fait quelque chose de tout à fait unique.

La comparaison de Montesquiou avec Verlaine prouve encore une fois que le mécanisme de l'inspiration poétique peut varier à l'infini et se différencier par des nuances très délicates. Pour être un grand poète, point n'est besoin d'avoir un tempérament aussi prononcé que celui d'un Musset ou d'un Baudelaire. Un goût délicat, mais personnel peut aussi servir de base à l'inspiration poétique.

Mais il est une condition essentielle de celle-ci que la *sensibilité spécifique de l'individu détermine, chez lui, la formation d'un mécanisme adéquat de réactions verbales.*

Voilà un fait sur lequel nous ne saurions trop insister. Il présente un intérêt même au point de vue de la critique littéraire, — vis-à-vis de l'indulgence avec laquelle on distribue aujourd'hui les lauriers poétiques.

De nos jours la poésie est devenue un art d'agrément, comme le piano ou l'aquarelle. Le nombre des poètes de salon grandit de plus en plus et certains d'entre eux ne manquent ni d'émotion, ni de souffle, ni de sonorité dans l'expression. Que leur manque-t-il donc pour être de vrais poètes? L'étude que nous venons de faire répond directement à cette question. *Il leur manque un mécanisme personnel de réactions verbales*. Ce mécanisme fait partie de l'inspiration. Il se forme bien avant le moment de la décharge, de tout ce que le poète lit ou entend, et, le moment venu, il entre en action sans que celui-ci puisse dire d'où lui viennent les mots. Tout le monde se sert de mots, la plupart des mots peuvent former des strophes, mais le caractère plus ou moins personnel de celles-ci distingue nettement celles qui ne sont qu'une imitation, qu'un écho de l'harmonie poétique du passé, des « vers souverains » qui jaillissent du cerveau d'un vrai poète comme produit d'une faculté personnelle d'emmagasiner et de grouper les réactions verbales.

La psychologie objective trouve là aussi une contribution très importante. Au facteur révélé par Freud — de l'impulsion à la reviviscence des complexus psychiques — nous voyons s'ajouter un autre tenant une place également précise dans l'organisme — un enchaînement excessivement étendu de réactions verbales. Nos recherches ont prouvé que celui-ci se forme peu à peu, faisant partie de l'inconscient, comme les images sensorielles — jusqu'au moment de la décharge.

CHAPITRE VII

RECHERCHES SUR LE MÉCANISME D'UN GÉNIE POÉTIQUE

Le cas de Victor Hugo. — L'étude de M. P. Berret sur la « Légende des siècles ». — Interprétation objective des résultats. — Trois groupes de compositions. — « Le Mariage de Roland », Aymerillot, » etc. — Reproduction des souvenirs de lectures. — Apport de la documentation. — Le « Romancéro du Cid ». « Les quatre jours d'Elciis », etc. — Enchaînement de souvenirs et d'images provenant de la documentation, sur une impulsion personnelle. — « Montfaucon », « Eviradnus », etc. — Enchaînement d'éléments analogues sur un modèle pris au dehors. — Richesse du mécanisme cérébral dans le génie poétique.

Dans nos recherches sur le mécanisme de l'inspiration nous sommes tombés — comme il a déjà été dit plus haut — sur un document qui permet de saisir le génie poétique dans toute l'étendue de son travail. C'est un progrès dont on ne saurait pas trop se réjouir.

Le fait est que la réduction de la vie psychique à une forme ou une autre du fonctionnement cérébral s'est toujours heurtée à la richesse extérieure des phénomènes mentaux. Tel a été l'écueil de l'associationnisme anglais, telle est encore la principale difficulté qu'on oppose aux efforts de la psychologie objective. On veut bien admettre la réduction des phénomènes élémentaires à l'activité réflexe du cerveau, mais on reste incrédule devant le prodigieux jaillissement d'images mentales qui se produit chez un grand poète. Ces flots d'images qui paraissent inépuisables, quelle peut en être la source ? Peut-on les ramener à l'expérience antérieure de l'auteur, à l'emmagasinement des impressions reçues, quand lui-même convient ignorer quelle peut en être l'origine ? C'est un des plus troublants problèmes de la psychologie objective. L'étude dont nous parlons projette là-dessus une lumière aussi éclatante qu'inattendue. C'est le volume tout récent de M. Paul Berret : « Le Moyen Age dans la Légende des siècles et les sources de V. Hugo. »

On sait que la « Légende des siècles » se compose principalement de poèmes épiques évoquant le passé de la France, de l'Espagne, de l'Italie, de l'Allemagne, des pays scandinaves, de l'Écosse et de l'Orient musulman. Qui n'a pas été saisi d'admiration devant l'ampleur et l'éclat de ces fresques, devant le nombre des personnages qui s'y meuvent, devant tous les noms, tous les faits, tous les souvenirs historiques qui s'y trouvent entassés? L'analyse de M. Berret diminue certainement le mystère de cette création, mais ne diminue en rien notre admiration devant la puissance du poète et la variété de ses moyens. On est surpris de le trouver *amplifiant sa pensée par les contacts les plus imprévus : de dictionnaires, de précis d'histoire ou de droit, de recueils de légendes, de livres de voyages, même de simples guides,* mais on ne saurait conclure avec M. Berret qu'il était « un travailleur documenté plus encore qu'un poète inspiré ».

L'inspiration ne jaillit pas du néant. Nous venons de montrer qu'elle a deux sources : la sensibilité du poète et le mécanisme préformé des réactions verbales. Mécanisme non pas inné, mais formé par ses études, par ses lectures et son expérience antérieure de la vie. Pour un vrai poète tout est poésie, dans tout ce qu'il lit ou entend il saisit un langage rythmé et ce qui fait un grand poète, ce n'est pas la faculté de s'émouvoir au contact avec le monde extérieur, mais la richesse de son cerveau en réactions de ce genre. M. Berret a donc tort d'appeler « documentation » quelque chose qui constitue une partie essentielle de l'inspiration, et nous aurons un intérêt tout particulier à l'exposer telle qu'elle se révèle chez V. Hugo.

1. Paris, 1912.

Mais la richesse des matériaux n'explique pas encore tout le mystère de la création. A côté de cela, il y a le problème de la structure.

Ce dernier n'a été abordé, à ce que nous sachions, que par S. Freud. M. Th. Ribot, comme aussi M. Dugas s'en tiennent encore à l'essor de l'inspiration, ne cherchant pas à poursuivre le développement de celle-ci[1]. Freud est le seul qui ait fait une tentative de ce genre. Dans l'étude que nous avons déjà citée il réduit ce processus au développement d'une impression actuelle sur un modèle fourni par l'expérience personnelle de l'auteur. Dans le roman d'aventures il voit une composition entièrement égocentrique, l'action du roman se modelant sur l'activité propre de l'auteur ; dans le roman naturaliste, une composition soutenue par les produits de son observation ; dans le roman psychologique, un mélange de l'un et de l'autre, l'intervention de son « moi » dans les conflits fournis par l'observation. L'étude de M. Berret montre que ce schéma est beaucoup trop étroit. A côté de l'évocation des souvenirs personnels de l'auteur *elle fait une place très large à la reproduction de ses lectures et à la composition sur un modèle pris au dehors.* Elle montre que *loin de revivre toujours sa propre histoire, il se plait très souvent à reproduire ce qui lui vient du dehors avec un sentiment personnel de l'harmonie poétique*. Cela fait que dans la « Légende des Siècles » on peut distinguer trois groupes de compositions : le premier formé par la reproduction des souvenirs de lectures ; le second, formé par des enchaînements de souvenirs et d'images puisés dans une source d'information sur une impulsion personnelle ; le troisième, formé des enchaînements de la même nature, mais sur un modèle pris au dehors.

Là encore l'analyse de M. Berret nous révèle une richesse inattendue, car de ces trois groupes le second seul se

1. Th. Ribot, *Essai sur l'imagination créatrice*, 1900. — Dugas. *L'imagination*, 1903.

rapproche du schéma de Freud. On y verra l'inspiration se modeler sur les sentiments et les idées du poète jusqu'à évoquer sa propre image. Mais dans les deux autres groupes elle reste tout à fait étrangère à sa personnalité, s'alimentant de données directement puisées au dehors et prenant des voies très variées selon la part qui revient à ses diverses sources. Ce procédé a même une telle prépondérance dans son œuvre qu'on y verrait volontiers la forme principale de l'inspiration et qu'il nous paraît bon de commencer par là notre exposé.

Prenons tout d'abord le premier groupe qui comprend les deux principaux poèmes du cycle français : « Le Mariage de Roland » et « Aymerillot », ainsi que l' « Aigle du Casque », petite épopée placée dans le cadre de l'Écosse médiévale. M. Berret prouve, les textes en main, que ces poèmes présentent une transposition en vers des chansons de geste telles qu'elles ont été traduites par Jubinal et publiées dans le *Journal du Dimanche* [1]. Il dit à l'appui de sa thèse qu'un des numéros de ce dernier dans la bibliothèque de V. Hugo porte en marge le dernier vers du « Mariage de Roland ».

« C'est ainsi que Roland épousa la belle Aude ».

Ceci nous paraît, en effet, très significatif. Nous avons déjà constaté, dans l'étude générale sur le mécanisme de l'inspiration, que chez beaucoup de poètes, c'est le dernier vers qui jaillit tout d'abord, résumant toute la pensée de l'auteur. Ce que nous voyons ici, est quelque chose de tout à fait analogue. Ce vers résume l'impression de V. Hugo : la conscience d'avoir trouvé la matière d'un poème. Il témoigne, d'une manière irréfutable, que le poète a été inspiré par la lecture du *Journal*. La comparaison des deux textes permet d'aller encore plus loin. Elle montre qu'il a suivi son modèle pas à pas, utilisant des phrases entières

1. Achille Jubinal. Quelques romans chez nos aïeux. *Journal du Dimanche*. 1er nov. 1846.

et répétant jusqu'aux erreurs de celui-ci. Nous ne pouvons nous empêcher de reproduire quelques exemples cités par M. Berret.

On sait que le « Mariage de Roland » a pour sujet le combat de celui-ci avec Olivier, frère de la belle Aude. Hugo reproduit toutes les phrases indiquées par Jubinal, se servant même des termes de celui-ci :

JUBINAL.	V. HUGO.
« Après une lutte qui dura un temps considérable, *Roland tue le cheval* d'Olivier, *fait tomber son casque et brise l'épée* de son vaillant adversaire.	« Voilà déjà longtemps que leurs *chevaux sont morts.* Soudain, *sire Olivier qu'un coup affreux démasque* *Voit tomber à la fois son épée et son casque* » (v. 48).

Roland ne veut pas frapper un ennemi désarmé. Il le prie de faire chercher une autre épée et apporter en même temps à boire. Après quoi le combat recommence.

JUBINAL.	V. HUGO.
Le jour tout *entier se passe ainsi*. Enfin *le soleil baisse* à l'horizon et *la nuit arrive* Olivier, dit Roland, *je me sens malade. Je voudrais me reposer, car je ne puis plus me soutenir.* » « Soit, dit Olivier, *je veux vous vaincre avec mon glaive et non avec la maladie. Dormez sur l'herbe verte, je vous éventerai* de mon casque, afin de vous donner de l'air.	« *Le jour entier se passe ainsi.* Mais *le soleil* *Baisse vers l'horizon. La nuit vient* » (v. 82-83). « Camarade, Dit Roland, je ne sais, mais *je me sens malade;* *Je ne me soutiens plus et je voudrais un peu* *De repos.* — Je prétends, avec l'aide de Dieu, Dit le bel Olivier, le sourire à la lèvre *Vous vaincre par l'épée et non point par la fièvre.* *Dormez sur l'herbe verte;* et cette nuit, Roland, *Je vous éventerai* de mon panache blanc » (v. 84-90).

« Le jour entier se passe », « dormez sur l'herbe verte », ce sont des hémistiches directement découpés dans Jubinal. Voilà un fait qui provoque une véritable surprise, mais personne ne saurait le reprocher à V. Hugo, car cela forme de très beaux vers et il les relève encore par des trouvailles d'imagination et de sonorité poétique. Telle est, par exemple, la substitution, au casque, du panache blanc d'Olivier :

« Je vous éventerai de mon panache blanc »

Ce procédé semble, au premier abord, on ne peut plus facile, mais à y réfléchir un peu, on reconnaît bien vite le contraire. La transposition de la prose en vers exige une capacité toute spéciale, car la première a un enchaînement plus étroit, plus lourd, et la présence d'un modèle de ce genre constitue un grand danger pour l'auteur. On connaît bien des œuvres en vers qui ne présentent qu'une prose rimée! Pour éviter ce danger il faut avoir un sentiment très vif de la différence et une grande richesse d'associations capable de fournir des trouvailles comme celles que nous venons de citer. *Nous y voyons, pour notre part, un premier trait qui distingue le génie du simple talent poétique.* C'est un moyen de plus qu'il possède et qui augmente, de beaucoup, la richesse de sa production. Du reste, la transformation ne concerne pas seulement la forme ; elle va aussi au fond des choses. V. Hugo ne s'est pas borné à alléger l'expression verbale, il a allégé l'action du poème, en supprimant les lamentations de la belle Aude, la personne même du père d'Olivier et jusqu'à l'apparition de l'ange qui met fin au combat. Ce dernier épisode, dit M. Berret, avait été singulièrement grossi par Jubinal. Il avait ajouté un nuage de pourpre et un rameau d'olivier qui ne figurent pas dans l'original. V. Hugo a changé tout cela. Chez lui, tout l'intérêt se concentre sur les figures des combattants et l'héroïsme dont ils font preuve l'un et l'autre, amène naturellement leur réconciliation. Comme on le voit, le changement n'est pas mince. Il accuse une grande sûreté de main et l'existence d'un critérium spécial qui laisse répéter des erreurs historiques, mais avertit immédiatement de tout ce qui constitue un prosaïsme. M. Berret cite deux de ses erreurs. La première se trouve dans le vers :

« Le sabre du géant Sinnagog est à Vienne »

Dans la chanson de geste on trouve Sinagos, roi païen, grand ennemi des Viennois. V. Hugo se serait saisi d'une coquille de Jubinal, à cause de sa sonorité, et aurait même renchéri là-dessus en ajoutant « géant », par assonnance avec Gog et Magog, les géants de la Bible ! L'autre erreur se trouve dans les mots :

« L'épée est cette illustre et fière Closamont. »

Dans la chanson de geste il s'agit d'une épée qui avait appartenu à Closame. Ces indications sont bien intéressantes, car elles montrent que le poète suit parfois son modèle avec une espèce d'aveuglement, tandis qu'en d'autres endroits il s'en écarte très loin. On reconnaît bien ici qu'il se guide d'une manière toute spéciale, beaucoup plus par l'oreille que par la raison, et que ce critérium constitue une propriété du génie poétique. Ajoutons, pour terminer, que M. Berret signale un passage comme relevant d'un procédé spécial appelé procédé de contamination. Ce passage, le voici :

. . . . « Roland sourit. Il me suffit
De ce bâton, dit-il, et déracine un chêne,
Sire Olivie arrache un orme dans la plaine. »

Cet épisode du combat ne se trouve pas dans la version de Jubinal, mais l'image de Roland, arracheur de chênes, fait tout de suite penser au passage correspondant de l'Arioste. V. Hugo le connaissait et nous avons tout lieu de conclure avec M. Berret à un emprunt qu'il appelle très bien « contamination psychique » et qui présente une évocation de souvenirs associés.

Tout cela se retrouve dans « Aymerillot » avec quelques

traits de plus. On connaît le sujet. C'est Charlemagne rentrant de la péninsule ibérique et apercevant du haut des Pyrénées, une ville, Narbonne, qui fait naître chez lui le désir de conquête. Il s'adresse tour à tour aux plus célèbres de ses paladins, disant qu'il la donnerait en fief à celui qui saurait la prendre, mais tous refusent, prétextant la fatigue, la maladie, le complet dénuement de leurs hommes. Charlemagne attristé par ce manque de courage, déclare qu'il laisse partir tout le monde, mais lui-même ne rentrera pas avant d'avoir pris Narbonne. Soudain un inconnu sort des rangs et demande la permission de tenter l'exploit. Le poème se termine par cet hémistiche d'une grandeur épique :

. . . « Le lendemain Aymeri prit la ville. »

La comparaison des manuscrits qui se trouvent à la Bibliothèque Nationale avec le texte du Jubinal montre que le poète a de nouveau suivi ce dernier. Jubinal, dit M. Berret, a considérablement resserré l'action, en supprimant les discours de plusieurs barons et la personne même du père d'Aymeri. Tout cela se répète chez V. Hugo, y compris les erreurs historiques de Jubinal, mais le génial poète relève les platitudes du texte par de nouvelles trouvailles d'imagination. Voici deux passages où ce procédé prend une forme toute différente et montre bien la richesse de ses moyens.

Chez Jubinal, Charlemagne plaisante lourdement le duc Naymes pour sa réponse évasive, en le comparant à un jongleur. Chez V. Hugo la plaisanterie est moins blessante pour le vieux conseiller et prend un ton gaulois très heureusement trouvé.

« — Narbonon est belle, dit le roi,
Et je l'aurai ; je n'ai jamais vu sur ma foi,
Ces belles filles-là sans leur rire au passage,
Et me piquer un peu les doigts à leur corsage. »

Chez Jubinal, Charlemagne, déconcerté par les réponses

de Richer de Normandie et Hugues de Contentin « rougit, puis éclate en sanglots ». V. Hugo commence par écrire :

« Charlemagne rougit, sans se mettre en colère. »

mais sentant combien cette sensibilité est peu digne du grand empereur, il met à la place :

« L'empereur ne montra ni trouble, ni colère. »

Enfin, comme procédé tout à fait nouveau, on peut relever ici la formation de personnages, construits sur le modèle des autres, mais répondant à sa propre conception de l'époque. Tel est le comte de Gand avec sa nostalgie, toute flamande, de bonne chaire, et le « vieil oiseau de proie », Eustache de Nancy, avec son mélange de grandeur et de comisme.

. . . . « Foin du cimier !
J'ai tant de gloire, ô roi, que j'aspire au fumier. »

En résumé, dans « Aymerillot » comme dans « Le Mariage de Roland » la trame de la création est toute donnée. L'impulsion est directe et continue. Le poète n'a qu'à reproduire les réactions cérébrales avec le sentiment d'une certaine harmonie d'où résultent, chez lui, aussi bien les restrictions que les enchaînements nouveaux.

Dans l' « Aigle du Casque » le procédé est beaucoup plus compliqué. Le thème principal, la poursuite impitoyable du faible par le fort, est de nouveau fourni par Jubinal, notamment par la traduction d'un fragment de « Raoul de Cambrai » publié dans le même *Journal du Dimanche*, mais l'action se développe dans un autre cadre et beaucoup de détails, y compris le dénouement, proviennent de tout autres sources. Dans le fragment publié par Jubinal, le comte Ernault, ayant rencontré Raoul de Cambrai, assassin de ses deux enfants, le provoque en duel, mais un coup terrible lui fait tomber le poignet de la main gauche avec le bouclier et le force de prendre la fuite. Raoul le poursuit malgré ses supplications, malgré le secours prêté par deux de ses amis, malgré l'intervention des nonnes du couvent d'Origny qui se trouve sur son chemin. Dans l' « Aigle du casque » le jeune comte Argus provoque de même le monstrueux Tiphaine qui le met en déroute et le poursuit malgré les prières d'un vieillard, malgré l'intercession d'une abbesse et les supplications de sa mère. Jusqu'ici l'analogie est complète, mais le dénouement miraculeux qui survient chez V. Hugo, n'est pas dû à Jubinal. Ayant atteint le fugitif, Tiphaine lui trancha les deux mains tendues dans un geste de supplication et le tua sauvagement, mais devant cette injustice l'aigle d'airain qui ornait son casque, s'anima, lui creva les yeux, lui broya les dents,

« Le jeta mort à terre et s'envola, terrible. »

Le fragment de Jubinal se terminait par le blasphème de Raoul de Cambrai : « Ni hommes, ni saints, ni dieux ne pourraient te sauver », qui laissait entrevoir la punition finale du meurtrier, mais ne contenait pas plus que la chanson de geste elle-même, aucune indication sur l'aigle justicier. *Nous nous trouvons donc ici en présence d'un amalgame d'inspirations compliqué par la transposition du sujet dans un cadre historique différent.* Ceci doit être rapporté au fait que la composition de ce poème a été beaucoup plus lente que celle des deux précédents. Tandis que les manuscrits du « Mariage de Roland » et d' « Aymerillot » ne peuvent être, au dire de M. Berret, postérieurs à 1848, ici il a trouvé des brouillons datant de 1852, de 1859, et de 1869, et le manuscrit définitif porte la date de 1876. L' « Aigle du casque » n'était donc pas dû, comme les autres, à la reproduction directe et soutenue d'une lecture, mais à des reprises successives de ce souvenir s'espaçant sur une trentaine d'années ! Il en est résulté des retouches et des transformations bien intéressantes à étudier, mais nous ne pouvons que les indiquer, car l'historique complet d'une œuvre de ce genre nécessiterait une étude spéciale.

Un seul point reste obscur : c'est l'origine de la transposition dans un cadre différent. Tout ce que nous savons là-dessus, c'est que dès le premier brouillon l'action se trouve située en Écosse et que le manuscrit correspondant paraît dater de 1852. Il faut en conclure que le sujet du poème ne s'est pas imposé à V. Hugo d'une manière aussi immédiate que dans les cas précédents, qu'il l'a repris sur une impulsion nouvelle, comprenant déjà le désir d'évoquer le cadre de l'Écosse médiévale et qu'une inspiration de ce genre comprend, dès l'abord, un amalgame d'évocations. Ceci se confirme tout de suite, en ce qui concerne le dénouement du poème. Dans le premier brouillon, au dire de M. Berret, on trouve déjà l'idée générale d'attribuer un rôle à l'oiseau du casque qui n'est cependant pas un aigle, mais

« Une cigogne en bronze avec un bec d'acier. »

Dans le second elle prend une forme tout à fait précise. On la trouve résumée à la fin en termes suivants : « Tout à coup il sentit qu'on levait la visière ; c'est l'aigle du casque qui l'attaque et qui commence par lui manger les yeux. »

D'où venait-elle, cette idée ? Apparemment de la même source que l'idée générale de situer l'action en Écosse : des lectures se rapportant à l'histoire de ce pays. M. Berret donne à ce sujet des indications bien suggestives. Il rappelle que V. Hugo était un lecteur passionné de W. Scott et que dans les romans de celui-ci on trouve des descriptions de casques et d'écus que suggèrent des visions de ce genre. Qu'on en juge par les morceaux suivants : « Le casque de Marmion, solide, d'un grand prix, était recouvert d'or bruni ; au milieu du panache couronnant son cimier, un faucon planait sur son lit solitaire, les ailes déployées et la poitrine en avant, comme pour défendre ses petits. Sur l'écu de ce guerrier se voyait un autre faucon blasonné de sable sur champ d'azur, avec cette légende en or : *Qui me provoque, est mort* [1] ».

1. W. Scott. *Marmion*. Trad. Montémort, 1832, p. 14.

« Le nouvel écu du Templier représentait un corbeau volant à tire-d'aile, qui tenait un crâne dans les serres et portait pour devise : *Gare le corbeau*[1].

M. Berret ajoute que cette idée pouvait être renforcée par la notion générale des animaux justiciers dont on trouve des exemples dans l' « Histoire romaine » de Rollin et dans les légendes rhénanes qui étaient familières à V. Hugo. Parmi ces dernières il y en a même une où le corbeau, défenseur de la jeune Williswinde, arrache les yeux de son agresseur, tout comme l'aigle du casque le fait à Tiphaine. Evidemment, c'est le propre du génie de faire des rapprochements de ce genre, mais il est intéressant de constater qu'ils reposent sur des évocations tout à fait précises. On voit ici que le dénouement si pathétique de l' « Aigle du casque » est aussi strictement déterminé par l'expérience antérieure du poète que les modifications de détail imprimées à la donnée principale. C'est un enchaînement plus hardi, un enchaînement de réactions qui n'ont jamais été associées, mais c'est toujours un enchaînement de réflexes ayant leurs voies déjà tracées dans le système nerveux du cerveau.

Voici l'action établie du commencement jusqu'au bout. Mais là ne se borne pas la recherche des sources du poète, M. Berret s'attache ensuite aux détails et découvre des faits qui présentent une véritable révélation. Telle est d'abord la détermination des tableaux descriptifs du poème par les romans de W. Scott. M. Berret prouve d'une manière très intéressante que la description du site où se produit la rencontre, relève à la fois de la vallée de Douglas dans le « Château dangereux » et de la lice de la Tay dans la « Jolie fille de Perth », tandis que la mise en scène du combat rappelle le tournoi d'Eachin et Henry dans ce dernier roman. Naturellement, il n'y a pas là de reproduction directe, comme dans le « Mariage de Roland »,

1. W. Scott. *Ivanhoë*. Trad. Montémort, 1829, p. 24.

mais l'exactitude de certaines données prouve que ce n'est pas non plus un décor de fantaisie. Ce sont les mêmes éléments que chez W. Scott : immenses forêts de sapins, marais, clairières « où la Tweed coule dans l'herbe verte ». Le combat qui dans « Raoul de Cambrai » était une rencontre de hasard, prend ici le caractère d'un tournoi. La lice est marquée par des étendards et entourée de spectateurs, comme dans la « Jolie fille de Perth ». Comme V. Hugo n'a jamais été lui-même en Écosse et qu'il était un lecteur passionné de W. Scott, la conclusion semble plausible. Consciemment ou inconsciemment il aura subi l'influence de ces lectures.

Mais voilà quelque chose de plus fort encore. Les compagnons d'Argus portent des noms historiques :

« Tous chantent, légers, fiers, laissant flotter les brides,
C'est Mar, Argyle, Athol, Rothsay, roi des Hébrides,
David, roi de Sterling, Jean, comte de Glasgow. »

Ces noms ne sont pas dans W. Scott, mais M. Berret nous apprend qu'ils sont dans le « Debrett's peerage » que V. Hugo avait dans sa bibliothèque à Guernesey et qui lui servit pour établir la liste des pairs d'Angleterre dans « L'Homme qui rit ». Un coup d'œil dans ce volume suffit pour confirmer l'hypothèse. Ne lit-on pas, en effet, parmi les pairies éteintes ou « dormantes » en Écosse : Argus (1457-1665), Argyll (1157-1661) avec la mention : « Les *Hébrides* en dépendaient », Atholl (1115-1314), Marr (1063), Rothsay (1398-1425) et Stirling (1633-1739) ?

Voilà une source d'inspiration autrement plus aride que le texte de Jubinal et, cependant, chez le génial poète, la sonorité des noms évoque des images admirables :

« Tous chantent, légers, fiers, laissant flotter les brides... »

Disons-le tout de suite : *ceci est un des traits les plus marquants du génie poétique et nous le retrouverons plus loin dans les applications les plus variées*. La faculté de saisir des enchaînements harmoniques et rythmés dans n'importe quels groupes de réactions, dans la lecture d'un dictionnaire, d'un guide de voyages, même d'un catalogue de noms, est peut-être ce qu'il y a de plus spécial chez un poète. Victor Hugo la possédait au suprême degré et c'est ce qui explique l'extraordinaire richesse de son inspiration. La mémoire aussi, visuelle et verbale, qu'il avait extraordinairement développée, mais la mémoire seule ne suffit pas. On ne peut pas retenir assez de mots isolés pour atteindre ce degré de richesse. Ce qu'il faut avoir en plus, c'est l'extraordinaire mobilité du mécanisme cérébral, comprenant la traduction immédiate des symboles verbaux en réactions auditives et permettant d'utiliser chaque texte qui tombe sous les yeux, comme source d'inspiration poétique.

Victor Hugo avait plusieurs sources de ce genre, plus importantes que le « Debrett's peerage », parce qu'il y recourait d'une manière plus constante. Tel était, avant tout, le Dictionnaire historique de Moreri, tel était le manuel de Pfeffel, « Nouvel abrégé chronologique de l'histoire et du droit public en Allemagne », tels étaient les pamphlets de La Vicomterie : « Les crimes des papes » et « Les crimes des empereurs ».

Nous les verrons, plus loin, contribuant, de bien curieuse manière, à la mise en œuvre de son inspiration. En ce qui concerne l' « Aigle du Casque », arrêtons-nous seulement aux images qu'il signale comme étant des emprunts à Moreri. Parlant des spectateurs du combat, V. Hugo dit :

« Plusieurs sont encore peints comme étaient leurs aïeux,
Et l'on peut distinguer aux plumes du bonnet,
Les Scots d'Abernethy des Pictes de Menheit,
Ils ont l'habit de cuir des antiques provinces... »

C'est Moreri qui fait dériver le mot « Pictes » d'hommes peints ; il dit dans le même article que la principale production de l'Ecosse était le cuir ; il attribue aux Scotts, comme résidence, Abernethy, et aux Pictes, Dunstafog.

Ce nom, dit M. Berret, a dû paraître à V. Hugo par trop rébarbatif, et il l'aura remplacé par celui de Meinheit, cité quelques lignes plus haut. V. Hugo reproduit même la faute d'orthographe de Moreri qui écrit Menheit au lieu de Meinheit, comme l'appellent tous les autres écrivains.

Est-ce là toutes les sources où V. Hugo a puisé l'inspiration de l' « Aigle du Casque » ? Nous ne saurions pas l'affirmer, mais celles que nous venons de citer, suffisent déjà pour expliquer la création de ce poème.

Nous y voyons un procédé se rattachant encore à celui des deux poèmes précédents, mais avec des écarts considérables. La trame principale est toujours donnée par une lecture, mais celle-ci ne porte pas à une transposition immédiate en vers. Elle revient dans la mémoire sous une impulsion nouvelle, sur le fond de l'Écosse médiévale, et, n'ayant plus la même cohésion, se laisse facilement déformer par des associations nouvelles. Le jeu de réflexes cérébraux provoqué par la lecture, ne se suffit pas par lui-même. Il n'acquiert la valeur émotionnelle qu'en se complétant de réactions puisées dans d'autres sources, mais reste toujours attaché à la reproduction mnésique d'une lecture.

Le second groupe comprend des œuvres d'apparence plus diverses, mais qui ont pour trait commun l'intervention, dans leur genèse, des sentiments et des idées personnelles de l'auteur. Nous classons ici cinq poèmes du cycle espagnol : le « Romancéro du Cid », le « Cid exilé », « Bivar », « Paternité » et « Masferrer » ; du cycle italien, « Les quatre jours d'Elciis » et le « Comte Félibien » et du cycle allemand, « Welf, castellan d'Osbor. » Certains de ces poèmes contiennent encore des souvenirs de lectures, mais ceux-ci ne s'évoquent plus d'une manière immédiate, comme dans le groupe précédent. Ils se reproduisent sur une impulsion nouvelle et d'une manière beaucoup plus libre. L'impulsion naît du sentiment ou d'une idée personnelle de l'auteur, ce qui nous rapproche beaucoup du schéma de Freud, mais avec un développement plus riche et plus varié, car, outre les souvenirs, on trouve ici de nombreuses données fournies par la documentation. La part des facteurs personnels peut être très différente, allant de l'expression d'une seule pensée jusqu'à l'incarnation de la personne même du poète. Voilà ce qui explique l'apparente diversité de ces œuvres. La multiplicité des enchaînements nouveaux ne fait qu'accentuer cette dernière et nous obligera à procéder par des aperçus moins détaillés.

Le cas le plus simple nous est fourni par le « Romancéro du Cid ». La figure centrale de ce poème provient évidemdemment des lectures sur la poésie espagnole que l'auteur avait faites dans sa jeunesse avec son frère Abel et, plus tard, avec son ami Nodier. Le « Romancéro du Cid » a été écrit en 1856. Or, M. Berret a découvert, sur un brouillon des « Deux Archers », datant de 1825, de la même plume que le brouillon, les deux vers suivants qui se retrouvent, tels quels, dans le poème :

. . . . « tapis
Chimène eut sa gorgerette,
Pleine de fleurs et d'épis. »

Voilà quelque chose qui équivaut à la découverte du dernier vers du « Mariage de Roland » en marge du *Journal du Dimanche* ! M. Berret ajoute qu'en 1821 Abel Hugo avait fait, à la Société des Bonnes Lettres, un cours de littérature espagnole et qu'à la suite de ce cours il avait publié deux volumes de romances espagnols. Les romances du Cid n'y étaient pas compris, mais une note du second volume promettait d'en faire l'objet d'une publication spéciale. V. Hugo a donc pu en prendre connaissance, dès cette époque, par son frère. Outre cela, dans « Choses vues », il raconte lui-même qu'en 1825, voyageant avec Nodier, il acheta à Soissons une traduction du romancero espagnol qui fit ses délices.

Mais si le héros du poème est emprunté à la littérature

espagnole, *l'action y est toute nouvelle.* Dans les romances espagnols, dit M. Berret, il n'y a aucune visite d'aucun don Sanche au Cid. Le personnage même du roi est imaginaire. C'est avec Alphonse VI que le Cid eut des démêlés et les romances ne parlent d'aucune visite qui lui aurait été faite par le roi. Un fait relevé par M. Berret semble éclaircir le mystère de cette invention : c'est qu'un des brouillons du poème avait pour titre : *Comment on reçoit un roi.* M. Berret rappelle, à ce propos, l'attitude du poète exilé vis-à-vis de Napoléon III et conclut qu'en 1856 l'impulsion nouvelle qui lui fit évoquer les souvenirs du Cid, était le désir de dire la vérité à un roi. Les discours du Cid se modèlent sur les sentiments propres du poète et s'adressent à un personnage imaginaire qui incarne les torts généraux de la royauté. C'est le cas le plus simple qu'on puisse imaginer. Le poète a quelque chose sur le cœur. Il prend un héros dans la littérature ou l'histoire et parle en son nom. Ce procédé se retrouve, sous une forme plus développée, dans « Quatre Jours d'Elciis » et le « Comte Félibien ». M. Berret considère le poème d'Elciis comme étant issu de la même inspiration que les trois romances de Ratbert, mais si l'impulsion y a été la même — l'indignation contre les tyrans en général et la tyrannie autrichienne en particulier — la composition de ces poèmes se révèle très différente. Dans Elciis elle a la forme d'un discours et se distingue par là nettement des tableaux de mœurs qui constituent le fond de trois autres romances. M. Berret rappelle, fort à propos, l'attitude que le poète avait prise à l'égard de l'Italie, les avertissements qu'il lui avait adressés pour l'empêcher de fonder ses espoirs sur un roi, et conclut que l'épopée italienne dans la « Légende des siècles » n'est qu'un développement de cette pensée : « Peuples d'Italie, méfiez-vous des rois même lorsqu'ils promettent la libération nationale ! » Dans le poème d'Elciis, elle se développe sous la forme d'un réquisitoire contre les tyrans, prononcé par un vieux Pisan devant Othon, empereur d'Allemagne. L'exposition tient en quelques lignes :

« Vérone se souvient d'un vieillard qui parla,
Pendant quatre jours, grave et seul, dans la Scala,
A l'empereur Othon qui fut un prince oblique... »

Le poète imagine que l'empereur, pendant une maladie, a fait vœu d'écouter n'importe quel plaignant, dût-il parler une semaine. Indication bien sommaire, comme celle de la visite du roi Sanche, simple prétexte, comme là-bas, à provoquer le discours. Ce qu'il y a de nouveau ici, c'est l'étendue et la richesse intérieure de ce dernier. Le discours du Cid était une paraphrase des griefs les plus généraux contenus dans les romances espagnoles. Le roi ingrat, le roi jaloux, le roi défiant, le roi fourbe, le roi voleur, le roi soudard, le roi couard — voilà quels en étaient les principales données. C'était un ruisseau de reproches où se reflétait tantôt la vilenie du roi, tantôt la noblesse et la bonhomie du Cid.

Ici, c'est un torrent qui charrie tous les vices d'une époque ; c'est un tableau où sont confondus gens du monde et gens d'église, peuples et rois, où se déroule une incroyable théorie de noms, de titres, de splendeurs et de crimes. On se demande naturellement d'où le poète a pu tirer tout cela, et apprend avec intérêt que ses griefs personnels contre la royauté se trouvent grossis d'alluvions les plus diverses, de souvenirs restant de la composition des « Burgraves », de lectures historiques, enfin de tout ce qu'il a pu trouver dans les ouvrages d'information, Moreri et autres. Ce qu'il faut admirer dans cette partie du poème, ce n'est pas le mystère de sa composition, mais la facilité avec laquelle l'auteur utilise ses documents. Car, somme toute, rien ici n'est mystérieux. Chaque détail a une source tout à fait précise, et le génie consiste seulement à y puiser avec tant de succès.

Voici d'abord la comparaison des guerriers d'autrefois

avec les contemporains qui fait l'objet des lamentations du premier jour :

« Ils allaient droit au mur et donnaient l'escalade;
Ils méprisaient la nuit, le piège, l'embuscade;
Quand on leur demandait : Quel compagnon hardi
Emmenez-vous en guerre ? ils disaient : Plein midi.....
Ils ne quittaient l'épieu que pour prendre la hache, etc., etc. »

M. Berret prouve, d'une manière bien intéressante, que ce n'est pas autre chose qu'une reprise du thème principal des « Burgraves ». Ces images avaient déjà servi au poète; il n'avait qu'à les paraphraser.

A côté des gens de guerre, voici les gens d'église. Ici M. Berret reconnait une autre source : l' « Histoire de la Révolution française » de Louis Blanc. Même procédé d'énumération, même prolixité de détails :

« Tant pour avoir le droit de penser ce qu'on pense;
Tant pour faire le mal, tant pour s'en repentir;
Péage pour entrer, péage pour sortir;
Le baptême c'est tant, n'oubliez pas l'annate;
Tant pour l'enfant de chœur à la robe incarnate;
Tant pour vous marier ! » . . . .

Les lamentations du second jour ont pour objet les crimes des familles régnantes. Troisième source encore plus précise : Moreri. Ici, il ne s'agit pas de compléter le tableau, comme dans l' « Aigle du Casque », il faut trouver la base même de l'argumentation; *V. Hugo établit une liste de noms auxquels il coud une liste de crimes.*

« Sixte étrangla Thomond; Urbin extermina
Montecchi; le vieux Côme égorgea Gravina... »

M. Berret montre à quel point cette composition était arbitraire. Dans un brouillon du poème la liste continuait ainsi :

« Este n'est qu'un faussaire... est bigame,
Pons qui tient Pignerol, Cosme qui tient Bergame,
Bernard Tumapailler, comte de Fezensac. »

« Le trait ne venait point, dit-il ; la liste restait sèche et sans caractère, malgré l'apparition du dernier personnage, dont Moreri avait révélé le nom retentissant et le titre sonore. Alors Hugo, pour remédier à la froideur, créa de toute imagination cet épisode :

« Ezzelin est faussaire et Othon est bigame,
Litta fait poignarder, par derrière, à Bergame,
Bernard Tumapailler, comte de Fezensac. »

Ce qui est étonnant, c'est le prodigieux entrain du poète à prolonger ces enchaînements. *C'est ce qui le caractérise de nouveau comme génie poétique.*

La réaction dépasse ici, de beaucoup, la force de l'impulsion initiale. Elle semble grandir en raison d'une action sthénique du verbe sur le système nerveux de l'auteur. Loin de s'en tenir à ce qu'il a déjà dans la tête, il cherche des enchaînements nouveaux, comme s'il était pris d'une ivresse cérébrale. On connaît l'ivresse de la décharge émotionnelle qui se manifeste souvent dans les morceaux lyriques ; voilà une autre forme d'ivresse qu'on trouve dans la recherche des réactions nouvelles et qui explique le développement des morceaux épiques.

Plus on avance dans la lecture du poème, plus l'inspiration devient confuse ; les thèmes s'entremêlent, les sentiments personnels du poète jaillissent, entre les tableaux épiques, sous forme d'apostrophes, l'évocation du passé se complique d'allusions au présent, mais lorsqu'on a devant les yeux les sources que nous venons de citer, la composition reste tout à fait claire. Le discours achevé, le dénouement s'indique en quelques lignes. L'empereur fait signe au bourreau qui saisit la hache. « J'en suis digne », dit le vieillard.

« J'ai la tête de plus que vous, ôtez-la-moi ! »

Et voilà tout. Comme on le voit, l'inspiration se modèle ici jusqu'au bout sur les sentiments propres du poète. Elle ne diffère de celle du « Romancéro » qu'en ce que ces derniers sont grossis par des alluvions de toutes sortes. Mais ce n'est pas la seule manière dont puisse intervenir, dans la création, la personnalité de l'auteur. Outre l'expression directe de ses pensées elle peut entraîner des descriptions où on reconnaîtra sa propre image dans les personnes qu'il veut viser. L'expression directe peut être réduite au minimum, à une seule phrase ou à un simple geste, tandis que l'apport de l'expérience personnelle se dispersera en traits descriptifs. Toutes ces modalités se retrouvent dans les autres poèmes du second groupe.

Dans le « Comte Félibien », qui est un dernier écho de l'indignation du poète contre les oppresseurs de l'Italie, l'expression directe et la description se balancent, à peu près. La scène se passe dans Sienne, livrée aux horreurs du pillage et du massacre. Tout le monde se cache et se tait. Seul un vieillard « qui porte haut la tête, étant une âme ancienne », s'arrête devant le cadavre d'une femme enceinte, éventrée dans la rue, et éclate en imprécations. M. Berret attribue ici l'impulsion première à la lecture des atrocités commises par Radetzki à Milan. Dans les « Mémoires du général Pepe », qui avaient déjà servi à Hugo pour les « Châtiments », on trouve ce fait même d'un fœtus tué dans le ventre de sa mère, et un brouillon traduit nettement la suggestion qui devait s'en dégager pour lui :

« Massacrer l'inconnu, l'enfant encore lointain,
Supprimer la promesse obscure du destin ! »

Et, quelques lignes plus loin :

« Bonaparte Louis, stupide, collabore
Avec le crime, avec l'ombre, avec l'ellébore. »

On saisit l'extension de la pensée... La lecture des atrocités commises par les Autrichiens incite le poète à reprendre le thème d'Elciis. Mais au lieu de dépenser toute sa verve dans le discours, il fait une part à la description. Morcri et les historiens fournissent les matériaux du massacre. Puis il dit du héros ce qu'il pense qu'on dirait de lui-même :

. . . . « et les passants des rues
Voyant ce noir rêveur qui vient on ne sait d'où
Disent : C'est un génie; et d'autres : C'est un fou. »

Même inspiration que dans l'Elciis, mais avec une distribution différente des matériaux !

La part de la mise en scène augmente dans « Welf » et dans « Masferrer ». Le premier a été écrit en 1869, au moment où Émile Olivier engageait l'empereur à rappeler les proscrits et la célèbre Mme Ratazzi s'interposait en ce sens auprès du poète. V. Hugo avait répondu par un refus catégorique et cette attitude se retrouve dans la réponse de Welf, le dernier burgrave, aux sollicitations combinées du duc, du roi, de l'empereur et du pape. Mais ce n'est pas là tout le poème. Le pape conseille de se cacher, de rester embusqués, et, la nuit venue, Welf abaisse lui-même son pont-levis pour recueillir une petite mendiante qui grelotte de froid. Les ennemis se ruent et s'emparent de lui, tandis que le peuple qui l'admirait, l'accable de son mépris. Cette seconde partie relève également des sentiments personnels du poète. M. Berret rappelle qu'à la même époque il s'était vivement intéressé aux petits mendiants de Guernesey et les réunissait même une fois par semaine pour leur offrir un dîner gratuit. Le second geste de Welf était donc de nouveau un geste du poète lui-même et la composition semble entièrement modelée sur son état d'âme du moment. Mais l'exécution est loin d'être aussi directe et égocentrique. Le poème a une forme dramatique où les témoins prennent la parole et chacun des ennemis de Welf lui adresse un discours qui explique plus que la réponse, les sentiments du héros.

La distribution dépend du reste beaucoup de la nature des matériaux. Certaines données se prêtent plus à entrer dans les discours, d'autres à former des descriptions. Dans « Masferrer » l'attitude du héros est à peu près la même : une attitude de refus. C'est un brigand des montagnes, terreur des Pyrénées, qui refuse l'alliance des rois-bandits. Mais comme ce poème a été écrit dix ans avant Welf, lorsque V. Hugo n'avait encore reçu aucune avance de l'empereur et n'avait dans l'esprit qu'une vague idée d'opposer les rois aux brigands, tout l'intérêt se concentre sur l'antithèse et la réponse se réduit à un simple geste :

> . . . « Sans lever les yeux et sans tourner la tête,
> Le bandit sur son arc gardant toujours la main,
> Leur fit signe du doigt de passer leur chemin. »

Par contre, quelle richesse dans la mise en scène et le paysage ! C'est que, dit M. Berret, V. Hugo venait de faire un voyage en Espagne et les souvenirs qu'il en avait rapportés se prêtaient admirablement à la création des tableaux descriptifs.

Le thème de « Welf » et de « Masferrer » se répète plusieurs fois dans l'œuvre de V. Hugo. En dehors de la « Légende des Siècles », on le trouve dans son premier roman « Han d'Islande » où le héros repousse l'alliance du comte d'Ahlefeld, grand chancelier des deux royaumes ; sous la forme poétique, il reparaît dans le « Cid exilé » qui présente une continuation du « Romancéro du Cid ». Celui-ci n'a, au dire de M. Berret, plus rien de commun avec le romancéro espagnol. L'ambassade du roi Santos auprès du héros courroucé est entièrement imaginée et n'a d'autre raison que de provoquer sa fière réponse. Le Cid n'est donc ici qu'un *alter ego* de Masferrer et de Welf, chose qu'on s'explique du reste facilement étant donné l'attitude prise par le poète dans la vie. Il avait jeté un défi au tyran, maître de son pays ; on comprend donc que se mesurer aux rois fût devenu pour lui une obsession.

Comme contre-coup de cette pensée, on trouve chez lui le thème des rapports familiaux, représenté dans la « Légende des Siècles », par les poèmes « Bivar » et « Paternité ». Si le poète éprouve de temps en temps le besoin de prendre l'attitude d'un lutteur, il est, à d'autres moments, simple père de famille et se sent remué comme tel, par des sentiments tout autres : tour à tour par le sentiment de l'autorité paternelle et par celui de la piété filiale. Le premier trouve son expression dans la « Paternité » et le second dans « Bivar ». Bivar est un dernier écho du « Romancero du Cid ». Il avait montré le Cid dans toute sa grandeur en face du roi; il le montre maintenant humble et petit devant son père. Un chef arabe venu rendre visite à l'illustre guerrier le trouve dans la cour en train d'étriller un cheval.

« Sheik, dit le Cid, je suis maintenant chez mon père ».

Le thème de la « Paternité » est plus complexe. Comme le « Comte Félibien » et l'« Aigle du Casque », c'est une création de la dernière heure (1875), reprise déjà éloignée d'un sujet qui avait beaucoup passionné le poète. Malgré cela le dessin de la composition est tout à fait net. Don Jayme a souffleté son fils, don Ascagne, et le fils est parti. Le vieillard vient exhaler sa douleur au pied de la statue de l'aïeul, don Alonse, et sent soudainement passer un frisson sur sa joue

« Que dans l'ombre, d'un geste auguste et souverain,
Caressait doucement la grande main d'airain. »

Désir d'opposer deux générations, désir d'exhaler les sentiments paternels, désir d'exalter l'autorité du père, voilà les mobiles de la composition, modelée de nouveau sur les sentiments propres du poète.

Dans tous les poèmes de ce groupe la reproduction mnésique joue un rôle secondaire, subordonné. Elle s'adapte à un autre facteur, à l'expression d'un état d'âme personnel. Aussi la trouve-t-on beaucoup moins soutenue, beaucoup plus fragmentaire que dans les poèmes de la première catégorie. Nous avons déjà relevé l'apport extrêmement libre de la documentation dans « Les quatre jours d'Elciis ». L'analyse de la « Paternité » révèle un procédé encore plus libre : l'utilisation des souvenirs pêle-mêle avec des données amassées dans un but indéterminé. Voici ce qu'on trouve, par exemple, dans la description du décor où se déroule le drame entre don Jaime et don Ascagne :

« Ils habitent la case *Arcol*, tour féodale,
Faite par *don Maldras* qui fut un roi vandale
Sur un sommet jadis hanté par un dragon, etc., etc. »

« *Arcol*, dit M. Berret, est un souvenir de voyage : c'est le nom d'un faubourg de Fontarabie où le poète est passé en 1843; *Maldras* est le nom d'un roi d'Espagne de la dynastie suève et le dragon appartient aux légendes de folklore utilisées pour l' « Hydre ». Le reste des noms semble bien imprécis : *Alras* est, sans doute, l'ancien Alarassium donné par Moreri, *Logariz* se présente comme la fusion de deux villages voisins rencontrés par Hugo sur la route de Tolosa à Pampelune : Loja et Aris. Le fleuve *Tormez, extrait des listes préétablies a été transformé en ville* et la cité de Langre, en Catalogne, a été pour la rime dotée de sycomores. »

Voilà, pour le psychologue, une nouvelle surprise. Nous avons déjà vu que Victor Hugo se servait de dictionnaires et autres ouvrages d'information, pour en extraire des données ayant une valeur prosodique; nous avons vu qu'il dressait parfois des listes entières de noms et de faits pour les combiner ensuite comme un peintre combine les couleurs sur sa palette; nous voyons ici qu'il pousse ce procédé beaucoup plus loin. De deux noms, il en fait un seul, du nom d'un fleuve il fait un nom de ville et ainsi de suite. Disons tout de suite pour compléter ce tableau que dans la même liste tirée de Moreri (article *Leon*) d'où il a extrait le nom Tormez, on voit deux noms de bourgs, Barbo et Nombre de Dios, qui dans un autre poème « Le jour des rois » se trouvent utilisés comme noms propres. Voilà un des secrets les plus intéressants de son inspiration et un trait de plus à ajouter au mécanisme du génie poétique. Il y a là quelque chose d'analogue à ce que nous avons vu plus haut comme faculté d'élimination dans la transposition de la prose en vers. Les deux phénomènes doivent relever d'un même fond de sensibilité, spécial au poète, qui fait que ce dernier laisse tomber tout ce qui alourdit l'enchaînement des réflexes et, d'autre part, trouve tout de suite ce qui peut combler les lacunes.

Nous avons déjà dit qu'il se guide, dans l'élimination, beaucoup plus par l'oreille que par la raison ; nous le reconnaissons ici une seconde fois et, avant même de saisir la nature exacte de cette faculté, constatons que c'est là une des causes qui expliquent la richesse verbale du poète. C'est à elle qu'il doit, que dans les poèmes du second groupe, le jeu des réflexes cérébraux ne se montre ni moins brillant, ni moins étendu que s'il était soutenu, comme dans le premier, par l'enchaînement des évocations mnésiques.

Nous voici arrivés au troisième groupe qui est le plus vaste et comprend les œuvres les plus variées : du cycle français, « Montfaucon », du cycle allemand, « Eviradnus », du cycle espagnol, « Le petit roi de Galice » et « Le jour des rois », du cycle italien, les trois romances de Ratbert, l'épopée scandinave « Le Parricide », l'épopée orientale « Sultan Mourad », etc., etc. Ce qui les rattache l'une à l'autre, c'est le caractère impersonnel de l'inspiration. Il est vrai que les sentiments du poète arrivent parfois à s'y faire jour, mais d'une manière purement accessoire. Ils ne déterminent rien dans l'action du poème. Celle-ci ne relève ni de sa mémoire, ni de son état d'âme du moment et semble, au premier abord, surgir d'une manière inexplicable, des profondeurs de l'inconscient. L'étude de M. Berret dévoile pour la première fois le mystère de ce phénomène. Naturellement, il faut tenir compte pour cela des procédés que nous avons déjà relevés : de transposition spontanée de la prose en vers, d'utilisation de données fournies par l'expérience, de documentation en vue du sujet choisi et sans but déterminé. L'œuvre une fois dépouillée de tous ces matériaux de surcharge, les renseignements de M. Berret nous mettent facilement sur la voie de sa formation.

Commençons par « Eviradnus ». Voilà un poème qui par ses détails relève incontestablement de l'expérience personnelle du poète, de la composition des « Burgraves » et des souvenirs rapportés de son voyage sur le Rhin, mais dont l'action paraît tout à fait fantaisiste. Les deux principaux personnages, l'empereur Sigismond et le roi Ladislas — déguisés en pages pour capter, avec l'aide du diable, la confiance de Mahaud, marquise de Lusace — sont des personnages de fantaisie créés par le procédé de généralisation dont nous avons déjà vu un exemple dans le roi Sanche. Leur acte — l'attentat criminel contre la marquise endormie pendant la veillée du trône au manoir de Corbus — n'a pu être ramené par M. Berret à aucune source précise. Le récit laisse bien percer parfois les sentiments personnels du poète — sentiments d'animosité contre les rois — mais ceux-ci ne s'expriment pas d'une manière assez directe et continue pour pouvoir motiver l'invention du drame. On croirait donc facilement se trouver en présence d'une inspiration sans origine précise, d'un jeu du hasard ou de l'inconscient. Les recherches de M. Berret ne nous laissent pas dans cette incertitude. N'ayant rien pu trouver sur l'action principale et les héros du poème, il s'attaque au dénouement et découvre ici un fait qui, psychologiquement, nous fournit la clef de l'énigme. On se rappelle le dénouement : la statue de l'ancêtre, — armure dressée debout où se cache Eviradnus — venant au secours de la marquise, serrant Ladislas jusqu'à l'étrangler et se servant de son cadavre pour assommer Sigismond? M. Berret distingue, dans cette image, la reproduction de deux motifs pris l'un dans les lectures, l'autre dans la vie même du poète : d'une situation analogue qui pouvait lui revenir à la mémoire et de la peur qui le hantait de l'inanimé-vivant.

En ce qui concerne les souvenirs d'une situation analogue, il cite avant tout ceux qui se rattachent à la légende française de Saint Victor. Elle devait être connue de Victor Hugo, même sous deux formes : sous la forme poétique du recueil d'Edouard d'Anglemont et, en prose, de celui de M. Aycard.

Dans cette légende la statue du saint s'anime pour venir au secours d'une jeune fille poursuivie par la concupiscence de l'abbé du couvent. M. Berret ajoute que la forme même du châtiment pouvait être inspirée par des exemples fort connus. Il y a, dans la « Chute d'un ange », de Lamartine, une scène analogue d'extermination avec une « massue humaine » et dans le chant XXIV du Roland Furieux on voit le héros assommer une troupe de bergers avec le corps d'un de leurs camarades.

Ces indications sont très intéressantes et on ne saurait en méconnaître la valeur. Evidemment, le souvenir de ces lectures n'est pas pour rien dans le dénouement du poème. Consciemment ou inconsciemment l'auteur aura puisé dans sa mémoire. Mais, à lui seul, ce motif ne suffit pas pour expliquer le sujet. On sent que ce n'est pas pour faire revivre l'image de Saint Victor ou de Roland que l'auteur a inventé le drame au manoir de Corbus. Les souvenirs de lectures semblent amenés par quelque chose d'autre et, du point de vue psychologique, c'est à l'autre motif que nous donnons la première place. M. Berret rappelle, en passant, l'impression produite sur Victor Hugo par les statues des chevaliers et l'espèce de hantise qu'il y avait chez lui de l'inanimé-vivant. Ce motif revient plusieurs fois dans ses lettres du « Rhin » et semble étroitement associé, chez lui, au souvenir de l'Allemagne. A Fribourg, la statue de Berthold l'a fait pâlir d'épouvante à la pensée qu'il pourrait la rencontrer dans l'escalier. A Heidelberg il a eu des sensations d'angoisse devant la statue du nain Perkeo et dans la salle des chevaliers. Devant les cariatides de Francfort il a eu l'horrible vision de leur déchaînement. « Le plus horrible cauchemar qu'on puisse avoir à Francfort, écrivait-il, c'est le réveil, le déchaînement et la vengeance des cariatides » et *l'on sait*, ajoute M. Berret, *qu'en* 1857, *cette vision terrifiante s'organisera pour l'épopée en un vaste grouillement des cariatides du Pont-Neuf regardant passer la fantômale chevauchée des statues des rois de France*.

Voilà le fait qui nous paraît ici d'une importance capitale. L'Allemagne médiévale, pour Victor Hugo, c'était le pays des châteaux et des chevaliers, des chevaliers vivants contemplés par des chevaliers-statues, et l'image de ces derniers aura entraîné, par association, le souvenir de Saint Victor et de sa terrible vengeance.

On saisit maintenant le mécanisme de cette inspiration. Elle n'a pas surgi de l'inconscient comme Minerve, toute armée, du cerveau de Jupiter, mais se sera formée dans le sens inverse à l'action du drame : c'est l'idée du châtiment qui aura entraîné celle du crime avec les figures des coupables et de leur terrible justicier.

Chacune de ces figures a son histoire qu'il serait intéressant de poursuivre ici, mais cela nous entraînerait trop loin. Le fait est que le poème est très riche en données descriptives et documentaires de toutes sortes. Derrière la victime il y a toute la lignée de ses ancêtres représentés par leurs armures dans le manoir de Corbus ; derrière les meurtriers il y a la liste de leurs conquêtes et l'état politique de l'Europe à la fin du IXe siècle ; dans le cadre même du drame il y a des tableaux d'une richesse extraordinaire en traits descriptifs, comme, par exemple, celui de la salle des chevaliers. M. Berret reconnaît ici comme sources, tour à tour, Moreri, Pfeffel, les « Burgraves », l'atlas historique d'Ansart, les notes du voyage sur le Rhin et jusqu'à deux guides des voyageurs à Heidelberg. Les images tirées de tout cela s'enchaînent avec cette fougue, cette prédominance du rythme que nous avons déjà relevée plus haut, et certains tableaux se développent au point d'obscurcir le plan de l'ouvrage, mais à quelqu'un qui connaît déjà les procédés de Victor Hugo il n'est pas difficile de distinguer ici les matériaux de seconde main. On reconnaît que tout cela se surajoute à l'image de l'inanimé-vivant pris comme modèle du merveilleux dans le moyen âge allemand.

Les trois romances de Ratbert ont été conçus simultanément avec « Elciis », comme le prouvent les premiers brouillons de l'auteur, mais l'exécution en a été si différente que ce dernier poème a dû être publié à part. Tandis que l'inspiration d'Elciis se modelait sur les sentiments propres de Victor Hugo, les romances de Ratbert prenaient une forme impersonnelle, ce qui fait que nous les classons ici dans le troisième groupe. M. Berret, qui juge en critique et non pas en psychologue, ne fait pas cette distinction.

Il ramène ces quatre poèmes à la même source : à l'indignation du poète contre le pouvoir despotique et contre l'asservissement de l'Italie. Mais si l'impulsion initiale est la même, le développement de l'inspiration est ici très différent. Dans « Elciis » les sentiments et les idées du poète s'expriment directement, sous forme d'un réquisitoire, tandis qu'ici les matériaux qu'il amasse, se distribuent en tableaux descriptifs et scènes dramatiques.

Ces dernières, comme on le verra plus loin, ne surgissent pas toutes formées des arcanes de l'inconscient, mais se composent sur des modèles pris au dehors.

Dans le premier romance, « Les conseillers probes et libres », on voit Ratbert tenir un conseil sur la place d'Ancône. Tour à tour, Jean de Carrara, l'archevêque d'Urbin, le marquis Cibo et Afranus, évêque d'Arles, se lèvent pour glorifier la puissance de l'empereur et reçoivent le prix de leur soumission. Toute l'assistance se fait complice de cette lâcheté. Seuls, quelques seigneurs, jetant un regard inquiet derrière eux, sur le portail de l'église

« Virent que le Satan de pierre souriait. »

M. Berret voit dans Ratbert un « alter ego » de Napoléon III et dans l'ensemble de ce tableau l'expression des sentiments du poète à l'égard de l'Italie, sentiments de révolte contre le despotisme dans le présent et dans le passé. Nous ne sommes pas tout à fait d'accord avec lui. L'expression directe des sentiments peut être réduite à un geste, comme nous l'avons vu dans « Masferrer », mais il faut alors que la personnalité de l'auteur intervienne autrement dans la création. Dans « Masferrer », c'est l'image du bandit qui est modelée sur celle du poète, dans « Bivar », c'est la situation qui est modelée sur une attitude qui lui paraît sympathique. Ici, rien de tel. Dans aucune partie de ce poème l'auteur ne se prend lui-même pour modèle. Cela nous fait conclure que si l'impulsion est la même que dans Elciis, l'exécution a dû se faire sur un modèle pris au dehors et nous donnons ici la première place au rapprochement que fait M. Berret avec un ouvrage de La Vicomterie « Les crimes des empereurs ». Les pamphlets de La Vicomterie étaient dans la bibliothèque de Victor Hugo. Il s'en est certainement servi pour établir son réquisitoire contre les princes et l'Eglise[1] et son regard a dû tomber sur un passage où on voit Frédéric Barberousse à la diète de Roncales. M. Berret cite ce passage ainsi que d'autres de Pfeffel, relatifs aux descentes des empereurs d'Allemagne en Italie, comme des sources où Victor Hugo a dû puiser un renforcement à ses idées. Pour nous, ce n'est pas un simple renforcement, c'est un modèle qu'il a dû trouver là. Dans ces assemblées, il a été justement question des droits de l'empereur et La Vicomterie rapporte que le jurisconsulte Bulgaris, ayant émis un avis favorable, reçut de

1. La Vicomterie de Saint-Samson. *Les crimes des papes. — Les crimes des empereurs.*

Frédéric son cheval... tout comme Jean de Carrara reçoit de Ratbert sa chaîne. Si Victor Hugo a entrepris de consulter ces ouvrages pour renforcer l'expression directe de ses idées, il a dû abandonner ce plan et profiter du modèle qu'il y trouvait.

Les deux autres romances semblent bien confirmer cette hypothèse, car la peinture des mœurs médiévales y prédomine de plus en plus sur l'expression des idées. Dans la « Défiance d'Onfroy » il y a bien un discours qu'on peut assimiler à ceux de Félibien et de Welf, mais qui a beaucoup moins de relief, et on sent bien que le centre de gravité n'est pas là, mais dans les paroles d'Afranus. « Cet homme est fort, dit Ratbert, et nous, peu nombreux. Que faire? »

« Laisse-moi l'inviter à souper, dit l'évêque. »

Il est évident que ce tableau est créé sur le modèle des nombreux empoisonnements qu'on trouve de nouveau chez La Vicomterie.

Dans la « Confiance du marquis Fabrice » le sujet est plus développé et présente, sans doute, un amalgame d'inspirations. Le poème commence par une description du château de Final et de ses habitants. Dans le portrait du vieux Fabrice, on reconnaît bien les souvenirs du « Cid » et des « Burgraves »; dans le décor, malgré les traits de couleur locale, des réminiscences bien nettes du « Rhin »; dans la toilette d'Isora et le dialogue de l'enfant avec l'aïeul, certains motifs de « L'art d'être grand-père ». L'auteur a évidemment pris plaisir à développer ces tableaux, mais ils n'ont tout de même qu'un rôle accessoire. Ils servent à amener le tableau principal, du triomphe par la trahison, créé sur le modèle de quelque épisode de Moreri ou d'une autre source historique. M. Berret est moins affirmatif à ce sujet. Il a bien trouvé dans Moreri la source de certains détails relatifs au marquisat de Final :

« L'enfant est Isora de Final, héritière
Du fief dont Witikind a tracé la frontière... »

Ce Witikind dont le nom germanique étonne bien en cet endroit, est dans Moreri, ainsi qu'Othon et Anselme, ses descendants qu'on trouve mentionnés dans un autre passage du poème.

> « Le fils de Witikind vieilli dans les combats
> *Othon* scella jadis dans les chambres d'en bas
> Vingt caissons dont le fer verrouille les façades
> Et qu'*Anselme* plus tard fit remplir de cruzades. »

Les détails historiques sont donc pris dans Moreri et dans le même article on trouve un fait très suggestif : la chute de Final, par surprise, entre les mains des Espagnols. Ces derniers, *sous prétexte d'embarquer quelques troupes*, furent reçus dans Final et s'emparèrent de la forteresse. Naturellement ce n'est pas la même chose que dans le poème, et M. Berret n'affirme pas que ce soit la véritable source, mais cela nous paraît fort probable. Quand on pense à toutes les histoires de crimes que Victor Hugo avait sous la main chez La Vicomterie et les autres, on admet facilement qu'il ait eu l'idée d'en composer une de plusieurs éléments, dont celui que nous venons de relever chez Moreri.

Cela donnait aussi l'occasion d'exprimer par la bouche de l'aïeul le mépris et la haine du poète envers les tyrans, mais comme le monologue d'Onfroy, les imprécations de Fabrice n'ont qu'un rôle accessoire. Ce n'est pas là le point culminant du drame. Il est dans la peinture des cruautés faisant suite à l'orgie et ce tableau est bien composé, comme celui de la trahison, sur le modèle des faits fournis par les historiens.

Cela fait que malgré l'unité du souffle qui les anime, les trois romances de Ratbert se distinguent nettement d' « Elciis » et du « Comte Félibien ». Ils sont composés sur des modèles pris au dehors et présentent, comme telles, des types caractéristiques du troisième groupe.

S'il nous restait encore un doute sur la possibilité de prendre ainsi des modèles partiels et de s'inspirer de plusieurs sources à la fois, l'analyse du « Petit roi de Galice » et du « Jour des rois » suffirait pour l'enlever. Là, en effet, les éléments subjectifs sont tout à fait dispersés, aucun modèle direct ne peut être trouvé et les sources partielles s'indiquent nettement. Pour le premier de ces poèmes, M. Berret en indique trois : les souvenirs du voyage en Espagne, Moreri et l'Arioste. On se rappelle le sujet : la chevauchée des rois bandits dans la sombre vallée d'Ernula, emmenant prisonnier le petit roi Nuno, le sort qui lui est réservé — le cloître ou la mort — l'apparition de Roland, la délivrance de la victime et le combat épique d'un contre cent, se terminant par l'extermination des bandits. M. Berret prouve, les textes en main, que l'action de ce poème est composée sur les motifs fournis par Moreri, à peu près comme celle de la « Confiance du marquis Fabrice ». Ici, il n'y a pas de doute. Tous les noms sont pris dans Moreri, la plupart dans la liste des rois de Léon. Le crime a plusieurs pendants dans les faits attribués à ces derniers : Froïla Ier a fait assassiner son frère Vimoran, Ramire II a enfermé son frère Alphonse VI dans un cloître, Sanche II a détrôné son frère Garcia, roi de Galice... L'idée de la délivrance vient d'une autre source. M. Berret prouve qu'elle ne peut provenir que de l'Arioste, car c'est là que Roland prend le caractère d'un chevalier errant, tandis que dans la chanson de geste il combat pour Charlemagne. Enfin, quant au décor, il montre que ce dernier présente le développement direct des notes prises par l'auteur dans ses albums de voyage.

Dans le « Jour des rois », M. Berret distingue, principalement, deux sources. Le jour des rois, c'est le jour de l'incendie et du pillage, tableau qui paraît inspiré à Victor Hugo par la vue de la campagne espagnole après l'insurrection. Ce spectacle a un témoin, le mendiant, dans lequel on reconnaît le crétin rencontré par le poète devant le cirque de Gavarnie. Le décor est composé à l'aide d'une liste de noms espagnols.

Comme on le voit, la composition peut être faite sur des

modèles très variés. Ceux-ci peuvent être pris aussi bien dans une source littéraire que dans la mémoire du poète ou dans une de ses propres œuvres. Jetons, pour compléter ces indications, un rapide coup d'œil sur les derniers poèmes. Dans « Sultan Mourad », comme dans « Le parricide », comme dans « Montfaucon », partout on retrouve les idées et les sentiments habituels du poète : idées et sentiments de révolte contre la tyrannie. Ce ne sont pas des œuvres exemptes de l'intervention du « *moi* », comme le « Mariage de Roland » ou « Aymerillot ». Mais pas plus que dans les poèmes précédents, l'élément personnel ne sert ici de guide à l'inspiration. Celle-ci s'attache toujours à quelque modèle extérieur. Le poème oriental a pour sujet l'antithèse des cruautés de Mourad avec le geste de soudaine pitié dont il chasse les mouches du flanc ouvert d'un pourceau. Le tableau des cruautés rappelle bien les diatribes habituelles d'Hugo contre les tyrans, mais ce n'est pas là le mobile de l'inspiration. Ce dernier, on le reconnaît tout de suite dans le verset du Koran, traduit et inséré dans le même recueil :

> « Pâles, les morts viendront pour regarder leurs œuvres
> Ceux qui firent le mal le poids d'une fourmi
> Le verront, et pour eux Dieu sera moins ami,
> *Ceux qui firent le bien ce que pèse une mouche*
> Le verront, et Satan leur sera moins farouche. »

« Sultan Mourad » n'est qu'une illustration de l'antithèse qui se dégageait de ces dernières lignes.

Dans le poème scandinave, le roi Kanut a bien un certain rapport avec Napoléon III. Ce dernier a été traité par Victor Hugo de parricide comme assassin de la patrie, mais dans ce poème les allusions contemporaines s'effacent devant la tragique horreur du spectacle que présente le châtiment. L'assassin condamné à errer éternellement sous une pluie de sang, n'a plus aucun rapport avec l'empereur des Français et on sent bien que le mobile principal du poète est le désir de tracer un tableau sur les données fournies par les légendes scandinaves.

Enfin, « Montfaucon » n'est que le développement d'un tableau de « Notre-Dame de Paris ». M. Berret prouve que la pensée du poète suit de très près la description du roman, et l'introduction qui contient l'entrevue de Philippe le Bel avec l'évêque Bertrand, est composée sur un modèle également précis. Tous les ouvrages historiques dont Victor Hugo s'est servi pour « Notre-Dame de Paris », parlent d'une entrevue mystérieuse dans le bois de Saint-Jean d'Angely où Philippe aurait offert à Bertrand de Got la papauté au prix de six conditions restées inconnues. Le poète s'est évidemment servi de cette scène pour amener l'admirable description de Montfaucon que lui suggérait son propre roman.

Comme on le voit, cette troisième forme d'inspiration peut varier à l'infini et fournit un nouveau développement au mécanisme du génie poétique. Celui-ci se distingue à présent nettement d'un simple don ou talent de ce genre. Si l'un consiste dans la faculté de se livrer à un jeu de réflexes cérébraux avec décharge verbo-motrice, l'autre comprend une extension énorme de ce jeu par des contacts avec le monde extérieur. On dit communément qu'à vingt ans chaque homme est poète. C'est vrai en ce sens qu'à cet âge on est porté à la rêverie et que celle-ci se décharge facilement en réactions verbales rythmées. Mais l'activité cérébrale d'un grand poète dépasse de beaucoup cette rêverie et cette décharge. L'étude que nous venons de faire en a révélé les traits isolés ; tâchons de les réunir en un tableau synthétique. Nous avons vu d'abord qu'outre la rêverie naturelle un grand poète décharge aussi l'apport de ses lectures et l'enchaînement des souvenirs avec les données d'information. Nous avons vu d'autre part qu'il amplifie l'acte même de la décharge : *a*) par la transposition de la prose en vers ; *b*) par l'utilisation des matériaux qui lui tombent sous les yeux ; *c*) par la documentation, en vue du sujet choisi et même sans but déterminé. Chacun de ces phénomènes présente une extension des réflexes cérébraux par le contact avec le monde extérieur. Naturellement nous ne prétendons pas là avoir saisi tout ce qui constitue l'essence du génie poétique. Le cerveau est un mécanisme vivant dont le fonctionnement peut varier à l'infini et d'autres œuvres peuvent révéler, même chez V. Hugo, un travail de composition sensiblement différent.

Mais tout en réservant la solution définitive de ce problème, nous croyons avoir tranché un des points les plus essentiels. Ce qui nous intéressait avant tout, c'était la provenance des matériaux dans une grande œuvre poétique et nous croyons avoir montré que toute la richesse de ces derniers vient du contact avec les excitants externes. Cela fait que le génie poétique perd la plus grande part de son mystère et se révèle, à son tour, comme un développement de l'activité réflexe du cerveau.

CHAPITRE VIII

RECHERCHES SUR LE MÉCANISME DE L'INSPIRATION DANS LE ROMAN

Les travaux des freudistes. — Hypothèse d'une reviviscence des complexus psychiques datant de la première enfance. — Analyse des produits de l'imagination populaire. — Rank et le mythe de la naissance du héros. — Freud et la légende d'Œdipe. — Le complexus de l'inceste chez Boccace, dans « Hamlet » et dans l' « Age dangereux » de Karin Michaelis. — Insuffisance et arbitraire des conclusions de la psycho-analyse.

Le mécanisme de l'inspiration poétique ne suffit tout de même pas pour expliquer tout l'essor de l'imagination créatrice. Il reste un domaine où celui-ci suppose encore d'autres facteurs. C'est le roman. D'une part, parce que la matière du roman est plus vaste, d'autre part, parce que l'inspiration n'a pas ici le secours du langage qu'elle a dans le premier cas. Du point de vue de la psychologie objective le langage rythmé est un facteur qui peut servir à la fois d'excitant et de guide. Il n'en est pas de même pour la prose. Comme facteur organique il entre bien ici, dans une certaine mesure, le besoin de la décharge verbale qui se manifeste dans la disposition naturelle de certains individus au bavardage, mais celui-ci ne suffit pas pour expliquer l'extension ni la complexité de structure des œuvres d'imagination comme certains romans.

L'inspiration, telle qu'elle se manifeste dans la nouvelle ou le roman, est à la fois plus naturelle et plus difficile à expliquer. Conter ses impressions et ses souvenirs est un besoin naturel de l'homme et nous revenons ici à ce qui a été très justement noté par Freud, notamment au besoin de s'arracher à la réalité pour compenser les insuffisances de la vie journalière, mais le développement que prend cette fonction chez le romancier, est difficilement explicable. On comprend encore les œuvres égocentriques où se reflète l'expérience personnelle de l'auteur, mais comment expliquer la broderie sur les thèmes impersonnels avec amplification du récit par des détails descriptifs et des figures de second plan ? Ici, plus de jouissance immédiate produite par le rythme ou la sonorité du langage. Ce dernier n'est qu'un instrument de la pensée et on connaît des auteurs chez qui l'expression verbale est volontairement simplifiée (Maupassant), comme aussi d'autres, très puissants et féconds, chez qui elle est souvent imparfaite ou négligée (A. Dumas père, George Sand). Nous pouvons même en citer un — M. Paul Adam — chez qui elle semble constamment inférieure à la pensée, étant bouleversée par l'aspiration à des formules nouvelles et des symboles plus adéquats. De ceux-ci on ne peut pas dire qu'ils se grisent de mots, comme on le dit de certains poètes. Leur ivresse est purement cérébrale et reste d'autant plus cachée à l'observateur. Quelle en est donc l'origine et la raison d'être? Quels sont les facteurs qui déterminent la naissance et le développement de ces œuvres dont l'étendue dépasse tant de fois celle d'une simple rêverie? Voilà le point le plus mystérieux du problème de l'imagination créatrice.

Malgré la difficulté que nous venons de signaler il est aujourd'hui à l'ordre du jour. Il a soulevé chez les freudistes des recherches qui frappent par leur caractère inventif et méritent d'être étudiées avec attention. Les conclusions en sont parfois paradoxales ou peu fondées, mais cela ne les empêche pas d'être éminemment suggestives et d'ouvrir des voies très intéressantes. De notre côté, nous avons essayé de faire la même chose que pour l'inspiration poétique : une enquête auprès de quelques romanciers les plus en vue de notre temps. Celle-ci s'imposait non seulement parce que le témoignage des auteurs peut être rapporté maintenant à des données plus précises de la mécanique cérébrale, mais encore parce que les études des freudistes se rapportent, pour la plupart à des œuvres déjà anciennes pour lesquelles il fait totalement défaut. Il était donc tout indiqué de comparer les déductions tirées par les moyens de la psycho-analyse, avec les résultats d'une enquête personnelle faite d'un point de vue purement objectif.

Commençons par exposer l'état général des recherches. Nous avons déjà dit comment Freud s'est trouvé amené à étudier les rêves de ses malades et leur tendance aux rêveries à l'état de veille. De là aux produits littéraires de l'imagination il n'y avait qu'un pas à faire. Disons maintenant que le principal résultat de ces recherches a été de découvrir, dans les uns et les autres, des complexus psychiques très anciens en date, remontant quelquefois à la première enfance du sujet. Comme point de départ de ces recherches on peut signaler la découverte par Freud dans les rêves où figurent les parents du sujet, d'un complexus psychique propre à l'enfance et évoquant, d'autre part, le souvenir d'un mythe célèbre de l'antiquité[1]. Le complexus en question est celui de la jalousie vis-à-vis du père ou de la mère — selon le sexe de l'enfant — et le mythe est l'histoire d'Œdipe. S'étant attaché à analyser les rêves où l'on voit la mort des parents — ce qui, de son point de vue, comme réalisation d'un désir, semblait tout à fait monstrueux — Freud est arrivé à conclure qu'ils ne peuvent s'expliquer que par la reviviscence d'un sentiment très spécial de jalousie, propre à la première enfance. De là à d'autres rêves où l'on se voit partager la couche de sa mère, comme aussi à la légende d'Œdipe la transition était très facile et Freud l'a faite sans hésiter, affirmant que l'intérêt universel pour cette légende s'explique justement par le fait qu'elle présente la reviviscence d'un rêve ou d'un désir du premier âge.

1. Freud. *Die Traumdeutung*, 1900, p. 183-6.

Cette idée a eu beaucoup de succès. Les disciples de Freud se sont mis à scruter dans ce sens d'autres mythes et légendes et, encouragés par l'impossibilité où l'on est de vérifier leurs assertions, sont arrivés à des conclusions tout à fait fantastiques. Cherchant des analogies avec la mentalité primitive, ils sont arrivés à affirmer que dans l'imagination populaire, comme aussi dans les rêves individuels, on voit revenir non seulement les impressions de la première enfance, mais même des souvenirs ancestraux transmis par l'hérédité.

« Le mythe, dit Abraham, n'est qu'une reviviscence de la mentalité primitive du peuple et le rêve n'est autre chose qu'un mythe de l'individu[1]. » Nous avons tout lieu d'admettre, ajoute Jung, que l'âme présente une superposition de couches dont les plus anciennes se trouvent dans l'inconscient. Il s'en suivrait que la régression sensorielle, comme la comprend Freud, peut aller au delà des souvenirs de l'enfance jusqu'aux résidus de la mentalité archaïque et entraîner, même lorsqu'elle s'accentue, la reviviscence de tout un fragment de l'idéation ancestrale[2].

Du point de vue de la psychologie objective, cette conclusion semble moins fondée que ne l'était celle de Freud, car si on peut admettre la reproduction d'un réflexe datant de la première enfance et tombé depuis longtemps dans l'inconscient, rien ne parle en faveur de la transmission héréditaire des réflexes de cette catégorie. Nous savons que certains mouvements peuvent être considérés comme innés, par exemple le mouvement de la succion chez l'enfant ou celui par lequel un poussin à peine sorti de l'œuf se met à piquer des grains, mais ce ne sont pas des réflexes sensoriels. Nous avons même tout lieu de penser le contraire, car l'expérience montre que les réflexes les plus importants de cette catégorie, ceux qui permettent de distinguer

1. Abraham. *Traum u. Mythus*, p. 71.

2. C. G. Jung. Wandlungen u. Symbole der Libido, *Jahrbuch f. Psychoanalyse*, vol. III, 1re partie, 1911, p. 149.

la forme des objets, font totalement défaut aux aveugles-nés, lorsqu'ils commencent à voir après l'opération de la cataracte. Comment admettre alors que les réflexes de nature encore plus élevée, comme ceux qui déterminent les rapports des sexes ou l'attitude de l'enfant vis-à-vis des parents, puissent se transmettre par l'hérédité ?

Cette conclusion nous semble tout à fait erronée, mais les freudistes la défendent avec tant de conviction et trouvent ici l'impulsion à des recherches si curieuses qu'on est forcé d'entrer dans leur argumentation.

Un des premiers travaux qui aient été publiés sur cette question, était celui de Rank, « Le mythe de la naissance du héros[1] ». Des mythes de ce genre se rencontrent chez différents peuples et frappent par leurs analogies. L'auteur passe en revue les données, historiques ou légendaires, sur la naissance de Sargon, fondateur de Babylone, de Moïse, Œdipe, Paris, Persée, Cyrus, Hercule, Jésus, Siegfried, etc., et conclut que tous ces récits sont faits à peu près sur le même schéma. Le héros est toujours d'une origine très élevée, généralement de sang royal, mais, à la suite d'un mauvais présage (oracle ou rêve), se trouve abandonné et recueilli par des gens de basse condition. Généralement il est déposé tout de suite après la naissance dans une boîte sur le fleuve ou bien abandonné dans un endroit désert. Une fois grandi, il découvre son origine, se venge de son persécuteur et reprend la place qui lui est due. Ce schéma se rapprocherait des éléments que l'analyse de Freud a découverts dans les rêveries de la première enfance. Au début, dit Freud, les parents ont, aux yeux de l'enfant, une autorité sans limites. Leur ressembler est son désir le plus vif. Mais peu à peu la vie fait connaître leurs défauts, et la désillusion qui en résulte fait souvent naître le désir de retrouver l'image des premiers jours. L'enfant se met à rêver que ce ne sont pas ses vrais

1. O. Rank. *Der Mythus von des Geburt des Helden*, *Deuticke*, Leipzig u. Wien, 1909.

parents, que ceux-ci il les retrouvera plus tard... Ces rêveries seraient bien plus fréquentes qu'on ne croit : elles seraient soutenues par la comparaison avec d'autres familles, quelquefois aussi par la venue au monde d'un frère ou d'une sœur, faisant concurrence au premier-né ; elles formeraient ce que Freud appelle « le premier roman des enfants névrosés » et revivraient plus tard dans le mythe de la naissance du héros.

Le rapprochement fait par Rank est, à coup sûr, très intéressant, mais la conclusion qu'il en tire nous paraît peu fondée. Ce qui parle tout d'abord contre elle, c'est qu'il met au même rang les récits de nature tout à fait fantastique, comme, par exemple, le mythe d'Hercule, et les traditions de nature historique, comme la légende de Moïse ou de Jésus. Ces dernières contiennent cependant quelque chose de plus que la reviviscence des rêveries enfantines ! Elles se rapportent à des faits réels et reflètent tout droit les mœurs de l'époque. Le massacre des enfants, tel qu'il est ordonné par le pharaon ou par Hérode, a une raison politique qu'on ne saurait négliger et qui ne rentre nullement dans la mentalité enfantine. Mais si on y regarde de plus près, on s'aperçoit que les autres mythes contiennent aussi des motifs qui les différencient nettement de la rêverie en question. Ils caractérisent bien un état particulier de la famille dans le monde antique, mais nous y voyons bien plus l'indication des luttes intestines que celle d'un désaccord moral, comme le comprend Freud. Ce qui nous paraît très caractéristique, c'est que dans la plupart des cas (Cyrus, Persée, Télèphe, Gilgame, Khaïkosavr, etc.) la crainte concerne *le fils d'une fille*, c'est-à-dire un être appartenant par son père à une race étrangère. Lorsqu'on pense qu'il s'agit toujours d'un enfant de sang princier, on comprend ce qu'il pouvait y avoir là de menace pour la conservation du pouvoir. Dans un autre groupe de mythes l'abandon de l'enfant est motivé par sa naissance illégitime (Sargon, Karna, Ion, Amphion et Zétos, Hercule, etc.). On apprend notamment qu'il est le fils d'une vestale ou d'une vierge séduite par un dieu, et cela présente de nouveau un facteur dont l'importance ne peut être niée. On comprend que le viol et la séduction des vierges aient préoccupé l'humanité primitive à l'égal des luttes pour le pouvoir. Bref, nous voyons à tous ces mythes des points d'appui dans la réalité qui font que la réduction aux rêveries enfantines nous paraît beaucoup trop étroite. Evidemment, il y a là une répétition des motifs qui frappe au premier abord et fait penser à l'existence d'une source commune. Tel est, par exemple, le fait que dans bon nombre de ces récits le nouveau-né est mis dans une caisse ou une corbeille en osier et abandonné au courant d'un fleuve. Quand on pense que ce fait se retrouve dans l'histoire de Moïse, dans la légende de Sargon, fondateur de Babylone, dans l'épopée hindoue de Mahabharata qui raconte la naissance de Karna, et dans le mythe grec de Persée, on se demande si elle ne provient pas d'une source commune. Rank voit tout de suite un rapport avec la symbolique du rêve et déclare que la boîte étant le symbole habituel de l'organe génital de la femme, la descente de celle-ci dans l'eau symbolise la naissance de l'enfant. Le rapprochement est de nouveau possible, mais, voudrions-nous demander, quel sens y a-t-il de symboliser un acte qui a déjà été nommé et décrit auparavant ? Le fait est qu'on est instruit de la naissance de l'enfant bien avant d'apprendre qu'il est abandonné au courant du fleuve. Passe encore dans un rêve où les incohérences et les répétitions sont très fréquentes, mais non pas dans un récit logique et conscient. D'ailleurs cet épisode est remplacé dans d'autres mythes par des actes qui n'ont rien de symbolique. Dans le mythe de Pâris l'enfant est abandonné sur le mont Ida où il est allaité par un ours ; dans celui de Zal, comme le rapporte l'épopée persane de Firdusi, il est exposé sur le mont Alburs où le nourrit un grand oiseau, Simurgh ; dans la légende de Cyrus il doit être abandonné dans un endroit désert de la montagne, mais on lui substitue un enfant mort-né; dans l'histoire de Khaïkosavr et dans celle de Feridun, comme les rapporte de nouveau Firdusi, l'enfant est simplement abandonné aux bergers qui l'élèvent dans l'ignorance de sa vraie origine. Là aussi il y a une concordance de faits, mais qui n'a rien de symbolique. Elle s'explique par la pauvreté relative de la vie et de l'imagination à cette époque. Il n'y avait pas trente-six moyens de se débarrasser d'un nouveau-né, si on ne voulait pas recourir au meurtre. Il n'y avait qu'à l'abandonner dans un endroit désert et, pour le transporter au loin, il n'y avait qu'à le confier au courant d'un fleuve. L'imagination ne faisait que se servir des schémas fournis par la vie.

Nous n'insistons même pas sur les conséquences logiques de la théorie opposée qui sont tirées par Rank jusqu'à leurs extrêmes limites. Pour lui, tous ces récits étant faits sur le schéma de la rêverie enfantine, les personnages qui y figurent sont aussi symboliques que les actes et se ramènent tous aux trois principaux : au héros et à ses parents. Ainsi, le pharaon dans l'histoire de Moïse, de même qu'Astyage, le grand-père de Cyrus, n'est qu'un symbole de la tyrannie paternelle. Les parents d'adoption symbolisent au contraire ce que les parents peuvent avoir de tendresse et de dévouement. Là, enfin, où il y a entre les deux couples des personnages accessoires, comme par exemple Harpage et sa femme dans la légende de Cyrus, il voit également une « doublure » des parents. Inutile de souligner ce que cette conception a d'arbitraire et d'artificiel. Cela n'explique nullement comment ces personnages arrivent à se dédoubler, ni comment de ce schéma si pauvre en données peut sortir cette richesse et cette variété de détails.

Pour nous, le peu que nous ayons saisi comme concordance avec la vie réelle, semble amener une tout autre conclusion. Nous voyons ici la preuve que *les mythes, loin de provenir de la rêverie enfantine, sont, comme celle-ci, inspirés par la vie.* Mais, naturellement, à des degrés différents. Pour en revenir à la formule initiale de Freud, nous voyons, dans un cas comme dans l'autre, *le développement interne d'une impression aidé par l'expérience antérieure du sujet*. L'enfant est frappé par la dureté ou l'injustice des parents. Il se rappelle les avoir vus plus grands, plus généreux, et se plaît à penser qu'il retrouvera un jour les êtres qu'il a connus jadis. L'aède est frappé par la grandeur du héros. Il ne peut la concilier avec une humble origine et se plaît à penser que le héros retrouve un jour des parents dignes de lui. Le procédé est à peu près le même, parce qu'il est fourni par la même expérience de la vie, mais dans le second cas elle est beaucoup plus développée. C'est de là que proviennent les détails si pittoresques du berceau flottant sur l'eau ou abandonné dans un site désert, de l'allaitement par une louve ou une ourse, du sauvetage par un aigle ou par l'oiseau fantastique Simurgh, comme aussi les événements antérieurs à la naissance, la séduction de la vierge par un dieu transformé en pluie d'or, le rêve prophétique menaçant le père d'un grand danger, etc., etc.

Tout cela est puisé au dehors, comme le prouve l'infinie variété des détails. S'il y a là une ressemblance avec les rêveries des enfants névrosés, c'est que l'imagination est dirigée dans le même sens et se modèle sur des faits analogues. Telle est aussi la cause d'une autre ressemblance très justement relevée par Freud et par Rank : avec les rêves de grandeur des paranoïques. Mais ce dernier a bien tort d'en conclure que le mythe est aussi « de nature paranoïde ». Le mécanisme des réflexes cérébraux peut avoir ici des traits communs, mais celui des rêveries enfantines est encore dans un état rudimentaire et celui des paranoïques est manifestement détraqué. Pour aboutir à la création d'un mythe il doit avoir un degré de développement qu'il n'a ni dans l'un, ni dans l'autre cas. C'est ce qui fait que, tout en reconnaissant l'intérêt du rapprochement fait par Rank, nous protestons contre la conclusion qu'il en tire. Il est intéressant de constater que toute une catégorie de mythes, d'apparence si mystérieux, se forment comme les rêveries qu'on rencontre chez de tout petits enfants, mais il ne faut pas en conclure que ce soient celles-ci qui revivent dans les mythes. Nous insistons d'autant plus sur cette distinction que les rêveries du premier âge passent facilement pour innées et que cela donne lieu de conclure, comme le fait Abraham, que certains mythes ont une origine atavique, reproduisant la mentalité des races primitives.

Cette conclusion prend surtout de l'importance à l'égard du thème de l'inceste que nous avons déjà relevé chez Freud et qui se trouve mêlé ici à celui de la naissance du héros. L'exemple le plus connu de son développement est le mythe d'Œdipe, mais ce n'est pas le seul. De même que pour le mythe de la naissance du héros, Rank lui a trouvé des équivalents dans d'autres langues : l'histoire de Judas, la légende de Saint-Grégoire-sur-la-pierre et celle du roi Dârâb dans le livre royal de Firdusi. Il en conclut s'appuyant sur la théorie sexuelle de Freud, que dans ces œuvres revit un autre rêve de l'enfance, rêve d'attachement sexuel du fils à la mère, qui se complique d'un sentiment de jalousie vis-à-vis du père.

Ce n'est pas l'endroit d'entrer en lutte contre la théorie sexuelle de Freud. Elle mérite un examen plus approfondi et nous ne pourrions le faire à propos du problème qui nous occupe en ce moment. Mais il ne sera pas difficile de prouver qu'en tout cas il y a ici un malentendu et beaucoup d'exagération. Il se peut que Freud ait raison en ce sens que la sensualité de l'enfant s'éveille bien plus tôt qu'on ne pense, dès les premiers jours de la vie. Mais il y a sensualité et sensualité ! Si on peut parler d'un certain érotisme chez l'enfant, ce n'est, à coup sûr, pas un érotisme génital. Ce sont d'autres zones érogènes qui entrent d'abord en fonction et il se passe bien des années avant que la sensualité de l'enfant prenne un caractère nettement sexuel. Mais indépendamment du fait que cette théorie ne concorde pas avec l'ontogénèse de l'instinct sexuel, on ne peut l'accepter non plus du point de vue de la psychologie. Admettant même — ce qui n'a lieu que dans les cas anormaux et morbides — que chez un enfant de cet âge il se produit déjà des érections, celles-ci ne peuvent être que purement réflexes. La psychologie objective intervient ici d'une manière tout à fait catégorique. Elle distingue nettement entre les fonctions purement réflexes de l'appareil génital et les réflexes associés qui s'établissent plus tard. L'association avec les images mentales ne peut s'établir qu'avec le développement des appareils de perception qui au début ne fournissent que des impressions très rudimentaires. Par conséquent, sans même chercher à contester les observations de Freud, nous pouvons affirmer que l'érotisme de l'enfant ne comprend, dans les premières années, aucun rêve, à plus forte raison un rêve d'inceste, qui suppose déjà une mentalité très développée, et nous concluons que l'expression de ses sentiments doit être interprétée dans le sens le plus étroit. C'est-à-dire, lorsqu'il montre de la jalousie à l'égard du père, celle-ci ne doit pas aller au delà du désir de l'éloigner, lorsqu'il recherche les caresses de la mère, cette tendance est purement réflexe, etc., etc.

Si on passe maintenant de cet érotisme rudimentaire à l'inceste tel qu'il est représenté dans le mythe d'Œdipe et les autres, on reconnaîtra, comme pour le mythe de la naissance du héros, que ceux-ci sont inspirés par une expérience bien plus complète de la vie. Jamais, peut-être, les adeptes de Freud ne se sont plus trompés que sur ce point-là. Qu'on prenne le mythe d'Œdipe, la légende de Judas et celle de Saint Grégoire, partout on trouve une horreur tragique qui suppose la violation d'une loi divine et la conscience de cet acte. Œdipe s'arrache lui-même les yeux, Judas marche d'opprobre en opprobre jusqu'à s'étrangler de ses propres mains, Saint Grégoire passe dix-sept ans en pénitence sur un rocher. Est-ce là l'histoire d'un désir ou d'un châtiment? Ce qui se sent à la base de toutes ces légendes, c'est la stupeur devant l'énormité de l'acte. L'aède cherche ensuite à se l'expliquer et retombe sur le procédé qui a déjà servi pour expliquer la naissance du héros. Il suppose que le malheureux ignore son origine et construit son histoire avec les détails déjà connus du berceau flottant, de l'adoption, etc., comme aussi avec d'autres, tels que l'énigme du sphynx, les actions d'éclat qui rapprochent le héros du trône, etc., etc.

Pour nous il n'y a rien même d'analogue à cela dans la mentalité de l'enfant.

Ce qui augmente l'intérêt de cette thèse, c'est que les freudistes, une fois lancés dans cette voie, voient la reviviscence du « complexus de l'inceste » jusque dans les romans modernes! Ils le signalent dans un conte de Boccace, dans « Hamlet » et dans « L'âge dangereux » de Karin Michaëlis. C'est là une théorie qui prend trop de développement dans la psychologie allemande pour que nous puissions nous dispenser de l'examiner d'un peu plus près.

Le conte de Boccace, c'est l'histoire bien connue de Griselde[1]. On se rappelle qu'elle a pour sujet le mariage plus qu'étrange d'un comte de Saluces avec la fille d'un paysan, qu'il prend sans sou, ni maille, motivant son acte par le désir d'avoir une femme parfaitement docile et soumise. A la naissance d'une fille il l'enlève à la mère et la fait élever au loin, chez une de ses sœurs. A la naissance d'un fils, six ans plus tard, il fait la même chose. Quelques années plus tard encore il déclare qu'un bref venu de Rome lui permet de répudier sa femme et de contracter un nouveau mariage. Griselde reçoit tous ses affronts avec une parfaite résignation et retourne, comme elle était venue, chez son père. Mais son martyre n'est pas encore fini. A l'approche du jour fixé pour le mariage le comte lui

1. Boccace. *Décaméron*, X, 10.

ordonne de rentrer au château, de revêtir le costume d'une servante et de préparer l'installation de sa fiancée.

Celle-ci arrive et tout est déjà prêt pour la noce, lorsque le comte, changeant subitement d'attitude, déclare que ce n'était qu'une épreuve, que la prétendue fiancée est en réalité sa fille, et rétablit Griselde dans son rang d'épouse et de mère. Rank a publié là-dessus une étude très intéressante[1]. Il constate d'abord que cette fable, malgré son étrangeté — si grande que la conduite du comte a soulevé de nombreux commentaires — est passée dans la littérature de presque tous les peuples de l'Europe. Il y voit la preuve qu'elle touche à quelque fibre secrète du cœur humain et, se demandant, à son tour, quelle peut être la raison d'un si long supplice infligé à la pauvre femme, conclut que toute l'histoire n'est inventée que pour exprimer — avec les ménagements imposés par la morale — l'attachement incestueux du père à sa fille. C'est là une autre forme du « complexus de l'inceste » qui se cache, d'après lui, dans les profondeurs de l'âme humaine. A l'appui de sa thèse il cite plusieurs variantes de ce conte, qui, soi-disant, mettent en vue les tendances incestueuses, cachées dans le récit de Boccace, mais nous paraissent, à nous, prouver tout autre chose. Telle est, tout d'abord, l'adaptation dramatique faite en français par Mme de Saintonge (1650-1718). Le motif de l'épreuve s'y trouve tout à fait écarté et le comte *n'agit que par pure convoitise*, mais il ignore que l'objet de ses désirs est sa propre fille et s'arrête devant la découverte de ce fait. Puis vient un vieux conte irlandais où *les choses sont exprimées très crûment* et la pauvre Gishildur est même forcée de tenir la chandelle dans la chambre nuptiale, mais la tendance à l'inceste n'est pas bien forte, puisque le roi finit par s'attendrir sur sa douleur. Dans la ballade de Nikolay où la vieille légende est légèrement altérée, il trouve caractéristique que le comte

1. O. Rank. Der Sinn der Griselda-Fabel, *Imago*, 1re année, 1912, livr. I. Hugo Heller, Leipzig et Vienne.

répudie sa femme, *pour épouser sa sœur*, celle-là même qui dans les autres contes est chargée de l'éducation des enfants. Dans l'adaptation dramatique de Gerhard Hauptmann il relève le fait que le père fait enlever *le garçon par un sentiment de jalousie* à son égard. Enfin, comme traits complémentaires parlant dans le même sens, il signale le fait que, dans le conte de Perrault, la fille, élevée dans un couvent, est demandée en mariage par un jeune gentilhomme auquel le père la refuse *avec un sentiment prononcé de jalousie*, joignant au plaisir de torturer sa femme, celui d'imposer une torture morale à la fille, tandis que dans un vieux conte danois c'est le père de Griselde qui refuse sa main au comte, *voulant la garder près de lui*. Pour Rank ce sont là les preuves d'un complexus psychique qui, remontant de l'inconscient, se manifeste de diverses manières selon l'individualité du conteur. Chacun de ceux-ci aurait développé le thème de l'inceste dans le sens qui lui serait propre. Voilà une affirmation qui est, pour le moins, hasardeuse. Il faut être un visionnaire de l'inceste pour le voir jusque dans le sentiment qui empêche un père de se séparer de sa fille. Pour nous qui voyons les choses sans aucun parti pris, ce sont des variations sur le thème du mariage et de la répudiation, où l'inceste n'intervient que d'une manière accidentelle, comme un moyen de faire rentrer le héros dans le droit chemin. La difficulté d'expliquer la conduite du comte ne provient que de ce grand défaut de la psychologie subjective qui est de ramener toutes les données de l'observation à l'expérience personnelle de l'individu. La conduite du comte de Saluces paraît étrange de notre point de vue, mais quelle erreur aussi que de chercher la clef de cette histoire avec la logique moderne ! Une fois entré dans la voie des interprétations subjectives, on ne trouve plus de limites à sa fantaisie. On finit par attribuer aux conteurs, comme l'a fait Rank, la mentalité des êtres d'exception, des hystériques ou des névrosés !

En réalité ce sont des faits qui ne peuvent être jugés

que d'une manière purement objective. Pour les comprendre il faut se rendre compte de l'état général des mœurs à cette époque et du type particulier que présentait le comte de Saluces. Y avait-il dans son cas simplement de la tyrannie domestique ou bien des impulsions au sadisme ? Nous convenons qu'il est difficile de juger ces choses-là à quatre siècles de distance, mais du moins aura-t-on quelques chances d'approcher ainsi de la vérité. Pour nous, le succès de ce conte chez différents peuples montre seulement qu'il était représentatif des mœurs contemporaines opposant avec beaucoup de relief la brutalité de l'homme à la douceur féminine. Quant à la menace de l'inceste, elle n'avait que la valeur d'un dénouement d'ailleurs assez maladroitement amené.

Mais l'exemple des interprétations subjectives est contagieux ! A la suite de Rank, d'autres adeptes de Freud se sont lancés dans la même voie et sont arrivés à des résultats encore plus déconcertants. L'Américain Ernest Jones attribue au complexus de l'inceste les hésitations d'Hamlet et la lenteur qu'il montre à venger son père[1]. Voici quelle est, brièvement exposée, son argumentation. Il commence par démontrer qu'Hamlet n'est pas un homme sans caractère. Il n'hésite pas à tuer Polonius, ni à rompre avec Ophélie. D'autre part il nourrit une haine bien prononcée contre le roi et se montre tout à fait convaincu de son crime. Il doit donc y avoir quelque cause morale qui arrête sa main. L'auteur rapproche cette hésitation de certaines aboulies de nature hystérique ou neurasthénique et conclut que le héros de Shakespeare est troublé dans son activité par un complexus psychique ancré dans l'inconscient. L'hypothèse est plausible en somme, quoiqu'étant incompatible avec la grandeur morale de l'œuvre qu'elle fait descendre au rang d'une étude pathologique. Mais quel est ce complexus ? Peut-on découvrir son contenu ? C'est ici que

1. Dr Ernest Jones. *Das Problem des Hamlet und der Oedipus-Komplex*, Deuticke, Leipzig u. Wien, 1911.

l'affirmation de l'auteur dépasse tout à fait la portée de ses preuves. D'après lui, Hamlet est incapable de venger son père parce qu'au fond *il était jaloux de lui, de la jalousie inconsciente des enfants qui voudraient prendre la place du père.* Freud voit dans ce sentiment une tendance nettement incestueuse. Nous avons déjà dit combien cette appréciation nous paraît erronée, mais indépendamment de cela nous ne voyons pas même l'occasion de l'appliquer ici. Qu'est-ce qui prouve l'existence d'un sentiment de ce genre chez Hamlet? L'auteur croit être en mesure de le déduire du caractère généralement sensuel de la reine et du fait qu'elle a pour son fils une véritable adoration. D'autre part, il établit un rapport avec Shakespeare lui-même, disant que celui-ci avait un attachement aussi vif à sa propre mère. Il ajoute que le scénario de la tragédie, qui n'est pas de l'invention de Shakespeare, mais a été emprunté par lui à une ancienne légende dont on connaît déjà une adaptation dramatique antérieure[1], révèle en maint endroit les sentiments personnels du poète : dans Hamlet lui-même on reconnaît son contemporain William Herbert, le futur comte Pembroke, dans Ophélie, l'actrice Mary Fitton dont la conduite à l'égard du poète s'accorde bien avec les amers sarcasmes qu'il lui adresse dans la pièce. Et voilà tout. On conviendra avec nous que ce sont des suggestions bien éloignées. Elles n'atteignent le but indiqué que si on admet avec l'auteur que *le conflit moral,* dont il signale l'écho dans Shakespeare, *est plus ou moins commun à tous les hommes.* Pour nous ce conflit entre l'attachement filial et les tendances incestueuses ne se produit que dans les cas exceptionnels, d'une morbidité très prononcée, et le voir jusque dans le caractère d'Hamlet d'une portée si largement humaine, est une preuve des erreurs où peut entraîner le jugement par analogie dont on abuse décidément dans la psycho-analyse.

1. Attribuée à Thomas Kid et parue une douzaine d'années avant la tragédie de Shakespeare.

Un jugement aussi paradoxal a été prononcé dernièrement sur une œuvre moderne, sur « L'âge dangereux » de Karin Michaelis [1] et — ce qui fait le danger particulier de cette voie — l'auteur lui-même ne saurait y opposer un démenti, car on objecte qu'il est inconscient des tendances que révèle son livre. L'héroïne de ce roman — Elsie Lindtner — a ceci de commun avec Hamlet qu'elle agit, comme lui, sous une impulsion mystérieuse et inexpliquée de son être. Arrivée à la quarantaine, elle quitte, sans raison apparente, son mari pour vivre seule dans une villa isolée, bâtie sur une île presque déserte. On devine dès l'abord que Malthe, le jeune architecte, chargé de la construction de cette villa, n'est pas étranger à la détermination de Mme Lindtner, mais celle-ci, loin d'accepter ses hommages, prend congé de lui aussi bien que de son mari, affirmant qu'elle ne cherche que la solitude. Ce n'est qu'au bout de huit ou neuf mois qu'elle lui adresse un appel passionné, mais il est trop tard, le sentiment qu'il avait est déjà éteint, et la malheureuse quitte la villa en compagnie de sa femme de chambre, pour dissiper en de longs voyages le regret du bonheur perdu. L'intérêt de ce roman consiste dans la notation très fine et pénétrante des états d'âme de l'héroïne dans son journal qui révèle chez elle une incertitude très caractéristique sur ses propres sentiments. Elle commence par s'intéresser à toute autre chose, à analyser son passé comme s'il était celui d'une étrangère, à faire de la psychologie féminine avec les confidences de sa femme de chambre et d'autres, contenues dans les lettres de ses amies, à s'absorber en un mot dans la vie contemplative, et ce n'est que la nouvelle d'un retour de Malthe de l'étranger qui la fait songer à la possibilité de recommencer sa vie avec lui.

L'auteur de l'article, qui est une adepte de Freud, voit

1. Dr Tatiana Rosenthal. Karin Michaelis : Das gefährliche Alter im Lichte der Psychoanalyse, *Zentralblatt für Psychoanalyse*, 1re année, 1911, Bergmann, Wiesbaden.

dans cette incertitude de la pensée et du sentiment la preuve d'un « complexus psychique » ancré dans l'inconscient et ne tarde pas à y découvrir le *leitmotiv* de l'inceste. Elle commence par rappeler que l'héroïne s'est mariée sous le coup de l'opprobre qui avait atteint son père reconnu coupable d'une malversation. Elle a épousé un industriel au lieu de l'artiste qui lui plaisait, pour avoir cet argent qui avait causé le malheur de son père. Cet acte a donc été déterminé par le complexus de l'argent (« Geldcomplex ») et par celui du père (« Vatercomplex »). Voilà qui suffit pour diriger la psycho-analyse sur la voie de l'inceste! Comme le roman en question ne fournit plus aucune indication sur ce point, elle s'attache à d'autres œuvres de l'auteur et finit par découvrir, dans l'érotique féminine qui en est le principal sujet, quelques traits qui relèvent de la même pensée. La petite Andréa (dans la nouvelle intitulée « L'enfant ») adore son père au point de souffrir à la pensée qu'il a une maîtresse et de se forger dans l'imagination un roman où elle joue ce rôle. L'auteur de l'article insiste beaucoup sur les diverses expressions de ce sentiment. Un jour la petite héroïne, comme prise d'un vague pressentiment de sa fin, dit à son amie : « Avec maman, j'irais certainement au paradis ! Elle est si croyante ! Avec papa il ne faut pas y penser ! Que ferait-il au paradis ? Et moi, je veux être avec papa. Oh, oui ! Il est si beau ! » Un autre jour ayant surpris l'exclamation courroucée du père : « Eh bien, oui, j'ai été chez ma maîtresse », elle se sent profondément atteinte et supplie un ami de la maison de « faire un peu la cour » à sa mère. Enfin, ayant acquis la conviction que ce n'est pas vrai, elle éclate en sanglots, s'élance dans la chambre à coucher du père et dépose sur son lit sa petite bague avec deux œillets rouges.

Dans un autre roman (« Der Mönch geht auf die Wiese ») elle relève l'aveu de l'héroïne que lorsque son père l'avait prise, toute petite, avec lui sur son cheval, elle a éprouvé des sensations qui étaient comme un rudiment de la jouissance sexuelle. Dans « Le sort d'Ulla Fangel » elle relève la haine de celle-ci contre sa mère et l'accord avec le père malgré le fait qu'il a abandonné la famille. Dans « La jeune Madame Jonna » elle signale la rivalité entre la mère et la fille, dans « Betty Rosa » le fait que celle-ci est poursuivie sexuellement par son propre père.

Il s'ensuivrait que l'inspiration de Karin Michaelis est dominée par le « complexus paternel » qui cherche à se faire jour d'une manière ou de l'autre, même par des voies détournées comme on l'observe dans la psychologie si difficilement explicable d'Elsie Lindtner.

En voilà assez, semble-t-il, pour montrer où mène cette voie. La psycho-analyse est un merveilleux moyen d'investigation à condition d'être faite d'un point de vue purement objectif. C'est-à-dire, elle fournit des documents très précieux, lorsqu'on s'en tient au témoignage direct des sujets, sans chercher à l'étendre par des interprétations subjectives et des jugements par analogie. C'est ainsi qu'elle a révélé cette richesse de l'inconscient d'où sortent non seulement les rêveries ordinaires de l'homme, mais aussi les créations de son génie littéraire. L'étude des productions qui datent de l'éveil même de ce dernier, confirment pleinement cette découverte. Elle révèle, dans les mythes et les contes populaires, un fond qui est commun à différents peuples, correspondant bien à la communauté des impressions emmagasinées dans l'inconscient et s'opposant nettement à l'invention personnelle. De même que les rêves, ces premiers produits de l'imagination créatrice, semblent sortir spontanément de l'expérience emmagasinée par l'individu. Mais voilà tout ce qu'elle peut nous révéler sur le mécanisme de l'imagination littéraire. On aurait tort d'aller plus loin dans cette voie et surtout de chercher des rapprochements plus précis avec les rêves ou les souvenirs d'enfance. Ce qui distingue l'activité littéraire du cerveau des formes rudimentaires de l'imagination, c'est l'intervention régulatrice de la personnalité. Du point de vue de la psychologie objective la personnalité n'est pas un simple mot, comme le « moi » de l'ancienne psychologie. Elle présente un enchaînement très étendu des réflexes cérébraux dont l'unité est assurée par l'afflux perpétuel des impressions internes fournissant la conscience de soi et la direction volitive des réactions. Chez l'enfant cette action est encore insignifiante, tandis que chez l'adulte elle joue un très grand rôle. *L'auteur accepte parfois une donnée qui lui est fournie par l'inconscient, mais il ne s'y abandonne pas comme dans un rêve !* Il répond par une réaction de recherche ou de documentation et même, lorsque cet effort fait défaut, il ne peut s'empêcher de le modeler sur son expérience antérieure.

Cela constitue un apport d'éléments nouveaux que nous avons relevés jusque dans les mythes et les légendes du premier âge. A plus forte raison faut-il en tenir compte dans les œuvres d'une époque très avancée, comme « Hamlet », ou dans les œuvres modernes. Il faut même se demander ce qui reste dans celles-ci de l'apport primitif de l'inconscient et si, dans la vie moderne où la littérature est devenue un métier, il n'est pas entièrement remplacé par les impulsions qui viennent du dehors.

C'est là une question très complexe, étant donnée la richesse de contenu de l'inspiration romanesque, et pour la résoudre nous ne pouvions nous passer du témoignage personnel des auteurs.

CHAPITRE IX

RECHERCHES SUR LE MÉCANISME DE L'INSPIRATION DANS LE ROMAN (*suite*).

Notre enquête auprès des romanciers contemporains. — Rôle secondaire des données fournies par l'inconscient. — L'inconscient chez M. P. Mille, Mme Rachilde, etc. — Mme M. Tinayre. — Rôle capital de la documentation. — Composition sur le modèle fourni par l'expérience personnelle. — L'idée première du roman rattachée aux complexus psychiques sans expression verbale. — M. J.-H. Rosny aîné. — Prépondérance des tableaux de mœurs. — Rôle capital de l'observation. — Composition au gré des évocations mnésiques. — M. Paul Adam. — Prépondérance des caractères. — Composition au gré de l'incorporation de l'auteur dans ses héros, se ramenant à une transformation du complexus central neuro-psychique. — Importance de ce phénomène dans la création littéraire. — Dostoïewsky, Stendhal. — H. de Régnier, Paul Adam. — Identification de tous ces processus avec le jeu des réflexes cérébraux.

L'enquête que nous voulions faire se présentait sous un aspect peu facile, étant donnée la richesse de la production littéraire à notre époque. Il ne fallait pas songer à dresser un tableau quelque peu complet, ni à recueillir des données numériques. Du reste il est même douteux que cela devienne jamais possible, car certains romanciers se sont montrés réfractaires à ce genre d'enquête, en général[1]. Mais dès les premiers pas faits dans cette voie nous avons acquis la conviction qu'à défaut d'une étude extensive du problème on pouvait faire des recherches partielles d'un intérêt très réel, faisant ressortir différents types de travail dans la création littéraire. Le hasard nous mit d'abord en rapport avec M. Pierre Mille, qui est un conteur de race et

1. « Votre enquête porte sur un sujet, nous répond M. Henri de Régnier que certains écrivains, dont je suis, n'aiment pas beaucoup à aborder. »

qui nous a donné des renseignements très intéressants sur l'inspiration de courte haleine. Sur son conseil nous nous sommes adressés à Mme Marcelle Tinayre qui personnifie bien la sensibilité et l'inspiration féminines de nos jours. Nous avons frappé ensuite chez M. J.-H. Rosny aîné qui réunit l'observation la plus minutieuse de la vie à la faculté de s'envoler dans les mondes imaginaires. Enfin, nous avons consulté M. Paul Adam qui est un vrai visionnaire du passé et un des rares romanciers épiques de notre temps.

Ce qui nous a frappé tout d'abord dans les réponses que nous avons recueillies, c'est la prépondérance décisive des facteurs conscients sur les inconscients et le développement imprévu des facteurs volontaires.

En ce qui concerne les sources inconscientes de l'inspiration, M. P. Mille est le seul qui nous ait signalé un contact direct avec celles-ci, notamment dans les rêves. Son témoignage est tout à fait catégorique à cet égard, confirmant bien l'existence de cette source, mais la comparaison avec d'autres auteurs montre que c'est là un don tout à fait exceptionnel.

« Les sujets de mes nouvelles, dit-il, viennent généralement dans la nuit. Je me réveille vers le matin et reste une demi-heure avant de me rendormir ; c'est à ce moment que je trouve généralement l'inspiration, quelquefois dans un état de demi-sommeil. Le sujet se précise souvent jusque dans les moindres détails. » Il ajoute ensuite cette phrase si caractéristique : « Je rêve beaucoup et j'aime rêver ; c'est un de mes grands plaisirs. » Voilà quelque chose qui ne se rencontre pas souvent chez les romanciers ! Bon nombre d'eux sont des rêveurs éveillés, mais leurs rêves nocturnes n'atteignent pas pour cela une intensité suffisante pour s'offrir à eux comme des spectacles !

Un cas analogue est celui de Mme Rachilde. Nous le savions déjà de l'étude du Dr Chabaneix[1] et elle nous l'a

1. Dr Paul Chabaneix. *Physiologie cérébrale. Le subconscient chez les artistes, les savants et les écrivains.* Thèse, Bordeaux, 1897-98.

confirmé. Mais ce qu'elle en dit, montre bien que c'est un don tout à fait exceptionnel et de nature presque morbide. « Presque tous mes rêves persistent après mon réveil, dit-elle. Ma vie normale en est encombrée. Étant jeune fille ils avaient une telle intensité que je me demandais souvent si je n'existais pas sous deux formes : ma personnalité vivante et ma personnalité rêvante. Je rêvais toujours de choses violentes : guerres, combats entre des bêtes merveilleuses et des hommes géants. Je prenais l'habitude de les voir et finissais par ne plus en avoir peur. Je m'y faisais peu à peu comme on se fait à un livre de contes fantastiques que l'on relit, et souvent, le rêve achevé, je le terminais moi-même toute éveillée, ce qui m'a donné aussi l'habitude de me raconter des histoires, de composer des romans. Je me mis à écrire dès l'âge de douze ans et je pris ainsi, presque sans m'en douter, le chemin de la littérature [1]. » On ne peut pas s'imaginer de vocation plus naturelle, plus spontanée, et cependant lorsqu'on pense que la plupart des auteurs, les plus puissants, les plus profonds, ignorent cette source, on est bien forcé de reconnaître que ce n'est pas là la principale force du romancier.

Du reste Mme Rachilde semble bien s'en rendre compte elle-même, car elle nous dit dans une note envoyée en réponse à notre question : « Il m'est arrivé souvent de refaire un chapitre de roman après un rêve qui me l'avait montré tout autre que ce que je me le montrais à moi-même... maintenant était-ce mieux, était-ce mal ?... J'ignore, car je suis de ceux qui ne se jugent pas ; je me subis ! »

Mme Marcelle Tinayre, dont la vocation s'est manifestée aussi de très bonne heure sous forme de tendance à imaginer et raconter des histoires, présente même un cas directement opposé. Les rêves nocturnes ne jouent aucun rôle dans sa vie. M. J.-H. Rosny aîné qui parmi les romanciers

1. Dr Chabaneix, *ibid.*, p. 49.

contemporains est allé le plus loin dans le fantastique — jusqu'à imaginer des êtres doués d'une vie surnaturelle[1] — affirme n'avoir jamais rien dû aux rêves. Il n'accuse comme source de son inspiration que la curiosité de la vie, pratique et scientifique. Et cependant, outre le merveilleux scientifique, il a évoqué aussi la vie préhistorique, les amours de l'homme lacustre, et s'il est vrai que l'inconscient héréditaire se manifeste dans les mystères, il aurait bien dû parler en cette occasion ! M. Paul Adam, qui est un des plus puissants évocateurs du passé et qui s'est plu à faire revivre non seulement les époques reculées de l'histoire, mais encore l'épopée française du XIXe siècle, intimement liée à l'histoire de sa propre famille, ne voit non plus aucun rapport entre son imagination et ses rêves. Il s'étonne, il est vrai, de sa faculté d'évoquer les tableaux de bataille et se demande si ce n'est pas là une expression de l'hérédité, mais, à côté de cela, il se reconnaît la faculté de visualiser toutes les scènes dont il a lu la description et c'est à peu près le même phénomène, qui dans le second cas n'a rien d'héréditaire. Il dit, par exemple, que « La Guerre et la Paix » de Tolstoï lui apparaît comme une série de tableaux de Gérard ou de Gros. Il y a là une conversion très rapide des symboles verbaux en images visuelles, due à un certain développement de la mémoire visuelle, mais, se ramenant toujours, en dernier lieu, à l'expérience personnelle de l'auteur. Il nous a dit s'être nourri, tout enfant, des récits de batailles qui se conservaient dans la famille, provenant de son grand-père et de son arrière grand-père, tous les deux soldats de la Grande Armée, et nous savons d'autre part, d'un de ces premiers romans qui est une espèce d'autobiographie, qu'il avait des régiments entiers de soldats en plomb avec lesquels il reconstituait ces récits[2]. C'est du reste le seul point où il reconnaisse lui-même un contact avec l'inconscient ou le

1. J.-H. Rosny, *Les Xipéhus*, roman, Paris, 1888.
2. Paul Adam, *Les images sentimentales*.

subconscient, sa production littéraire étant entièrement basée sur la documentation et les données prises dans la vie. L'inconscient reste donc une source toujours possible de l'inspiration, mais dans la vie moderne il n'est presque rien à côté du travail conscient et volontaire de l'auteur.

Voyons maintenant d'un peu plus près, comment se fait ce travail. Mme Marcelle Tinayre nous a fourni là-dessus des documents du plus grand intérêt. Chez elle le contact avec l'inconscient reste toujours possible, car elle est beaucoup plus subjective que M. Paul Adam, et son art consiste essentiellement à se raconter elle-même. Certains sujets qu'elle a traités, ont été repris plusieurs fois et présentent le reflet des états d'âme par lesquels elle a passé à différentes époques. Telle est, par exemple, cette « Maison du péché » qui n'est que la transposition dans un autre milieu d'un poème écrit à l'âge de 15 ans. Là aussi il y avait un jeune homme pénétré d'esprit religieux, s'attachant à une payenne, comme Augustin à Mme Manolé, et échouant dans cette impossible union. C'est un écho de la crise religieuse traversée par l'auteur au sortir de l'enfance. Telle est aussi l' « Ombre de l'Amour » dont nous avons devant nous deux ébauches intitulées l'une « Le Viatique », et l'autre, l' « Aumône amoureuse ». Celles-ci présentent un écho des aspirations humanitaires nées plus tard, après le mariage, lorsqu'elle s'est trouvée dans un milieu d'artistes. C'est une expression de sa révolte contre les idées d'Ibsen et de Tolstoï, une protestation contre le sacrifice imposé par la morale ou le sentiment. Et malgré tout ce que ces œuvres avaient d'égocentrique, elles ont été modelées non pas sur son expérience personnelle, mais sur des schémas pris en dehors. Rien n'est plus instructif à cet égard que d'étudier la composition de ce second roman. L'idée première dont l'origine, pour elle, se perd dans l'inconscient et sur laquelle nous reviendrons un peu plus loin, c'était tout simplement de dépeindre un sacrifice réprouvable au point de vue social. Mais dès que cette idée s'est précisée un peu, dès qu'il s'est agi d'un malade, d'un tuberculeux, *elle a songé à visiter un sanatorium et s'est occupée à choisir un pays de montagnes*. La Suisse paraissait trop banale. Elle songe à l'Auvergne et, sur le conseil de quelqu'un, part pour un petit pays appelé Ardes-sur-Couse. Mais le sanatorium qu'on y construisait n'a pas été achevé. Elle le trouve abandonné, tombant déjà en ruines. Du reste, le décor du pays ne lui plait pas. Elle décide de rentrer par le Limousin, mais, s'étant arrêtée la veille de Noël à Gimel, y trouve, d'une manière inattendue, tout ce qu'il faut pour situer son roman.

Lorsqu'on étudie les matériaux qui ont servi à Mme Tinayre pour écrire l' « Ombre de l'Amour », on se rend compte que tout ce qui fait le corps de ce roman, est emprunté à ses notes de voyage. La nuit de Noël à Monadouze qui ouvre d'une manière si poétique le séjour de Jean Favières dans le pays, c'est la nuit de Noël à Gimel qui a coïncidé avec l'arrivée de l'auteur ; l'auberge de la Brandou, c'est l'auberge de Broussolle où elle a habité et dont on trouve une description très minutieuse dans ses notes ; les types locaux, Chabrillat, marchand de chiffons et conteur d'histoires aux veillées, Veydrenne, le dernier sorcier, Fauche, l'aveugle des cascades, Lionardoune, la rivale de Chabrillat, le curé Barbazan, le docteur Cayrol lui-même, ce sont des gens de là-bas ; les cascades si pittoresques avec le gouffre noir de l'*Inferno*, le cimetière à moitié couvert par l'ombre d'un grand noyer, l'étang de l'Habitarelle, ce sont des paysages peints d'après nature. On voit comment la vie locale a peu-à-peu grossi le récit, fournissant à l'auteur des épisodes nouveaux ou simplement des conversations. La coutume locale des *réveilleurs* qui vont chanter sous les fenêtres a inspiré tout un chapitre avec l'épisode de l'aveugle dont le chant rapproche pour la première fois Denise du malade, en lui faisant partager sa terreur. La coupe des arbres dans le bois qui semble avoir vivement impressionné l'auteur à en juger par ses notes, a fourni la matière d'un chapitre, dans le parc de Saint-Doumine où s'exhale la mélancolie des amoureux se préparant à la séparation. Une conversation très savoureuse entre deux paysans, surprise pendant le déjeuner à l'auberge de Broussolle, se retrouve dans deux dialogues du roman de la plus vive couleur locale. Les propos satiriques sur les curés avec cette conclusion inattendue que la séparation est malgré tout impossible, « parce qu'alors il n'y aurait plus de dimanche », l'apologie naïve du vin « qui a le premier rang dans les bonnes choses du monde, à preuve qu'il est dans le calice, sur l'autel », ces réflexions si profondément paysannes ont été saisies là sur le vif. Il n'y a pas jusqu'à des phrases isolées, saisies fortuitement par l'oreille, qui n'aient servi à rehausser le pittoresque du récit. Telle est, par exemple, cette note : « La lune, c'est le soleil du loup », dit Gineste le jardinier, qui forme une image très heureuse dans le roman.

Et ce n'est pas tout. Outre la faculté d'observation il y a encore la faculté de composition. Mme Tinayre ne se contente pas de relever passivement ce que lui fournit la vie. Elle synthétise ses impressions et fait à tout propos des tableaux qui peuvent lui servir plus tard. Voici une note que nous reproduisons en entier, parce qu'elle est bien caractéristique à cet égard : « 6 octobre, six heures un quart. Je me suis assise sur un tronc d'arbre à demi taillé, près de la porte du cimetière. A ma droite est la chapelle des morts, sous le grand ormeau. Un scieur travaille et j'entends le bruit funèbre de la scie mordant le bois. Devant moi, un noyer se dresse contre le ciel embrasé du couchant. Ses branches tordues d'un noir puissant et chaud, ses feuilles mordorées se dessinent en vigueur, et je vois, à travers, tout le paysage... La gorge rocheuse de la montagne s'assombrit et les verts différents des châtaigniers et des pins s'harmonisent dans un seul ton d'émeraude obscure. Les versants des vallées fuyantes sont d'un violet pourpre qui bleuit, qui devient vers l'horizon presque mauve, délicat comme l'améthyste. Une vapeur gris de perle monte des gouffres, flotte sur le lit du torrent... Mais toute la splendeur du paysage est dans le ciel : un ciel d'or vert barré de gigantesques nuages rouges, — rouges comme le sang, comme le feu, comme les prunes d'automne, comme le vin dans les cuves.,. Ciel des soirs de vendanges, ciel des soirs de bataille, ciel chargé de présages, magnificence éclatante et sinistre ! Les châtaignes épineuses, les vertes noix, les pommes acides jonchent le chemin parmi les feuilles couleur de tan. Les jardinets entre les maisons sont pleins d'asters violets, de dahlias éclatants et de pâles petits chrysanthèmes. La cloche tinte... *C'est là, par un soir pareil, qu'on portera le corps de Fortunade noyée* ».

Enfin, ce qui complète tout cela, c'est la documentation. Ainsi dans les notes de Mme Tinayre y a-t-il des extraits très substantiels sur la morale scientifique telle qu'on pouvait l'attribuer au Dr Cayrol, et sur la psychologie des tuberculeux qui devait lui aider à créer le personnage de Jean Favières. Voici, par exemple, ce qu'elle note, pour construire dans son imagination le caractère du malade : « Animés d'une fièvre de vie qui étonne. Une hyperexcitabilité intellectuelle et physique, une sorte d'éréthisme vital épanouit leurs facultés mentales et crée pour leurs organismes un besoin de dépenser beaucoup... Un entêtement chronique leur donnera pour lutter une tension d'effort, une énergie capable de tout et mettra son empreinte troublante jusqu'aux manifestations des dernières lueurs de la vie. » A cette citation elle ajoute de son propre chef : « Égoïsme : accaparement de tout l'entourage, de sa sollicitude, de son énergie, de son temps; dénégation de l'importance de tout ce qui n'est pas sa personnalité. Jalousie de l'attention donnée à autrui... Optimiste pour lui, pessimiste pour les autres. »

Que reste-t-il donc, en fin de compte, qu'on puisse ramener à une source purement interne ? L'idée première du sacrifice inspiré par la pitié et l'autre, connexe à celle-ci, de l'imprudence commise également par pitié. Car il y a dans ce roman une double action. A côté de Denise Cayrol qui s'abandonne par pitié à Jean pour prolonger son illusion et lui rendre la fin heureuse, il y a Fortunade, la petite couturière, en journée chez les Cayrol, qui s'apitoie sur un horrible vaurien jusqu'à devenir la proie de ses bas instincts. Fortunade n'est pas prise par le sentiment, elle est prise par le désir de convertir le fils Veydrenne, de le ramener à Dieu, et nous reconnaissons ici comme un retour de leitmotiv de la « Maison du péché » qui se mêle à celui de la pitié.

Voilà deux données qui semblent bien provenir d'une source interne et former un apport mystérieux de l'inconscient. Mais ce mystère n'est pas bien profond et on y découvre facilement un résidu de l'expérience personnelle de l'auteur. Rappelons ce que nous avons dit plus haut de la pensée abstraite et de la pensée sans images du point de vue de la psychologie objective. Nous avons reconnu que l'activité mentale de l'homme se réduit souvent à un enchaînement d'associations cérébrales, qui n'aboutit pas à la reproduction d'un groupement de réflexes. C'est ce qui arrive, par exemple, lorsqu'on pense à une affaire plus ou moins compliquée ou lorsqu'on évoque un souvenir dont les détails n'ont pas le temps de se préciser. Tout au plus voit-on apparaître quelques mots qui sont comme des symboles de tout le complexus cérébral. Tel nom de ville représente le souvenir d'un voyage, où rien n'est précis, mais où l'on sent la possibilité d'une masse d'évocations. Tel nom propre représente le souvenir, superficiel et complexe en même temps, d'une affaire judiciaire ou d'un événement politique.

C'est une modalité de l'abstraction qui dans la vie courante joue un très grand rôle, d'autant plus qu'elle représente une certaine économie de l'énergie nerveuse. Pour garder de tout un souvenir concret, comme aussi pour opérer toujours avec des notions générales correspondantes à un terme générique, il faut un bien plus grand effort de concentration nerveuse. Cet effort nous ne le faisons pas toujours, de même que nous ne séparons pas toujours nos réactions, nettement l'une de l'autre. Cela fait que chez un adulte qui a quelque peu l'expérience de la vie, il doit y avoir, outre les souvenirs concrets et les notions génériques formées d'après les lois de l'abstraction, une masse de complexus psychiques représentés par des enchaînements d'associations qui restent fixés, le plus souvent, à un symbole verbal.

Ce sont des complexus de ce genre que nous voyons chez Mme Tinayre, fixés aux mots de *pitié* et de *conversion*.

Tâchons de préciser encore plus notre pensée. Nous avons montré que chaque acte quelque peu complexe de la vie, même si on peut le désigner d'un seul mot, comprend un enchaînement très étendu d'associations cérébrales. Prenons, par exemple, l'acte de s'habiller. Qu'on pense un peu à la coordination des mouvements qui est nécessaire pour l'exécuter ! Un sauvage et même un homme d'une autre civilisation, à qui on enseigne à s'habiller à l'européenne, n'y arrive qu'avec difficulté. On comprend que chez l'adulte, qui le fait d'une manière tout à fait instinctive, le mot « s'habiller » évoque souvent non pas l'image visuelle de l'acte, mais *un enchaînement d'associations cérébrales correspondant à la conscience de ce qu'il faut faire*. Le mot peut être remplacé, du reste, par tout autre excitant. Ainsi, par exemple, au réveil on n'a pas besoin de lui dire de s'habiller. Il suffit de frapper deux coups à la porte pour qu'il ait conscience des mouvements à exécuter. L'acte d'écrire suppose un enchaînement encore plus étendu, comprenant, outre la coordination générale des mouvements de la main, les associations correspondantes aux règles de l'orthographe et de la syntaxe. Mais ce que nous constatons ici pour les actes dont le mécanisme nous est plus ou moins connu, s'applique aussi à tous les « états d'âme » qui laissent en nous une empreinte quelque peu durable ! Cette dernière n'est souvent pas autre chose qu'un complexus d'associations cérébrales attaché à une image ou à un mot. Admettons, par exemple, qu'on a été témoin d'une injustice : un chef s'est emporté sans raison contre son subordonné ou un patron a battu son apprenti. Cette scène laissera une impression où l'image des principaux acteurs sera peut-être très peu précise et ne tardera pas à s'effacer, tandis que le souvenir de la situation se conservera très nettement. Un lettré rattachera ici le terme « injustice » ou « abus de pouvoir » et chaque fois qu'une impression nouvelle aura entraîné la reviviscence de ce complexus, il suivra l'enchaînement des associations dans le sens indiqué. Un homme peu instruit ne saura peut-être pas rattacher ici un symbole verbal, mais il se produira, chez lui, le même phénomène de reviviscence devant une situation quelque peu analogue. Des complexus de ce genre doivent exister chez nous en nombre infini, pour toutes les circonstances de la vie, pour toutes les choses que nous avons appris à connaître et à juger. Nous devons en avoir pour la parole et l'écriture, pour les rapports de famille, pour l'arrangement de la maison, pour tous les actes et toutes les situations de la vie courante. Ce sont ces complexus qui permettent de dire que la pensée humaine ne se développe ni par images, ni par mots. Ceux-là ne sont en effet que des îlots isolés dans le flot obscur des associations qui se reproduisent à tout moment dans notre cerveau. Naturellement, pour peu qu'on s'y arrête, ces complexus aboutissent facilement à une décharge verbale, mais celle-ci est la plupart des fois loin d'être adéquate au processus cérébral. Ainsi, par exemple, lorsqu'on dit qu'on pense aux dangers de l'amour ou aux difficultés de la politique, ces courtes réponses ne traduisent presque rien des complexus d'associations qui leur correspondent dans le cerveau. Ceux-ci sont les éléments les plus fugitifs et les plus mystérieux de notre vie mentale, mais à voir les mécanismes cérébraux qui président aux actes relativement simples, comme celui de s'habiller, de parler ou d'écrire, on reconnaît qu'ils doivent exister pour toutes les formes de l'expérience humaine et, comme tels, peuvent constituer une source à part des reproductions mnésiques dans l'activité créatrice du cerveau.

Comme nous l'avons déjà dit, l'évocation de ces complexus n'est pas toujours spontanée, ni indépendante des facteurs externes. Quelquefois c'est une nouvelle ou un fait réel qui servent ici d'amorce, mais ceux-ci ont souvent si peu d'importance à côté du complexus interne que l'individu les oublie bien vite et croit la pensée surgie des profondeurs insondables de l'inconscient. En réalité elle se rattache à des réactions cérébrales tout à fait précises et, pour en revenir aux idées de « pitié » et de « conversion » que nous avons signalées comme étant la source première de l' « Ombre de l'Amour », nous pouvons dire qu'elles semblent se rattacher à un de ces complexus cérébraux qui remontent à l'enfance de l'auteur.

Enfin, ce qui constitue encore l'apport de l'expérience extérieure, ce sont les formules verbales qui servent au développement de la réaction. Un don littéraire est toujours caractérisé par l'abondance et la qualité des formules verbales, mais il y a là encore des différences très importantes à établir. Ce qui distingue un simple don d'un vrai talent littéraire, c'est que dans le premier cas le développement se fait au moyen de formules quelconques, tandis que, dans le second, il est caractérisé par un choix personnel des termes verbaux. Le simple don littéraire n'est pas rare de nos jours, comme aussi la vocation qui n'est pas servie par des moyens extraordinaires. C'est ce qui fait que la production littéraire prend aujourd'hui d'aussi vastes proportions. Mais la qualité ne va pas toujours de pair avec la quantité. Si on arrive facilement à développer des réactions verbales et à s'en servir pour entrer dans la littérature, il n'est pas facile d'y conquérir une bonne place. Pour atteindre ce but il faut avoir un vocabulaire très riche en nuances et s'en servir avec un goût personnel, autrement dit, posséder, comme nous l'avons déjà reconnu pour l'inspiration poétique, un mécanisme préformé de réactions verbales. Comment se forme-t-il, ce dernier ? On ne l'a pas observé jusqu'à présent, mais on le conçoit néanmoins sans peine. Il doit se former de tout ce que l'auteur entend ou apprend par la lecture. Nous avons même tout lieu de penser qu'il ne s'agit pas là du seul vocabulaire, mais de l'association des termes verbaux avec certaines images ou certains états affectifs dont la reproduction permet des rapprochements inattendus et enrichit le processus de la décharge verbale. Voici quelques passages de l' « Ombre de l'Amour » où l'on distingue bien ces différents facteurs :

« L'hiver pleurait de mourir. Le printemps pleurait de naître (p. 105)... Les roses du ciel se décoloraient ; l'opale de l'eau s'éteignit et l'appel clair d'un crapaud éveilla la première étoile (p. 150)... Il avait une face ligneuse et enluminée comme celle d'un saint de bois sur un autel de village et le lichen de sa barbe poussait drû sous le menton rasé, remontant jusqu'aux anneaux d'or des oreilles (p. 170)... Le carême s'achevait avec le mois d'avril et, parmi les rayons et les pluies, le printemps vert naissait du printemps roux (p. 176). »

Le lecteur appelle cela communément des trouvailles de style, mais à les voir d'un peu plus près, on se rend compte que ces trouvailles ne se font pas au dehors. Même lorsqu'il s'agit de décrire un tableau qu'on a devant les yeux ou présent dans la mémoire, ce qu'il y a de plus précieux dans la description vient de l'expérience antérieure de l'auteur, de la reproduction des images sensorielles ou verbales. Tel est le rapprochement des saisons mouillées avec l'être humain en pleurs, telle est la succession des images qui servent à décrire la tombée du jour. « Les roses du ciel se décoloraient, l'opale de l'eau s'éteignit et l'appel clair d'un crapaud éveilla la première étoile... » Il est évident que tout cela n'a pas été observé du même coup, ni enregistré dans l'ordre qui en fait un si joli tableau. Il se peut que le coloris du ciel ait évoqué celui de l'eau et l'image de l'étang ait fait penser au crapaud, mais il est bien possible aussi que ces images soient reliées l'une à l'autre par un sentiment très vif de la nature et qu'il suffit à l'auteur d'évoquer l'émotion correspondante pour déclencher ces réactions verbales. C'est plus vrai encore pour la dernière image : « Le printemps vert naissait du printemps roux », qui n'est pas le produit d'une observation isolée. C'est une formule synthétique qui résume un grand nombre d'observations et se présente ensuite en association avec l'idée du renouveau. Il en est de même pour la comparaison du vieillard avec un saint de bois et de sa barbe avec le lichen qui couvre l'écorce des arbres. Ce sont des réflexes d'une origine parfois bien ancienne qui se conservent sans connexion directe avec le complexus du « moi », formant ce qu'on appelle dans la psychologie subjective le domaine de l'inconscient. L'abondance des images de ce genre est bien ce qui distingue un vrai talent littéraire et constitue un élément non moins important que ceux que nous avons relevés au début, comme produits de l'observation et de la documentation.

Ainsi donc la composition d'une œuvre, comme l'« Ombre de l'Amour » se ramène à des sources sinon toujours conscientes, du moins relevant toutes de l'expérience personnelle de l'auteur. Celles-ci se délimitent moins nettement que dans l'inspiration poétique, l'enchaînement des réactions verbales n'étant pas régi par des lois aussi précises de l'harmonie et du rythme. Cela fait que les matériaux fournis par l'observation et la documentation se mêlent beaucoup plus aux évocations mnésiques de source personnelle qui, remontant souvent jusqu'à l'enfance de l'auteur, lui semblent à lui-même d'une origine tout à fait incertaine et enveloppent la composition de son œuvre du voile d'un profond mystère.

Les résultats que nous venons de consigner s'opposent

nettement aux suggestions des freudistes et semblent leur donner un démenti éclatant. Dans l'inspiration de Mme Tinayre rien ne se révèle comme étant d'une source inexplicable ou dépassant l'expérience personnelle de l'auteur. La plus grande partie du roman est même puisée directement au dehors et le développement du sujet est dû aux efforts personnels de composition et de documentation. Mais est-ce là un fait général ? Peut-on conclure que les romans se font en général par un procédé aussi personnel et volontaire ? Pour trancher cette question nous nous sommes adressés à deux romanciers d'un tout autre type : J.-H. Rosny aîné et Paul Adam. Si Mme Tinayre représente bien l'inspiration subjective de nos jours, ceux-ci sortent résolument de leur « moi » et donnent de magnifiques exemples de la création littéraire sur des thèmes impersonnels. Et chacun d'eux, de plusieurs manières. M. Rosny se montre parfois observateur patient et scrupuleux de la vie et, parfois, fantaisiste d'une rare originalité, se lançant dans le monde de l'imagination avec les matériaux fournis par la science. C'est ce qui fait qu'à côté du roman social il a créé les types si curieux du roman préhistorique et du roman scientifique. M. Paul Adam a écrit tantôt en romancier épique, évocateur passionné du passé, tantôt en analyste aigu de la vie moderne, tantôt en rêveur épris du mysticisme. Naturellement il est arrivé à ces auteurs de se raconter aussi eux-mêmes, surtout au début de leur carrière, mais ils ne l'ont fait que rarement ou d'une manière accessoire. La plupart de leurs thèmes sont tout à fait impersonnels.

Les matériaux qu'ils nous ont donnés sont moins riches que ceux de Mme Tinayre. Avouons-le tout de suite et ajoutons même que n'ayant pas trouvé de brouillons, comme chez elle, nous avons crû l'enquête, un moment, fort compromise. Mais l'étude comparée de leurs œuvres est venue renforcer leurs déclarations et nous sommes arrivés de cette manière à constater des faits éminemment suggestifs.

M. Rosny ne voit qu'une seule source à son inspiration comme aussi à celle de son frère : la curiosité de la vie. D'après lui, tout ce qu'ils ont donné, est également puisé au dehors : dans l'observation et dans l'étude. C'est ce qui fait qu'ils ont pu travailler ensemble au point de former une seule personnalité d'écrivain et que nous pouvons étudier le travail de l'un, sans nous préoccuper ce qui constitue la part de l'autre. Ce qu'il y avait chez lui d'inné, c'était le goût qui s'est manifesté vers l'âge de 10 ans sous forme d'une première composition romanesque : sur des enfants associés pour vivre seuls dans une communauté fermée aux adultes. C'était déjà, comme on le devine, une première ébauche du roman social ! Vers l'âge de 13 ans cette impulsion s'est donné libre cours sous forme de nouvelles fantastiques et de prose poétique. Un peu plus tarp elle a été arrêtée par un intérêt très vif pour la science. Le jeune auteur a été pris dans un tourbillon scientifique, croyant même avoir découvert une loi scientifique. Mais ce n'était pas là sa vraie voie. Il en est revenu au travail de l'imagination pour s'y rencontrer bientôt avec son frère et unir leurs forces dans un commun effort. Depuis, il a créé sans relâche, parfois tout seul, le plus souvent en collaboration avec son frère, mais toujours avec des matériaux fournis par l'étude ou l'observation. On reconnait dans leurs romans les diverses étapes de leur vie. « Nell Horn » a été tiré du séjour de l'aîné à Londres et de l'étude des bas-fonds londoniens ; « Le Bilatéral » et « La vague rouge », de l'étude des milieux révolutionnaires à Montparnasse où il s'est fixé à son retour d'Angleterre ; « La Fauve », du contact avec le monde des coulisses ; « Thérèse Degaudy », de l'observation des mœurs mondaines ; « Vamireh », des lectures sur l'homme préhistorique ; enfin, les « Xipéhuz », cette épopée d'une espèce imaginaire, antérieure à l'homme, des études scientifiques et philosophiques.

Dans la composition de ces romans il ne reconnaît lui-même qu'une seule différence : entre le travail du matin et celui de l'après-midi. Le premier se fait chez lui lentement, régulièrement, comme un métier. Il a pour résultat des œuvres d'une portée philosophique, celles qu'on désigne sous le nom du roman social : « La vague rouge », « Sous le fardeau », « Marthe Baraquin », etc. Le travail de l'après-midi est tout autre. Il se fait librement, par à-coups, quelquefois au cours d'une promenade. Il a produit des œuvres d'une synthèse plus facile qu'on désigne comme romans d'intrigue, de psychologie ou de pure imagination : « Le crime du docteur », « Le testament volé », « Luciole » et, d'autre part aussi « Les Xipéhuz ». Autrement dit, les matériaux se rangent différemment selon le degré de concentration nerveuse sur le sujet, mais le procédé est toujours le même : la mise en œuvre des données fournies par l'étude et l'observation.

M. Rosny ne nous a rien dit de plus sur sa manière de travailler, mais il suffit après cela de jeter un coup d'œil sur ses romans pour pousser les conclusions un peu plus loin. Prenons un de ses premiers romans, « Le Bilatéral ». C'est une bien pâle histoire d'amour qui se déroule dans le cadre coloré et plein de vie des milieux révolutionnaires. L'action y est tout à fait nulle. Les hésitations passionnelles d'Eve qui va du collectiviste à l'anarchiste pour tomber finalement dans les bras du héros, socialiste revenu à l'idée de l'évolution, sont en somme très faiblement motivées. On n'arrive même pas à s'y intéresser. Ce qui fait la force du roman, c'est la peinture des milieux révolutionnaires et les différents types qui s'y agitent. Dans chaque chapitre il y a un tableau qui est peint avec passion. Tantôt c'est un coin du paysage faubourien, tantôt l'intérieur d'un cabaret, tantôt la salle d'un meeting. Les traits descriptifs sont là abondants et justes, le dialogue nourri et vif. On est frappé par la hardiesse et la nouveauté des métaphores, par l'abondance des arguments qui se développent dans les discours. Puis vient l'action d'un des principaux personnages et l'intérêt faiblit tout d'un coup. Elle paraît n'être là que pour servir de transition au chapitre suivant, pour amener un nouveau tableau dans le genre du précédent.

Comparativement à ces tableaux qui frappent par leur réalisme, le caractère de la jeune fille paraît idéalisé et le Bilatéral lui-même chez qui on reconnaît facilement les idées de l'auteur, manque beaucoup de relief. Bref, on a l'impression que ce n'est ni les caractères, ni l'action qui joue ici le premier rôle. Si on le rapproche de ce qui a été dit plus haut, on arrive facilement à conclure que chez M. Rosny tout est subordonné au plaisir de composer l'image de la vie avec les données fournies par l'observation. On dirait même que son inspiration se développe par des évocations de ce genre, sans qu'il éprouve le besoin ni d'exposer un de ses états d'âme, ni de s'incorporer dans un de ses héros. S'il le fait, c'est par artifice, pour répondre aux exigences du roman. Cette impression se dégage des œuvres les plus mûres de Rosny, des plus personnelles même, comme par exemple « Sous le fardeau ». Comme là-bas Hélier, le Bilatéral, le docteur Saint-Clair est le porte-parole de l'auteur et cependant ce n'est pas en lui qu'est la vie du roman. On reconnait la justesse de ses idées, on sympathise avec le devoir qu'il s'est imposé de soutenir les êtres sociaux et de combattre les anti-sociaux, mais on n'arrive pas à s'intéresser à lui-même comme à un être vivant. C'est que lui aussi n'est qu'un prétexte pour faire défiler devant le lecteur les tableaux de la misère humaine où tout est observé, vécu, et où se manifeste la vraie force de l'auteur.

Il en est de même pour le roman préhistorique et le roman scientifique où l'action n'est qu'un prétexte pour la composition des tableaux suggérés par les recherches scientifiques. N'est-ce pas même ce qui explique que Rosny s'est lancé dans ces deux genres où la difficulté de reconstituer la vie aurait rebuté un romancier quelque peu épris de psychologie ou d'action. Que lui importe la psychologie de

Vamireh, le grand dolichocéphale de l'Europe quaternaire, puisqu'il ne se concentre pas même sur celle d'Hélier et de Saint-Clair? Il lui suffit d'en évoquer la vision, divers aspects dans divers cadres, et c'est ainsi qu'il va jusqu'à imaginer l'épopée des Xipéhuz, des êtres antérieurs à l'homme, douées d'une vie électrique.

N'est-ce pas là aussi la cause que les romans proprement psychologiques de Rosny, comme « L'autre femme » ou « Une rupture » sont les moins intéressants de tous ? Naturellement, tout est relatif. Il n'y a pas d'homme qui ne puisse être psychologue ou poète à ses heures et Rosny a pu s'emballer parfois sur ses héros jusqu'à s'identifier avec eux, mais dans l'ensemble de son œuvre cela ne compte pas. Il ne nous a pas avoué cette particularité de son talent qui pour un romancier constitue un défaut. S'en rend-il compte lui-même ? Il est bien possible que non. Un créateur aussi puissant que lui n'est que trop porté à méconnaître ses faiblesses. Mais il nous a dit des choses qui confirment notre hypothèse. Il a dit, par exemple, qu'il a une excellente mémoire des choses vues ou apprises par la lecture et que son cerveau a une faculté d'inhibition qui le rend tout à fait maître de la création mentale. « Pas besoin d'excitant d'aucune sorte, dit-il, pour provoquer mon inspiration; il me suffit de me concentrer sur un sujet pour faire surgir des réserves de la mémoire une foule de détails qui peuvent s'y rapporter... » N'est-ce pas là juste ce qu'il faut pour la reconstitution des scènes prises sur le vif ? Enfin, il a dit cette phrase qui nous paraît on ne peut plus significative : « Je compose avec plaisir, j'écris... presque avec dégoût et corrige de nouveau avec satisfaction. » Voilà un aveu qui ne laisse plus aucun doute. M. Rosny présente le type de romancier le plus éloigné de l'inspiration subjective. Son impulsion — directe et immédiate — se limite à la reviviscence des complexus cérébraux fournis par l'observation. S'il va plus loin jusqu'à imaginer une action, jusqu'à en faire un roman, il le fait par artifice, subissant l'influence du public et de son éducation littéraire. Par le fait il est beaucoup plus penseur que romancier. On a vu, du reste, qu'il a hésité un certain temps entre les lettres et la science. Son impulsion devait être trop vive pour se plier aux règles de la synthèse scientifique, à en juger du moins par la richesse de sa production littéraire. C'est ce qui l'aura décidé de choisir l'autre voie, tout en laissant à son imagination le caractère objectif si différent de celui que nous avons observé chez Mme Tinayre. Mais le développement des complexus cérébraux se fait chez lui d'une manière aussi consciente et volontaire que chez elle. Qu'il s'agisse de représenter la lutte des idées dans les milieux ouvriers de Paris ou la rencontre de Vamireh et d'Urus dans les forêts de l'Europe quaternaire, aucun élément du tableau ne provient d'une source inconnue ; tout est puisé dans l'observation et dans l'étude.

A ce point de vue l'inspiration de M. Rosny est encore moins mystérieuse que celle de Mme Tinayre. Mais ce qui constitue chez lui le miracle de la création, c'est la richesse de la décharge verbale. De ce côté-là il y aurait tout une étude à faire. Notons tout d'abord que chez lui la décharge verbale est très variable. Le style de Rosny a changé au cours de sa carrière littéraire du tout au tout. Infiniment complexe au début, entremêlé de termes médicaux, scientifiques, zoologiques et botaniques, il est revenu peu à peu à une pureté presque classique. Ceci semble concorder avec la déclaration qu'il écrit presque avec dégoût. Serait-il beaucoup plus rêveur que conteur ? Mais comme il est écrivain tout de même, écrivain de race, il a tout de suite eu à sa disposition une richesse de formules verbales qui le distingue nettement d'un rêveur qui n'aurait pas la vocation littéraire. Citons, à titre d'exemple, un passage du « Bilatéral », la fin du jour, vue d'une fenêtre, dans un coin des faubourgs de Paris :

« Cependant se mouraient les contours, en bas déjà le triomphe nocturne, l'allumement des topazes, en haut encore la forte bataille des lueurs. Une note plaintive sur les rues, une teinte de mort sur le passage humide, une lividité sur les façades, et les passants allaient bizarrement comme des gens de vieille estampe, avec une solennité de fantômes. Mais la joie jaillissait là-bas, dans un détroit des toitures, entre des murailles prêtes à se refermer en angle. Là le rire d'une couleur cerise sur la nue, des bérils pâles, sous une évanouissante aigue-marine, des strates saturés délicieusement, entre les bords aigus, d'un irisement de perles, d'un scintillement de sardoine, d'une dentelure de cuivre à pointes obtuses, et enfin, dans un écartement de calcédoine, les minces cornes du croissant, la vive splendeur de Vénus, et deux passereaux attardés, passant comme deux noirs aérolithes » (p. 41).

Ces évocations de la flore minéralogique ont-elles la même valeur que les trouvailles relevées plus haut chez Mme Tinayre? Il faut penser que non, puisque l'auteur y a renoncé plus tard, au risque de faire perdre à son style ce qu'il avait de plus personnel. Mais il y a là tout de même l'indice d'un mécanisme de réactions verbales qui distingue un homme de lettres et constitue l'apport nécessaire de sa personnalité dans la création d'une œuvre littéraire.

M. Paul Adam nous a révélé un type d'imagination également éloigné de celui de Mme Tinayre et de M. Rosny, mais ne relevant de nouveau que de son expérience personnelle. Son inspiration n'est pas subjective. Il ne se contente jamais de raconter ses états d'âme. C'est aussi un évocateur, comme M. Rosny. Mais contrairement à Rosny il ne reste jamais simple spectateur de ses évocations. Il s'identifie avec ses héros, se met à leur place et se sert de son expérience personnelle pour modeler leur activité. C'est qu'il a lui-même une nature éminemment active. Il nous a dit que pour lui la carrière littéraire a été un substitut de la carrière militaire ou coloniale qui avait été sa première vocation. Nourri tout enfant des récits de son grand-père et de son arrière-grand-père, tous les deux soldats de la Grande Armée, il avait rêvé de suivre leur exemple, mais devant l'opposition de ses parents dont il était le fils unique, dut renoncer à ses projets. La mort prématurée de son père lui enleva définitivement tout espoir de ce côté-là et il se décida à faire sa licence en philosophie, se préparant à une carrière libérale, lorsqu'il s'aperçut de certaines dispositions qui se manifestaient dans la caricature et la raillerie et essaya de faire de la littérature.

Ce point de départ est tout à fait caractéristique pour Paul Adam : il y a là une corrélation frappante avec sa manière d'écrire. Prenons un de ses premiers romans « En décor » et comparons-le au « Bilatéral » de Rosny qui est une œuvre aussi jeune, aussi naturelle dans son genre. On est tout de suite frappé par la différence : tandis que Rosny semble écrire pour évoquer les tableaux, Paul Adam semble écrire pour créer des personnages. Il y en a tant que le lecteur n'arrive pas à se les rappeler. Il y en a qui ne servent en rien au développement de l'action et qu'il abandonne au bout de quelques scènes. Il y en a qu'il indique à peine de quelques traits, mais on sent que ce sont des êtres réels et vivants pour lui. Questionné à ce sujet il nous a répondu qu'il avait, en effet, une faculté étonnante d'utiliser les types rencontrés dans la vie ou dans les lectures, et que c'est là une des principales sources de son inspiration. « Je vois tout de suite, dit-il, ce qu'il y a en eux de nouveau ou d'intéressant et ce que je peux en faire dans un roman. »

Ce trait reste aussi caractéristique pour lui jusqu'à présent. A de rares exceptions près, ses romans ultérieurs fourmillent de personnages. Qu'on prenne par exemple la série qui forme l'Épopée de la Société française après la Révolution : « La Force », « L'Enfant d'Austerlitz », « La Ruse » et « « Au Soleil de juillet ». Ce qui distingue ici nettement sa manière d'écrire à lui, c'est la multiplicité des intrigues qui en forme l'action. Il dit que l'idée première de ces romans lui a été suggérée par l'histoire de sa propre famille, si riche en épisodes romanesques et en contrastes. L'arrière-grand-père de Paul Adam, officier de dragons et aide de camp de Moreau, était un héros de l'armée révolutionnaire. Impliqué par la conspiration de Moreau et rayé des cadres dans le Premier Consul, il parvint à se rengager dans les troupes italiennes du Prince Eugène et périt à Wagram, ayant les deux jambes emportées par un boulet. Son gendre, le major Adam était un soldat de l'Empire. Il avait combattu aux côtés du mort à Wagram et lui avait promis au moment suprême de veiller sur sa veuve et sa fillette, qui vingt ans plus tard devenait sa femme à lui et grand-mère du romancier. Enfin, le père de ce dernier, né de ces deux générations de guerriers, évoluait avec son temps et devenait un fonctionnaire impérial : maître des postes de la maison de Napoléon III. Il y avait là trois types différents qui résumaient bien l'histoire de la France dans la première moitié du XIXe siècle. Paul Adam pouvait bien se borner à en faire le centre de ses romans, surtout du grand-père qui avait vécu jusqu'à 1860 et dont les récits se conservaient encore dans la famille. Mais chez lui le sujet prend une toute autre envergure. A côté du colonel Bernard Héricourt et de son fils Omer, l'enfant d'Austerlitz, destiné à devenir avocat libéral et politicien sous la Restauration, on voit s'agiter une foule de personnes dont les menées contradictoires constituent la véritable trame du roman. Il y a les oncles d'Omer, Augustin Héricourt, général de l'Empire rallié aux Bourbons, Edme Lyrisse, demi-solde et révolutionnaire impénitent, et le comte de Praxi-Blassans, diplomate de l'école de Talleyrand, qui poursuivent chacun leur but politique. Il y a sa tante Caroline Cavrois, patronne des moulins d'Héricourt, génie financier de la famille, qui nourrit le rêve d'une grande puissance commerciale. Il y a son cousin Édouard entré dans les ordres et menant avec passion la politique des jésuites. Enfin, derrière eux il y a les innombrables figures des carbonari, amis de l'oncle Edme, des pères jésuites, précepteurs d'Omer et de ses cousins, des financiers de la Restauration, soutiens de la tante Cavrois, des membres de la Loge maçonnique, organisateurs de la Révolution de Juillet, etc. Il est vrai que l'enfance d'Omer est calquée sur l'enfance propre de l'auteur et que l'inspiration semble prendre ici une tournure égocentrique, mais elle ne la garde pas longtemps. Peu-à-peu l'action des personnages secondaires dépasse celle du héros et on reconnaît la justesse d'affirmation du romancier qui nous a dit qu'au bout d'une centaine de pages ses personnages commencent à vivre de leur vie propre. L'action se double d'une autre, d'une troisième, etc., et le roman devient beaucoup plus une épopée de la société que l'histoire de son héros.

Dans le « Trust », qui est un des derniers romans de Paul Adam et une de ses œuvres les plus mûres, il est allé encore plus loin. Là on trouve plusieurs sociétés et plusieurs actions se développant à la fois dans le vieux et dans le nouveau monde. D'un côté, les tableaux d'une vie de conquête à la Havane, sous l'impulsion créatrice de Manuel Héricourt, de l'autre, les tableaux d'une vie de jouissance, autour de sa femme, en Europe. D'un côté, les Clamorgan, les Alvina, les Diaz, les Taquechel, potentats du nouveau monde et, autour d'eux, la foule bariolée des planteurs, des nègres, des mille artisans de la nouvelle richesse, se ruant à la conquête de l'or; de l'autre, les Héricourt, les Vogt, Jumilhac, Marceline Landelle et, dans le fond, les masses ouvrières de la vieille Europe, perpétuant les traditions, les vanités, les rêves des peuples méditerranéens. De héros dans le sens usuel du mot, il n'y a même point. Celui qui semble l'être de nom, Manuel Héricourt, le petit-fils d'Omer, ne l'est pas d'une manière continue. A côté de lui on voit surgir d'autres dont l'action éclipse la sienne et prend un caractère plus pathéthique. L'attention du lecteur est tantôt détournée par le roman de Jumilhac avec Marceline Landelle, tantôt par les convoitises féminines déchaînées autour de Jim Clamorgan, tantôt par la détresse passionnelle de Mme Héricourt, tantôt par les scènes qui se jouent dans les milieux ouvriers : à la porcherie de Paquita Nunez, chez les scieurs de bois de Sakhavanah, autour des usines du Dauphiné. On sent que chacune de ces actions a été conçue d'une manière indépendante, que l'auteur s'identifie à tour de rôle avec chacun de ces personnages et que le thème initial, la lutte du Trust avec la nature et les hommes, n'est qu'un prétexte à ces évocations. La création consiste ici non pas à développer les données fournies par l'expérience personnelle ou l'observation, mais à changer soi-même de personnalité, en s'identifiant avec des individus pris dans la vie ou créés par l'activité associative du cerveau.

M. Paul Adam nous a avoué que lorsque l'imagination lui fait défaut dans la création de ces types, il se sert d'un jeu de cartes pour tirer leur horoscope et qu'il lui suffit de cette suggestion pour les faire vivre ensuite de leur vie propre. Un jeu de tarot répandu sur son bureau attestait la fréquence de ce procédé.

Voilà un fait nouveau dont l'importance n'échappera à personne. Le mécanisme de l'imagination reçoit par là un accroissement considérable. Du point de vue de la psychologie objective il paraît au premier abord assez difficile à expliquer, mais on y arrive tout de même. Freud a déjà fort justement reconnu que le jeu de l'imagination ne consiste pas seulement dans le développement isolé des complexus psychiques qui relèvent de l'expérience personnelle ou de la faculté d'observation, mais encore dans l'interaction des uns avec les autres sous forme d'un développement du complexus fourni par l'observation sur le modèle de l'expérience personnelle. Il le voit dans le cas du roman psychologique où la donnée est fournie par l'expérience externe et la solution de certains conflits se fait d'après l'expérience personnelle de l'auteur. Les matériaux que nous avons trouvés chez M. Paul Adam permettent d'aller encore plus loin dans cette direction. Ils montrent qu'il peut se produire non seulement une intervention « du moi » dans le développement des données fournies par l'observation, mais même une transformation de celui-ci sous l'effet de cette dernière. Autrement dit, on voit que l'auteur peut éprouver un besoin aussi direct de changer de personnalité que de décharger le trop-plein de celle-ci. Phylogénétiquement le premier besoin doit être de beaucoup postérieur au second, car il faut avoir une grande expérience de la vie pour changer ainsi de personnalité. Ce qui est le plus naturel à l'homme, c'est de décharger les trésors de sa propre expérience en les déguisant quelque peu avec les données fournies par l'observation. C'est ce qui constitue l'inspiration subjective, égocentrique. Nous avons vu qu'il est presque aussi naturel de décharger ce qui a été simplement observé ou appris. Cette forme d'inspiration se développe surtout avec la culture littéraire, mais elle remonte, comme origine, à la plus haute antiquité, pouvant être alimentée également par la tradition orale. Les poèmes épiques des différents peuples en sont des preuves indiscutables. Ce qui est bien moins naturel, c'est de raconter les actes ou exposer les états d'âme d'un individu foncièrement différent de soi et dont on n'a même pas de modèle devant les yeux. Il ne suffit pas, semble-t-il, de modeler son activité sur la sienne propre, car elles peuvent être totalement différentes, ou plutôt on peut emprunter les paroles et les actes à sa propre expérience, mais en les subordonnant à de toutes autres impulsions. Évidemment, lorsque Paul Adam fait parler le demi-solde Edme Lyrisse ou le comte de Praxi-Blassans, il se sert de sa propre expérience, notamment de sa logique et de son vocabulaire, mais il le fait beaucoup moins que lorsqu'il raconte l'enfance d'Omer. Il s'en sert sur des impulsions étrangères puisées dans sa connaissance de l'époque. Cela fait que ces deux personnages ne sont nullement calqués sur lui, mais vivent de leur vie propre. Lorsque l'inspiration se développe entièrement par des évocations de ce genre, *on peut parler, semble-t-il, d'un mécanisme nouveau résultant d'une transformation du complexus égocentrique de l'auteur par les données de l'observation.*

N'est-ce pas ce qu'il sent lui-même confusément lorsqu'il dit qu'au bout d'une centaine de pages ses personnages dirigent eux-mêmes le développement de l'action?

Si on jette maintenant un coup d'œil d'ensemble sur la littérature romanesque, on reconnaîtra que nous venons de toucher là à ce qui constitue le plus grand mystère du génie. N'est-ce pas cette fusion de l'auteur avec ses personnages qu'on admire le plus aujourd'hui? N'est-ce pas ce qui paraît le plus étonnant dans les « Frères Karamazow » et dans « La Chartreuse de Parme »? Voilà deux œuvres dont les défauts frappent au premier coup d'œil. Dans les « Frères Karamazow » il y a des longueurs qui en rendent la lecture parfois très pénible. Il y a un manque absolu du sens de mesure et d'harmonie. La « Chartreuse de Parme » pèche aussi par des longueurs et par un style dont la négligence frappe surtout chez un romancier français. Et, cependant, ce sont des œuvres qui inspirent, aux romanciers eux-mêmes, le plus d'envie et d'admiration. C'est que là rien ne trahit une idée préconçue ou un plan de l'auteur. L'action se déroule avec tout l'imprévu, avec toutes les contingences de la vie réelle, et comme les personnages sont très différents et ne se confondent nullement avec l'auteur, on est saisi d'admiration devant le fait qu'un cerveau étranger ait pu concevoir cela.

Cette faculté, on peut la posséder à des degrés différents. On peut s'identifier avec ses personnages jusqu'à acquérir leur manière de penser et de parler. Cela, c'est le summum de l'art qui n'a été atteint que par quelques rares génies, par exemple, Dostoïewsky. Des écrivains de moindre envergure l'atteignent parfois accidentellement, dans leurs œuvres les mieux inspirées. C'est ce qu'on trouve par exemple chez M. Henri de Regnier dans son Nicolas Galandot de la

» Double Maîtresse », mais qu'on ne trouve plus dans certains autres romans. M. Paul Adam ne l'atteint presque jamais, car son vocabulaire est trop personnel. Tous ses héros parlent comme lui, c'est-à-dire, comme lui aurait parlé à leur place. On est surpris de trouver des discours philosophiques jusque dans la bouche d'Omer enfant et de la courtisane Clarisse. Il leur attribue aussi ses idées de puissance et de conquête, mais celles-ci se développent en rapport avec leur propre situation ce qui fait qu'il en résulte des individualités où l'on ne reconnaît plus celle de l'auteur. C'est pourquoi on peut dire qu'il possède tout de même, à un degré remarquable, la faculté de s'incorporer dans ses héros.

C'est un phénomène qui nous est encore peu connu, surtout de son côté objectif, et qui ne manquera pas de soulever l'étonnement des lecteurs, mais, somme toute, il n'y a là rien d'inexplicable. Il se rapproche assez des altérations de la personnalité qui se produisent couramment dans la vie. Une émotion change quelquefois profondément notre manière d'agir et de penser. C'est ainsi que l'individu accomplit quelquefois des actes d'héroïsme auxquels on ne se serait jamais attendu de sa part. L'action de l'alcool et des toxiques altère aussi considérablement notre personnalité, provoquant des rêveries et des actes qui ne nous sont nullement familiers. On connaît enfin des individus chez qui une simple discussion provoque un état affectif où ils ne sont plus à reconnaître. Du point de vue de la psychologie objective cela correspond à des altérations du complexus central neuro-psychique allant jusqu'à la formation d'une autre personnalité, comme on l'observe dans l'état second et dans les cas de dépersonnalisation. Qu'y a-t-il d'impossible à ce que chez les individus habitués à vivre de la vie cérébrale et à se détacher du milieu ambiant, une suggestion verbale produise un effet analogue? Sous une forme très légère cela s'observe aussi couramment. Qui n'a rêvé, du moins dans sa jeunesse, d'être autrement qu'il n'est en réalité, riche, vainqueur ou aimé ? Qui ne connaît la transformation interne, le soulèvement subit de l'être qui se produit dans ces cas-là et la sensation de cassement ou de déclic qui accompagne le « retour à soi » ? Ce sont là des faits bien connus, de la même nature que les altérations physiologiques de la personnalité. Ce qu'on ignorait seulement jusqu'à présent, c'est qu'il y ait des individus qui éprouvent le besoin de se plonger dans cet état, comme d'autres éprouvent le besoin de décharger le trop-plein de leur personnalité normale, et que *c'est là une des sources les plus fécondes de l'inspiration littéraire*.

L'importance de ce fait n'échappera à personne. Sans rien préjuger de la valeur littéraire des œuvres issues d'une source ou de l'autre, on reconnaîtra avec nous que la faculté de s'incorporer dans ses héros élargit de beaucoup le domaine de l'imagination. Quelle que soit la richesse de l'expérience personnelle, elle ne peut se comparer à celle de l'imagination et tous les efforts de l'auto-analyse ne sauraient compenser la faculté de faire vivre un type comme Julien Sorel ou Fabrice del Dongo.

Cette forme d'activité cérébrale ne se trouve du reste pas organiquement séparée des autres. Il arrive souvent que le romancier ne parvient que partiellement à s'incorporer dans ses héros ou n'y parvient qu'avec le temps et se sert, en attendant, soit de la documentation, soit de l'auto-analyse. On trouve de tout cela chez M. Paul Adam. Son premier roman « Chair molle » (1885) est une étude naturaliste à la manière de Zola, où les matériaux fournis par l'observation des mœurs dans les maisons closes, domine encore grandement sur l'action et sur la peinture des caractères. Sa manière personnelle, comme aussi son style n'ont commencé à se former que dans « Soi » (1886). Puis sont venus trois romans : l' « Essence de soleil » (1890), « Estre » (1891) et « En décor » où l'inspiration change plusieurs fois de forme. Si l'auteur ne nous avait pas dit qu'ils sont issus de la même idée, nous ne l'aurions jamais deviné, tellement ils semblent différents l'un de l'autre. « En décor » est une série de scènes de la vie moderne où un jeune homme prend contact avec le monde et jette sa gourme ; « Estre » est l'histoire d'une magicienne du moyen âge, Mahaud de Horps ; l' « Essence de soleil » est un tableau des luttes politiques soutenues par la puissance de l'or. Au dire de l'auteur l'idée première de ces romans venait des études sur l'occultisme pour lesquelles il s'était passionné avec Stanislas de Guaita, et qui lui avaient inspiré le désir de peindre le développement mystérieux de la volonté. Cette idée se trouve réalisée de trois manières différentes : dans « En décor » avec ses souvenirs personnels, dans « Estre » avec les documents livresques fournis par l'histoire de la magie au moyen âge, dans l' « Essence de soleil » avec les impressions de sa campagne politique à Nancy. On voit comme il hésitait encore entre les différentes formes de l'inspiration ! Dans la suite on retrouve encore des œuvres où il revient à la pure documentation. Ce sont « Basile et Sophia », « Irène et les eunuques » et « Princesses byzantines » où, de son propre aveu, presque tout est puisé dans le Dictionnaire historique de Moreri, le grand inspirateur de Victor Hugo. Mais peu à peu la tendance à s'incorporer dans ses héros prend le dessus sur les autres formes de l'inspiration et produit deux séries de romans, les plus importantes de son œuvre, dont l'une se déroule dans le cadre de la vie moderne et l'autre — dont nous avons déjà parlé — dans celui de la société française après la Révolution.

La puissance créatrice de Paul Adam dans cette voie est vraiment prodigieuse. Il a évoqué les types les plus divers : dans les « Robes rouges », le monde judiciaire ; dans « La force du mal », le monde médical ; dans les « Cœurs utiles », le monde si spécial des cirques ; dans « Le mystère des foules », celui des politiciens et des électeurs ; dans la série des « Clarisses », celui de la haute galanterie, et partout ses personnages sont dotés d'une puissance de vie et de pensée qui paraît inépuisable. Il est vrai — comme nous l'avons déjà dit — que partout on retrouve ses idées à lui, ses aspirations d'activité et de conquête, mais elles se modifient à l'infini selon les individus et les milieux. On dirait que *sa personnalité se renouvelle à prendre contact avec un milieu différent et rejaillit en flots inépuisables dans les pensées et les actes de ses héros.*

Il le reconnaît, du reste, lui-même en disant que les détails de ses romans viennent tous de l'étude et de la documentation. Il nous a dit qu'avant de se mettre à écrire il passe, chaque matin, deux heures à peu près à se documenter sur le sujet qu'il est en train de développer. Naturellement, il faut tenir compte à côté de cela de la richesse de sa mémoire et de son vocabulaire qui permet d'évoquer tout un décor sur l'indication quelque peu suggestive de certains détails. Le vocabulaire de M. Paul Adam n'est pas moins personnel que celui de Mme Tinayre et de Rosny. Qui ne connaît ses notations si hardies à la manière des impressionnistes ? Il y aurait là aussi tout une étude à faire, mais elle nous entraînerait trop loin. Tâchons plutôt de nous résumer. L'enquête que nous venons de faire n'est certainement ni aussi complète, ni aussi systématique que nous l'aurions voulu. Il ne faut y voir qu'un premier essai de saisir l'aspect objectif de l'imagination. Mais telle-quelle, elle a tout de même donné des résultats très intéressants. Elle n'a pas seulement prouvé la prépondérance de l'activité consciente du cerveau sur l'apport éventuel de l'inconscient, mais encore a montré que cette activité peut se développer de plusieurs manières par le contact de l'individu avec le monde extérieur.

On a vu notamment que le complexus central neuropsychique de l'auteur peut non seulement se reproduire en s'étendant par des contacts nouveaux avec le monde extérieur, mais encore se transformer lui-même à l'infini. Devant la richesse et la variété de ces fonctions quel rôle peut-on reconnaître à celles dont l'existence est suggérée par Freud, à la reproduction des complexus datant des premières années de l'enfance et même de l'expérience ancestrale? Évidemment, minime. Il se peut qu'à l'aurore de la vie intellectuelle, lorsque l'homme n'était pas encore habitué à s'arracher à l'action, ni à diriger le cours des processus neuro-psychiques, il ait dû quelque chose à la reviviscence spontanée de ces complexus, comme il lui doit encore ses rêves, mais avec le développement fonctionnel du cerveau cet apport est devenu vraiment inutile. Il se peut encore que les rêves, comme le montre l'exemple de M. P. Mille, servent d'impulsion à l'activité créatrice du cerveau, mais, nous l'avons vu, cela n'a lieu que pour des inspirations de courte haleine. Un romancier n'attendra le sujet de son roman ni des rêves, ni de l'inconscient, et notre enquête fait bien comprendre pourquoi. Parce que la vie lui fournit des impulsions innombrables qui sont plus directes et plus variées. Ce qu'il y a de merveilleux dans la création d'une œuvre romanesque, ce n'est pas l'impulsion première qui accidentellement peut venir aussi de l'inconscient, mais le plus souvent vient du dehors, c'est le développement ultérieur du processus cérébral. Il suppose une richesse du cerveau en réactions sensorielles et verbales qui ne peut se comparer à celui d'un homme ordinaire. Il comprend des réactions nouvelles qui ne peuvent se réduire à la simple reproduction de celles-ci. L'enquête que nous venons de faire, donne à l'un et l'autre phénomène une base positive. Elle prouve d'une part que chez certains individus l'enrichissement du cerveau en réflexes n'a pas de limites et, d'autre part, que le complexus central des réflexes peut s'altérer dans certaines conditions jusqu'à la création d'une autre individualité. Ceci n'explique pas encore toutes les modalités de la création mentale, mais lui donne déjà une base positive. Ce qui est possible pour le complexus central qui représente le « moi » de l'individu, l'est aussi pour les complexus isolés qui représentent des images mentales. Là aussi on peut admettre des associations de réflexes donnant comme résultat des complexus nouveaux.

La formation de ces complexus est encore très peu connue. Elle est peut-être susceptible d'une étude expérimentale. Elle relève peut-être de facteurs organiques encore incertains agissant sur le mécanisme des réflexes cérébraux. Ce sont là des questions réservées à l'avenir. Mais d'ores et déjà elle ramène toute la richesse de l'inspiration romanesque au jeu des réflexes cérébraux avec exclusion de tous les facteurs qui sont étrangers au fonctionnement de ces derniers.

CHAPITRE X

CONCLUSION

Extension de l'étude objective à toutes les données de l'introspection. — Importance de ce fait pour la psychologie, la psychiâtrie et la synthèse philosophique.

Quelque imcomplètes que soient encore ces indications sur la nature objective des phénomènes mentaux, il nous a paru bon de les faire connaître, car *elles constituent d'ores et déjà la découverte du mécanisme cérébral de la pensée et ouvrent une ère nouvelle aussi bien pour la psychologie que pour la psychiatrie et même pour la synthèse philosophique de nos connaissances.*

En ce qui concerne l'action directe sur la psychologie, les résultats obtenus semblent déjà tout à fait décisifs. Aux efforts de rattacher les phénomènes mentaux à l'activité réflexe du cerveau on a fait jusqu'à présent deux grandes objections. On a prétendu que celle-ci ne s'étend pas aux phénomènes supérieurs de la vie mentale et qu'elle ne peut pas expliquer les phénomènes subjectifs comme ils nous sont fournis par l'introspection.

L'œuvre récente de W. Bechterew a déjà beaucoup fait pour infirmer la première de ces objections et nous croyons que notre travail permet de les écarter définitivement, l'une et l'autre.

Bechterew a considérablement élargi la notion des réflexes cérébraux et a démontré l'identité de nature des réactions neuro-psychiques qui comprennent bien des données subjectives fournies par l'introspection. Après les mouvements instinctifs, les états affectifs et de concentration nerveuse, les réactions symboliques et les actes personnels, il a rattaché au fonctionnement des réflexes cérébraux l'appréciation des données internes y compris celle du temps et les opérations fondamentales de la pensée, l'analyse et la synthèse. Dans son travail dont nous sommes les premiers à reconnaître l'importance capitale en ce qui concerne les manifestations inférieures de la vie psychique, il a donné, pour l'étude des phénomènes supérieurs de la vie mentale, des indications d'une portée capitale. Ainsi, par exemple, pour établir l'étude objective des processus d'analyse et de synthèse il est passé des associations mentales aux jugements et a précisé la base physiologique de ces derniers.

Ce qui a fait la faiblesse de l'ancien associationisme, c'est qu'en effet, comme on a objecté maintes fois, le jugement ne se réduit pas à une simple association. Il y a là quelque chose de plus qui se traduit pour le sens interne par l'imprévu, les sauts mentaux, et où l'on sent d'autre part l'action d'une force directrice. Bechterew y reconnaît très nettement l'intervention du complexus personnel. « Le jugement est une forme d'association, dit-il, que nous appellerons volontiers « dirigée ». La psychologie subjective nous a habitués à le séparer des processus purement associatifs sous prétexte qu'il a un caractère spontané, créateur. Cela n'empêche pas que le mécanisme cérébral soit ici essentiellement le même. Voici un exemple qui nous permettra de l'exposer plus clairement. Admettons qu'un homme entrant dans une forêt est frappé par des sons insolites. Ces derniers provoquent chez lui un mouvement de concentration et, peut-être même, une réaction imitative ; puis, marchant à l'encontre de l'énigme, il reconnaît un oiseau et le nomme instinctivement. Ici l'impulsion auditive se transmet aux centres de la marche et, laissant des traces cérébrales, s'associe à une impression visuelle qui, par suite d'une expérience antérieure, était déjà associée à une réaction verbo-motrice. Une autre fois, lorsqu'il entendra les mêmes sons, l'impulsion se transmettra du coup aux centres de la parole, laissant inhibées aussi bien la réaction imitative que la réaction motrice.

Voici un autre exemple. Chaque fois qu'on voit un lièvre, on est frappé par la manière si particulière dont il se déplace. Il se forme une association entre le mot lièvre et l'action de sauter. Comme résultat de cette expérience, lorsqu'on voit dans le champ quelque chose qui saute, on dit : « c'est un lièvre ».

On voit que le jugement se réduit à un processus associatif, seulement que l'association n'est pas livrée au hasard, mais *dirigée* par l'expérience personnelle de l'individu »[1].

C'est l'enchaînement des réflexes cérébraux auquel se rattache l'expérience personnelle de l'individu, qui fait la valeur de cette conclusion. Qu'on songe seulement à tout ce qui rentre dans cet enchaînement ! Tout ce qui fait notre savoir et notre caractère y a sa place, car chaque impression, externe ou interne, peut s'y rattacher et devenir par là susceptible de reviviscence.

Ceci ouvre la voie à l'étude des opérations mentales de toutes sortes, car le jugement en est pour ainsi dire la clef de voûte. Pour Bechterew ce ne sont que des variations du même processus. « Prenons, dit-il, à titre d'exemple, la comparaison de deux objets entre eux. Dans ces cas-là la concentration nerveuse se fixe tantôt sur l'un, tantôt sur l'autre, et s'ils diffèrent en quelque chose, l'impulsion différentielle se transmet à la réaction verbale correspondante. Si les objets se ressemblent beaucoup ou, au contraire, lorsqu'ils sont tout à fait dissemblables, la concentration visuelle passe d'un détail à l'autre et la réaction verbale tarde à se produire. On dit alors que le jugement nécessite une longue réflexion. Lorsqu'il s'agit non pas de deux objets, mais de deux souvenirs, le processus de comparaison est le même avec cette différence seulement que la concentration reste interne. La comparaison

1. W. Bechterew, *loco cit.*, p. 271.

peut se faire enfin entre une impression nouvelle et les traces laissées par les impressions antérieures. Admettons, par exemple, que l'expérience de l'homme comprend le souvenir d'une brebis et de son bêlement. Le voilà qui entend, tout d'un coup, un bêlement, sans voir l'animal qui le pousse. L'impression nouvelle entraîne une reviviscence des races antérieures et, selon le degré de rapprochement, aboutit à une réaction verbale positive ou négative[1] ».

Bechterew ne se contente pas d'établir le schéma objectif de ces phénomènes. Il indique aussi les moyens de les soumettre à l'étude expérimentale. Pour les jugements il cite, outre les expériences déjà connues de Marbe, les recherches faites dans son laboratoire par Mmes Pawlovskaïa et Eleonskaïa, consistant à demander aux sujets la qualification des objets désignés par les mots inducteurs ou l'énoncé d'une comparaison. Pour les opérations logiques plus étendues il cite, du même laboratoire, les recherches consistant à demander aux sujets : 1° de former une phrase avec les mots donnés par l'expérimentateur; 2° de continuer une phrase commencée par l'expérimentateur, et 3° à développer un thème donné par l'expérimentateur.

Ainsi, l'impulsion à l'étude objective de la pensée a été donnée par Bechterew avec toute l'autorité qui s'attache à son nom, mais il n'y avait pas encore d'équivalence avec la connaissance interne de cette dernière. Intérieurement elle se présente à chacun sous des aspects bien plus variés. Il est même rare qu'on observe, dans le champ de vue de la conscience, l'unité et la régularité qui caractérisent un jugement, analytique ou synthétique. Les opérations mentales sont généralement fragmentaires, incomplètes et complexes à la fois, en ce sens que le cours direct de la synthèse ou de l'analyse se fait par sauts et se complique, en même temps, par l'intervention d'images ou d'idées étrangères. Ces états de conscience qui par la richesse de

1. *Ibid.*, p. 272.

leur contenu se distinguent nettement des opérations mentales précitées, rendaient le schéma de Bechterew bien incomplet. A côté de cela il y avait encore le désaccord entre la conception usuelle des images mentales et le schéma d'un réflexe cérébral. Tant que celles-ci gardaient quelque chose d'une analogie avec des empreintes statiques, l'identification ne pouvait pas être complète. Enfin, il y avait toujours le mystère de l'activité créatrice du cerveau qui, somme toute, diffère essentiellement du processus de la simple reproduction. Il y avait dans l'arrière-fond du processus créateur le problème de l'inconscient dont la richesse semblait encore plus déconcertante que celle de la mémoire.

Les contributions, pour la plupart involontaires, que nous avons trouvées chez d'autres savants — dans le domaine de la physiologie des sensations, dans l'analyse des états mentaux, dans les expériences par le procédé de questionnement et dans les travaux de psycho-analyse — jointes aux résultats de nos propres recherches entreprises dans ce but, semblent combler cette lacune. Nous défions maintenant quiconque de prouver qu'il n'y a pas de concordance entre le fonctionnement du mécanisme cérébral et les phénomènes psychiques fournis par l'introspection. Ceux qui semblaient de loin les plus hétérogènes, comme par exemple, les images mentales, et les plus insaisissables, comme les états de conscience sans expression verbale, ont cédé devant l'analyse et dans leur transformation ont accusé des traits qui les rattachent directement au mécanisme des réflexes cérébraux.

Naturellement il se passera encore pas mal de temps avant qu'on s'habitue à les envisager de leur côté objectif. Cela tient à la profonde désharmonie qui existe, chez nous, entre le point de vue de l'étude objective et celui de l'introspection. L'importance de ce fait a déjà été signalée par M. Le Dantec qui a très justement reconnu que la difficulté d'étudier les phénomènes psychiques provient de ce que dans le domaine de la science objective nos principaux moyens d'investigation sont la vue et l'ouïe, et *les phénomènes psychiques échappent au contrôle de ces deux sens* [1]. Voilà ce qui leur a conféré cette apparence hétérogène, mystérieuse, immatérielle à laquelle nous sommes habitués de croire depuis notre enfance ! Il faut encore un certain effort pour admettre que les évocations mentales qui semblent se projeter sur l'écran mystérieux de la conscience, ne présentent qu'un processus moteur dans les voies nerveuses du cerveau, mais on a déjà reconnu que la perception d'une odeur n'est qu'une réaction physico-chimique consécutive à l'excitation des cellules bipolaires disséminées entre les cellules épithéliales et l'enveloppe de Schneider, on sait que la perception des couleurs se rattache de même à la décomposition des éléments chimiques de la rétine, et pour les phénomènes de l'idéation ce n'est qu'une question d'habitude. Il faut se rendre compte qu'il n'y a là aucune image dans le sens usuel du mot, que ce n'est qu'un groupement de sensations, et une fois placé à ce point de vue, on arrive facilement à les identifier avec le jeu des réflexes cérébraux.

Ce n'est pas aussi éloigné de la vie pratique qu'on pourrait le croire. Qu'on s'observe un peu dans les moments où la pensée prend un caractère émotionnel, par exemple, lorsqu'elle fait monter les larmes aux yeux ou... détermine une excitation sexuelle. N'y-a-t-il pas là une analogie complète avec le fonctionnement du réflexe salivaire, comme il ressort des expériences de Pawlow ? Des phénomènes de ce genre se rencontrent journellement dans la vie.

Ce qui était difficile à admettre et même à imaginer, c'est le prodigieux développement de ce mécanisme dans certains états mentaux, par exemple, la différenciation du processus central dans la pensée sans images et sans mots ou la puissance de l'inhibition et de la décharge qui se manifeste dans la création littéraire. Les données que nous avons

1. F. Le Dantec. *Les lois naturelles*. Paris, F. Alcan, 1904.

réunies plus haut, suffisent, semble-t-il, pour éclairer les détails de ce mécanisme.

L'importance de ce fait pour la psychologie ne présente pas le moindre doute. Ce qui l'a empêché jusqu'à présent de devenir une science exacte, malgré l'introduction de la méthode expérimentale, c'est l'imprécision de certaines données sans équivalent objectif, telles que l'esprit, le « moi », l'inconscient. Qui est-ce qui croit aujourd'hui à l'existence réelle de l'esprit ? Fort peu de psychologues, mais cela ne les empêche pas d'employer ce terme, ou d'y rapporter des variations tout à fait précises de la vie mentale. « L'esprit opère, le « moi » perçoit ou ne perçoit pas... » Et l'inconscient ? Y-a-t-il quelque chose de plus vague que ce terme et cependant y en a-t-il un de plus courant dans la littérature psychologique et même médicale ? C'est qu'il sert à désigner — avec une attribution très vague — des faits très réels.

Les conclusions que nous venons de tirer de l'étude objective des phénomènes mentaux mettent fin à cet état de choses. Les entités métaphysiques que nous venons de citer, se trouvent remplacées par des notions objectives tout à fait précises. A la place de l'esprit on trouve maintenant le mécanisme des réflexes cérébraux, à la place du « moi », le complexus central de ces derniers. Et même l'inconscient prend maintenant une signification tout à fait réelle et précise. Ce sont les réflexes dont les voies sont tracées dans le système nerveux du cerveau, mais dont la reproduction ne dépend pas du complexus central neuro-psychique de l'individu.

Nous savons que les réflexes consolident les voies par lesquelles ils passent en raison de leur intensité sensorielle et de la fréquence de leur répétition. D'autre part, nous savons aussi qu'ils se reproduisent en vertu des associations établies dans les centres cérébraux. Il s'en suit que tous ne sont pas également susceptibles de reproduction. A côté des réflexes qui se reproduisent facilement et sont, pour ainsi dire, d'usage courant, il y en a d'autres qui ont leurs voies toutes tracées, mais dont la reproduction dépend du hasard des associations cérébrales.

Voilà ce qui correspond objectivement à la notion subjective de l'inconscient, du moins dans la plus grande partie ; car pour être complet il faut ajouter qu'accidentellement le réflexe le plus usuel peut devenir inconscient. Il suffit qu'il se reproduise indépendamment du noyau central des réactions neuro-psychiques qui représente la « conscience de soi » de l'individu.

On peut donc dire que l'inconscient se trouve par là nettement localisé dans le cerveau, étant rattaché non pas à une région spéciale de ce dernier, mais à une modalité particulière de son fonctionnement.

Avec cet éclaircissement le terme même de l'inconscient comme se rapportant à tout un ensemble de phénomènes objectifs qu'il est difficile de désigner d'un seul mot, va probablement se conserver dans la psychologie, mais le terme « esprit » doit en disparaître ou du moins perdre toute valeur scientifique comme l'a déjà perdu la notion de la volonté ! Et cela fait que l'étude des phénomènes mentaux devient aussi précise que la biologie.

Comme l'a très bien dit Bechterew, « le réflexe étant un produit de l'irritabilité cellulaire, les phénomènes psychiques se trouvent rattachés aux propriétés élémentaires du protoplasme. Par là s'établit l'unité de toutes les manifestations de la vie organique depuis la contractilité des protozoaires et des protophytes jusqu'aux actes de l'homme qui ont si longtemps paru dirigés par une force étrangère[1] ». Mais contrairement à lui qui ajoute que ce résultat a été obtenu par la psychologie objective « comme ne l'aurait fait aucun procédé d'introspection », nous affirmons que cette œuvre n'a pu être menée à bout que grâce

1. Bechterew. *La psychologie objective*, p. 472.

à l'union de l'étude objective avec l'introspection comme nous l'avons établi plus haut.

Peut-être pourra-t-on espérer de ce résultat des conséquences pratiques non seulement pour l'étude de la vie mentale, mais aussi pour le traitement des troubles mentaux ! Notamment, dans la voie psychologique préconisée par l'école de Freud pour l'hystérie, les névroses et même, comme on l'a vu plus haut, pour certaines psychoses.

Certains critiques ont contesté la nouveauté de cette méthode et semblent par là limiter aussi les espérances qu'on peut fonder là-dessus. Ainsi, M. Pierre Janet dans sa communication au Congrès médical de Londres prétend avoir depuis longtemps usé de procédés semblables à ceux de Freud, les désignant comme « analyse psychologique des troubles névropathiques »[1]. Il dit s'être toujours préoccupé de la recherche des « souvenirs traumatiques » susceptibles d'avoir été le point de départ de la névrose ou d'avoir préparé le terrain de celle-ci. Mais il ne semble pas l'avoir fait d'une manière aussi systématique, ni d'avoir poussé ses recherches aussi loin que les freudistes. Il convient lui-même n'avoir eu recours ni à l'interrogatoire direct, ni à l'analyse des inspirations du malade, ni aux expériences d'association, et avoir surtout cherché à surprendre le secret de ce dernier en l'observant à son insu. D'autre part, dans la partie de son manuel consacrée au « traitement psychologique de l'hystérie[2] », il ne cite que les procédés empiriques de la récompense, de la menace, de l'émotion religieuse et, comme procédés artificiels, l'isolement, le sommeil hypnotique et la suggestion. L'analyse psychologique n'est, chez lui, qu'un moyen subsidiaire et très vague. Voilà ce qui est, pour nous, le point capital. Chez Freud aussi l'emploi de la psycho-analyse est jusqu'à présent tout à fait empirique et, par suite, susceptible de

1. Compte rendu du Congrès de 1913 à Londres. Oxford University Press, London., sect. XII, part. I.

2. P. Janet. *L'état mental des hystériques*, 1911 (Paris, F. Alcan).

déviations dont nous avons déjà signalé le danger. Cela s'explique bien lorsqu'on pense que les uns et les autres ne savent pas au juste sur quoi portent leurs efforts. Voici, par exemple, comment M. Janet s'exprime au sujet de l'idée fixe. « J'ai considéré un souvenir, dit-il, et en particulier une idée fixe, comme une construction, un système composé d'une foule de phénomènes psychologiques associés les uns avec les autres. Ces éléments sont : quelques tableaux visuels, des images empruntées aux différents sens, un petit nombre de tendances motrices et surtout des phrases, des mots. Ce sont les mots qui incarnent en quelque sorte l'idée fixe et qui servent souvent à évoquer tout le reste. J'ai cherché à décomposer ce système en le démolissant, pour ainsi dire, pierre par pierre, C'est ce que l'on peut appeler la dissociation de l'idée fixe.[1] »

Dans ces « systèmes » les « tableaux visuels », les « images empruntées à différents sens » sont des données tout à fait imprécises. Il en est de même pour Freud chez qui les termes « images mentales », « souvenirs » « traumatismes psychiques » n'ont, de son propre aveu, qu' « une valeur purement descriptive ».

N'avons-nous pas lieu d'espérer que le traitement psychologique deviendra plus sûr et plus productif, lorsqu'on se sera rendu compte qu'il a pour objet des phénomènes tout à fait précis, — des enchaînements de réflexes cérébraux ?

N'oublions pas qu'un des obstacles à l'emploi de la psycho-analyse a été jusqu'à présent la longueur de ce traitement. M. Janet raille un peu Freud de ce qu'il recommande ici la patience, prétendant que rien n'est plus commun aux aliénistes que de perdre des heures et des heures à examiner le malade[2]. Nous objecterons que malgré cela rien n'est plus décourageant que de chercher à l'aveugle et que l'analyse psychologique a dû rester mainte fois

1. P. Janet, *loc. cit.*, p. 662.
2. P. Janet. *Rapport au Congrès de Londres*, p. 21.

sans effet, pour avoir été appliquée dans ces conditions.

Pour aller jusqu'au fond de notre pensée, avouons que la réduction de la vie mentale au mécanisme des réflexes cérébraux nous permet d'espérer un progrès même dans le traitement des psychoses. Les résultats obtenus par Maeder et Jung ne parlent-ils pas en ce sens? *Nous voyons ici*, comme Jung, *une ère nouvelle pour la psychiâtrie et croyons pouvoir dire sans exagérer que celle-ci va trouver maintenant une thérapeutique qui lui manquait jusqu'à présent, car elle se bornait souvent dans ces cas-là à faire le diagnostic de la maladie*.

Il nous reste à nous prononcer sur la valeur des résultats obtenus pour la synthèse philosophique. Peut-on conclure que nous sommes arrivés à la matérialisation de la pensée? Certainement, mais pas dans le vieux sens du mot, car on a reconnu aujourd'hui que la matière ne présente pas la « réalité dernière » de l'être. Ce qu'on appelle corps matériels se révèle, vu de plus près, comme siège de réactions chimiques ou mécaniques. La réduction de la vie mentale au mécanisme des réflexes cérébraux n'a donc de valeur qu'au point de vue de l'unification de notre savoir et ne permet pas de résoudre le problème de la réalité dernière de l'être qui, comme l'a très bien dit M. Le Dantec, n'est pas à l'échelle humaine. Qu'on nous permette de rappeler les termes dans lesquels il a mis résolument fin à la recherche de l'absolu : « Qu'est-ce que le fond des choses, dit-il? Qu'est-ce que l'essence des phénomènes? Je ne conçois pas de connaissance en dehors des êtres capables de connaître : les faits sont différents pour l'homme, pour le ciron, pour la bactérie, pour la flamme, si la flamme connaît, mais chacun de ces êtres connaît les faits qui sont à sa taille. Il ne saurait donc plus être question d'hypothèses explicatives ; la science est une série de constatations faites à l'échelle humaine ; toutes les hypothèses que nous ferons n'auront pour but que d'unifier notre langage[1] », et, voudrions-nous ajouter, de réduire les données des sens moins développés aux données de ceux qui servent à notre orientation dans la vie. De ce point de vue la réduction des phénomènes mentaux à l'activité réflexe du cerveau, si même elle ne nous renseigne pas sur la nature dernière de ces phénomènes, constitue un progrès très réel de la synthèse philosophique.

Un des résultats les plus marquants de ce progrès sera de supprimer l'apparence du prétendu indéterminisme de la vie psychique. Celle-ci était due à l'incertitude où on se trouvait sur la détermination exacte des actions humaines. La statistique avait beau prouver que le nombre de certaines actions, par exemple des crimes ou des suicides, varie nettement en rapport avec des facteurs objectifs tels que l'alcoolisme, la misère ou le climat, ce n'était là qu'un rapport assez éloigné et la détermination exacte de celles-ci échappait à l'appréciation. D'autre part, l'hypothèse d'une détermination directe par les facteurs externes répugnait à l'homme, car elle enlevait toute valeur aux facteurs moraux, tels que le sentiment du devoir ou l'aspiration à un idéal. Dans ces conditions les penseurs les plus pénétrés de la méthode scientifique, penchaient quelquefois pour l'indéterminisme, préférant celui-ci à l'assimilation complète de l'homme aux animaux et à la matière brute.

La découverte du mécanisme cérébral de la pensée supprime cette odieuse alternative, révélant une détermination aussi exacte que dans le monde extérieur, mais comprenant aussi des facteurs moraux qui ont un équivalent objectif dans le fonctionnement de ce mécanisme. Le fait est que celui-ci diffère essentiellement de celui d'une machine en ce qu'il est « à rendement variable ». Ce dernier varie aussi bien selon l'état émotionnel de l'individu que selon la reviviscence des traces laissées par l'expérience antérieure. Ce

1. Le Dantec. *Les lois naturelles*, p. 11-12 (Paris, F. Alcan).

qui le distingue surtout, c'est la faculté d'inhibition interne qui provient de ces dernières, correspondant à ce que nous percevons intérieurement comme facteurs moraux. *Les actes de l'homme se trouvent donc déterminés non seulement par l'action des facteurs externes, mais encore par tout ce qu'il a appris et fait antérieurement*... C'est-à-dire, il y a là une détermination aussi exacte que dans le monde extérieur, mais, pour ainsi dire, double, relevant aussi du passé de l'individu et rendant celui-ci, dans une certaine mesure, indépendant du milieu ambiant.

La reconnaissance de ce fait constitue un progrès très important de la synthèse philosophique car, loin d'affaiblir les sciences morales, comme cela avait lieu lors des essais antérieurs d'une matérialisation de la pensée, elle donne à celles-ci une base objective et fait entrer dans le domaine de la science positive, avec les phénomènes mentaux, les moyens d'action sur ces derniers, c'est-à-dire les principes, jusqu'à présent empiriques, de l'éducation et de la morale.

TABLE DES MATIÈRES

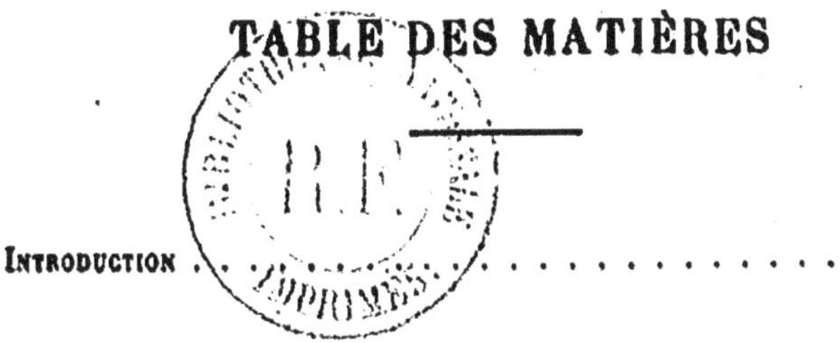

CHAPITRE PREMIER

ÉTUDE OBJECTIVE DE LA VIE MENTALE

CHAPITRE II

RECHERCHES SUR LE MÉCANISME DE L'IDÉATION

CHAPITRE III

RECHERCHES SUR LES DONNÉES DE L'INCONSCIENT

CHAPITRE IV

RECHERCHES SUR LE MÉCANISME DES RÊVES

CHAPITRE V

RECHERCHES SUR LE MÉCANISME DE L'IMAGINATION

CHAPITRE VI

RECHERCHES SUR LE MÉCANISME DE L'INSPIRATION POÉTIQUE

CHAPITRE VII

RECHERCHES SUR LE MÉCANISME D'UN GÉNIE POÉTIQUE

CHAPITRE VIII

RECHERCHES SUR LE MÉCANISME DE L'INSPIRATION DANS LE ROMAN

CHAPITRE IX

RECHERCHES SUR LE MÉCANISME DE L'INSPIRATION DANS LE ROMAN (*suite*).

CHAPITRE X

CONCLUSION

ÉVREUX, IMPRIMERIE CH. HÉRISSEY

715-14. — Coulommiers. Imp. PAUL BRODARD. — 5-14.

www.ingramcontent.com/pod-product-compliance
Ingram Content Group UK Ltd.
Pitfield, Milton Keynes, MK11 3LW, UK
UKHW021849190726
13855UKWH00001B/223

9 782012 802896